大学生创新创业能力培养与就业服务体系研究

兰　芳◎著

中国商业出版社

图书在版编目（CIP）数据

大学生创新创业能力培养与就业服务体系研究 / 兰芳著. -- 北京 : 中国商业出版社, 2025. 5. -- ISBN 978-7-5208-3428-5

Ⅰ. G647.38

中国国家版本馆 CIP 数据核字第 2025JS1026 号

责任编辑：王　彦

中国商业出版社出版发行

（www.zgsycb.com　100053　北京广安门内报国寺 1 号）

总编室：010-63180647　编辑室：010-63033100

发行部：010-83120835 / 8286

新华书店经销

廊坊市博林印务有限公司印刷

*

710 毫米 ×1000 毫米　16 开　13.5 印张　228 千字

2026 年 1 月第 1 版　2026 年 1 月第 1 次印刷

定价：75.00 元

* * * *

（如有印装质量问题可更换）

前　言

随着经济的快速发展和科技的不断进步，创新创业已成为推动社会进步和经济发展的重要引擎。作为未来社会的中坚力量，大学生的创新创业能力培养显得尤为重要。然而，面对日益激烈的就业竞争和快速变化的市场需求，如何有效提升大学生的创新创业能力，已成为当前高等教育领域亟待解决的问题。就业服务体系作为一个完善、高效的就业服务体系，不仅能够为大学生提供丰富的就业信息和指导服务，帮助他们更好地适应市场需求，还能通过创新创业教育和实践活动，激发大学生的创新创业潜能，培养他们的创新意识和实践能力。

本书以“大学生创新创业能力培养与就业服务体系研究”为选题，聚焦于大学生创新创业能力培养与就业服务体系的深度融合，剖析当前高等教育中创新创业能力培养的必要性与就业服务体系构建的重要性。本书着重审视大学生创新创业能力培养的理论依据、影响因素和培养路径，同时对就业服务体系的构成、功能及其对大学生创新创业的促进作用进行深入探讨。另外，本书特别关注大学生创新创业能力培养的实效性与就业服务体系的完善性，从创新创业教育、实践平台构建、风险防范等多个角度出发，展示就业服务体系在促进大学生创新创业能力提升中的实际应用。

本书内容丰富、结构紧凑，既适合高校教师作为创新创业教育与就业指导的参考书，也适合教育研究者和教育工作者作为研究资料，对于推动大学生创新创业能力培养与就业服务体系的深度融合具有重要的指导意义。在行文中更加注重逻辑结构的清晰性和内容的系统性，以确保读者能够从中获得有益的启示和指导。期望本书的出版可以为高等教育事业提供新思路和新方法，进一步推动大学生创新创业能力的全面提升，为社会经济发展注入新的活力。

目　录

第一章　大学生创新与创业概论

第一节　创新与大学生创新精神

一、创新

创新是一种高级的思维和实践活动，是人类认知与行为的高度集中体现，通过概念化过程，催生出与现有事物有显著差异的思想、创作和技术。创新，内涵丰富且层次分明，包括更新、创造和改变三大要素。更新意味着对已有事物的替换，通过优化提升原有的状态，使之更加符合新的需求；创造则是对原来不存在的事物进行独立构建，是突破性的发展举措；改变体现为对既有事物进行不断的演变和改造，使其更具有适应性和前瞻性。

（一）创新的特征

创新作为推动社会和经济持续发展的重要动力，深刻反映了人类在面对既有挑战时所展现出的超凡智慧与实践能力。其核心特征可以归纳为变革性、新颖性和前瞻性。

1. 变革性

创新的变革性体现在对原有事物的彻底变革与改造，它不拘泥于传统思维与固定模式，而是通过新的方法和路径实现对既有事物的优化与重塑。这种变革是一个深度重构的过程，涵盖了从技术手段到思维方式的全面调整，目标在于突破现有限制，重塑事物的运作方式与功能特性。变革性并非盲目改变，而是基于对发展方向的精准判断，确保创新行为能够朝着有利于整体进步的方向推进。变革性创新不仅打破了固有的条条框框，还为新事物的发展创造了广阔的空间，从而推动社会不断适应和回应内外部环境的变化需求。

2. 新颖性

创新的过程始于对现状的不满，并在此基础上追求更为合理和有效的解决方案。新颖性体现在对过时或不合理元素的大胆革新上，是对陈旧观念和事物的突破与重构。新颖性不仅局限于对现有内容的调整，还包括对全新理念、技术和实践的探索，力求在原有基础上实现质的飞跃。创新的新颖性本质上是一种超越性，它要求创造者在观察和分析现状的过程中不断提出独到的见解，通过摆脱传统思维的束缚，塑造出前所未有的新事物。

3. 前瞻性

前瞻性体现了创新行为超越当下、面向未来的战略眼光。创新者不仅关注当前的需求和问题，更注重不断探索事物未来发展的可能性和方向，力求通过创新抢占先机，引领趋势。前瞻性使创新活动能够预见和回应未来的挑战与机遇，是创新行为中一种高度战略化的体现。这种前瞻性使得创新行为具有引领作用，它不仅顺应了当下的发展需求，还能够在技术、市场和社会等多个层面提前布局，为未来的发展奠定基础。前瞻性的创新不仅是对当前问题的解决方案，更是一种对未来的主动塑造，它承载着对社会发展方向的洞察与掌控，是推动社会不断向前迈进的重要力量。

（二）创新的分类

创新的分类多样且具有系统性，可以根据不同的视角与标准对其进行划分，以更全面地理解创新的多维特征。

第一，从服务领域的角度来看，创新涵盖了社会的各个方面，通过在教育、医疗、通信、民生、金融、工业、农业、商业等多个领域的创新活动，不断推动着各行业的进步与发展。每个领域的创新都有其独特的需求与目标，促进了社会资源的优化配置和整体效率的提高。

第二，从行为主体的角度，创新可以分为个人创新、企业创新、高校创新、科研机构创新、政府部门创新和中介服务机构创新等不同类型。不同主体在创新过程中扮演的角色和责任各不相同，个人创新往往代表着个体对知识和技能的突破，企业创新则注重市场竞争力的增强，高校创新与科研机构创新强调对基础研究和技术开发的贡献，政府部门创新着力于政策和公共服务的改进，而中介服务机构创新则在资源整合和信息传递中发挥重要作用。各主体的创新行为共同构成了多层次、多维度的创新生态系统。

第三，从组织形式来看，创新可以分为独立创新、联合创新和引进创新等形式。独立创新强调自有资源和能力的发挥，是创新主体独立自主的表现；联合创新注重多方合作，通过整合不同主体的优势资源实现共赢；引进创新则通过学习和吸收外部先进技术或理念，为本地化改进和提升提供基础。不同的组织形式反映了创新主体在资源整合与战略选择上的多样性。

第四，从过程变化的角度，创新分为演化性创新和革命性创新。演化性创新是一种渐进式的改良，通过不断优化现有事物，实现逐步的提升和改善；革命性创新则是对现有事物的彻底颠覆，是一种质变式的创新，往往引发深远的社会变革。这两种创新模式各具特点，前者稳健而持久，后者激进而变革。

第五，从实践效果来看，创新可以分为有价值创新、无价值创新和负效应创新。有价值创新能够创造实质性的积极成果，推动社会进步和经济增长；无价值创新虽带有创新形式，但未能产生实际的积极效果；负效应创新则可能带来消极影响，阻碍了社会的发展进程。创新的实践效果直接关系到其对社会的贡献与影响。

第六，从创新程度的角度，创新可进一步分为首创型创新、改创型创新和仿创型创新。首创型创新是全新事物的首次出现，具有极高的原创性和开创性；改创型创新在已有基础上进行改良，是对已有成果的优化与提升；仿创型创新则是对现有创新的模仿与借鉴，尽管原创性较弱，但在广泛传播与普及创新成果中发挥着重要作用。

（三）创新的过程

创新的过程是一种系统性的活动，涵盖了准备期、酝酿期、顿悟期和检验期四个阶段，这一过程展现了从问题识别到最终成果验证的复杂路径。

1. 准备期

准备期作为创新的基础阶段，主要任务在于对创新的方向进行明确和规划，并通过知识积累为创新奠定坚实的理论基础。在这一阶段，提出问题、收集资料和提出假设是关键步骤。

（1）提出问题。提出问题是创新的起点，直接关系到创新活动的成败。创新者对问题的明确提出标志着创新思维的正式开启。问题的精准识别依赖于对相关事实的深入理解和对已有条件的全面掌握，包括理论基础和研究积累的科学依据。通过全面剖析问题的本质，创新者能够在纷繁的现象中抓住关键，从而为创新活动指明方向。

（2）收集资料。通过广泛挖掘有效方法和信息，创新者能够围绕问题进行全方位的知识积累。资料的收集不仅是对已有成果的简单收集，更是通过概念的形成和经验的储备，为创新的下一步提供充足的资源支持。这一过程中所积累的知识成为创新活动的养料，为后续的思考和实验奠定了坚实的基础。

（3）提出假设。假设为创新提供了思维框架和方向指引，创新过程中的假设往往充满创造性，是创新者对未知事物的前瞻性预测。通过假设，创新者能够在已知与未知之间建立联系，发现隐藏的规律和潜在的可能性。假设特别是想象假设的提出，为创新者探索自然界和社会中的新现象提供了方向，使其能够成为新事物的创造者与发现者。

2. 酝酿期

酝酿期既是创新过程的核心运作阶段，也是创新者将前期积累的知识与信息进行深度处理的关键时期。在这一阶段，创新者对所收集的各种材料进行深入分析，通过细致的消化和吸收，为问题的进一步明确与解决方案的形成创造条件。酝酿期不仅是思维碰撞与整合的过程，更是创新者在智力与意志上付出巨大努力的阶段。

创新的酝酿期要求创新者在思维模式和认知方式上有所突破，需要不断摆脱对既有事物的固有认知与惯性思考的束缚。为了推动创新思维的深入展开，创新者需要在面对复杂问题时能够跳脱出常规思维的框架，从多角度、多维度重新审视材料与现象。这种重新审视的过程往往需要创新者在既定知识体系与习惯性认知中找到新的突破口，使得创新不再局限于传统思路，而是形成独特的见解与解决方案。

酝酿期还要求创新者能够灵活运用多种思维方式，在综合分析的基础上对材料和信息进行结构化整理，并通过不断提出问题与假设，拓展思维的深度和广度。在这个过程中，创新者逐渐形成对问题的全新理解与独到见解，为后续阶段的创新突破打下坚实的基础。创新者在这一阶段不仅需要克服思维上的惯性，还需要不断进行心理与思维状态的自我调整，以保持创新思维的活力与前瞻性。

3. 顿悟期

顿悟这一现象与直觉、灵感密切相关，表现为思维在瞬间的突破，使得原本复杂的问题得到清晰的解答。进入顿悟期，创新者的思维模式会发生显著变化，思维范围骤然扩展，长期困扰的难题在这一刻被轻松破解，标志着创新活动迈向成果的顶峰。

顿悟的产生并非偶然，而是创新过程中准备期和酝酿期长期积累的必然结果。顿悟的灵感往往是建立在持续的实践、深度的思考和持久的努力之上，是一种高度集中思维的产物。顿悟与准备期、酝酿期的联系是密不可分的，是对长期积累的知识和经验进行整合的集中爆发。这种灵感的闪现是对思维模式和认知框架的重新建构，是创新者在长期的智力劳动中逐渐走向成熟的象征。

顿悟期不仅展现了创新思维的高效性，也反映了创新者在面对复杂问题时的认知敏锐度和洞察力。这一阶段，创新者能够迅速打破固有思维的限制，以全新的视角重新审视问题，从而发现此前隐藏的解决方案。顿悟的产生是创新思维的飞跃，是创新者在不断探索和试错中获得的思想结晶。

顿悟不仅是一种认知上的突变，更是创新过程中情感和思维的高度统一。创新者在这一阶段获得的认知突破，往往伴随着强烈的情感体验和深刻的思想震撼，推动创新活动进入新的高度。顿悟作为创新过程的核心节点，集中体现了创新思维的创造性和突破性，是创新者长期努力和不懈追求的终极回报。

4. 检验期

检验期是创新过程中的反思和验证阶段，是创造成果能否真正实现其价值的关键环节。经过顿悟期得出的初步成果和假设的提出，创新者需通过严谨的逻辑推理和科学实验来检验其合理性和可行性。检验不仅是对创新思维成果的确认，也是对其进一步深化和完善的重要途径。此阶段强调对思维成果进行系统验证，确保创新活动不仅停留在直觉和灵感的层面，更要通过实证和理性分析使创新成果经得起现实的考验。

在检验的过程中，创新者能够发现原创意中潜藏的不足之处，通过不断的试验和调整对初步成果进行修正和补充。这一过程不仅是对创新成果的优化，也是对创新思维的再度打磨，使得创新成果逐渐趋于完善。检验期的严谨性要求创新者保持开放和批判的态度，并对发现的问题进行客观的分析和深入的反思，从而不断提升创新的质量，拓展其深度。

检验期是创新活动的必要环节，通过持续的反思和检验，创新者能够不断校正偏差，完善创新成果的理论逻辑和实践路径，使得创新不仅具备创新性，更具备现实的适用性和科学的严谨性。这一阶段体现了创新活动从思维世界走向现实世界的转化过程，标志着创新者通过不断探索和实践，将创新思想最终转化为切实可行的成果。

（四）创新的意义

创新是推动人类社会发展的动力源泉之一，在宏观和微观层面都有重要的现实意义。

第一，从宏观角度来说，创新对一个国家和民族的繁荣兴盛具有决定性作用。随着社会发展，国家之间的竞争已经逐渐演变为创新能力的竞争。从经济学角度来看，创新既能直接促进科学技术的不断进步，将高新技术应用到生产实践中，又会推动生产设备及相关技术的更新换代，对劳动者的业务能力和综合素养具有一定的提升作用，这些综合因素的推动会产生先进的生产力。从社会学角度来看，理论创新会促进制度、技术等创新形式，进而带来生产关系及社会政治、经济、文化等制度方面的革新与发展。

第二，从微观角度来说，创新是个人在工作中保持持久活力的动力源。一方面，创新是人为了解决问题、创造更好的生活而必须做的一种行为，是人的主观需求。创新行为是人对原有事物或思维进行分解，再利用思维进行加工重组，创造出新事物或新思维。另一方面，创新是人类认识和改造世界的实践活动和勇于开拓的精神状态的协调统一。社会的发展会促使人产生新的物质或精神需求，这种需求会推动人类在现有的物质或精神活动基础上，创造出能够满足需求的新物质或新精神，从而充分体现出自身价值，这一满足更高需求的实践过程就是创新。

二、大学生创新精神

大学生创新精神是当代高等教育的重要内涵，体现了个人在面对问题和挑战时，通过新思路和新方法突破传统，追求创造性解决方案的主动态度和行为方式。创新精神的核心不仅局限于个体智力上的突破，更在于在多元化的知识背景下，推动个人与社会的协同发展。

第一，大学生创新精神包括对知识的渴求与探索。这种积极追求知识的态度不仅局限于专业领域，更应扩展至跨学科的广泛学习，通过多维度的知识积累和深刻的思考，为创新提供丰厚的养料。大学生在这一过程中，不断拓宽视野，丰富思维的边界，为创新创造了无限可能。这种知识的扩展和整合，不仅为大学生提供了独特的见解，更赋予他们在新情境中应对复杂问题的能力。

第二，大学生创新精神包括对问题的主动思考和解决能力。创新要求大学生具有独立思考和批判性分析的能力，能够从多元角度审视问题的本质，透过现象看本质，并不断优化问题的解决路径。面对复杂情境，大学生应勇于提出个人见解，通过不断地实践和反思，将创新想法转化为现实成果。创新思维不仅是对已有思维模式的超越，更是对自我认知的不断挑战与更新。

第三，大学生创新精神包括对风险和失败的积极态度。创新本质上充满不确定性，大学生在创新过程中难免会遭遇挫折和挑战。具备接受失败和从失败中汲取经验的心理素质，是创新精神的重要体现。大学生应保持积极的心态，从失败中寻找改进的机会，坚持不断尝试和探索。面对风险时要表现出无畏与从容，这些都构成了创新精神的重要力量源泉。

第四，大学生创新精神包括对团队合作和交流的重视。创新不仅依赖个体的独立思考，更需要群体智慧的汇聚和协同。大学生应注重团队协作，尊重并包容多元观点，通过有效沟通与合作，实现集体智慧的最大化。在团队中，个体的创新潜力得到激发和放大，创新成果也得以更加完善和丰富，最终实现整体效益的最大化。

第五，大学生创新精神包括对社会责任的担当。创新的最终价值不仅在于个人的成功，更在于对社会的积极贡献。大学生应具备强烈的社会责任感，以创新作为解决社会问题、推动社会进步的工具。通过创新，他们能够积极应对社会挑战，为他人和社会创造更多价值。将个人发展与社会需求紧密结合，可以使大学生的创新精神在社会发展过程中得以真正实现。

大学生创新精神是一种综合素质的体现，涵盖了知识追求、问题解决、风险承担、团队协作与社会责任等多重维度。它不仅是个人成长的重要动力，更是社会不断进步的核心力量。大学生在创新过程中，应不断保持积极探索的姿态，为自我成长与社会发展不断贡献智慧和力量。

第二节　创业与大学生创业精神

一、创业

“大学生创业既是实现增量就业的重要渠道，也是检验高校创新创业教育成果的重要依据。”[①] 创业作为一种社会实践活动，凸显了人的主体地位，是人类通过运用自身的资源，如服务、技术、工具等，从事社会生产的一种劳动形式。广义的创业是指各行各业的人们为了创造价值和成就事业而进行的创造性实践，其核心在于通过创新和行动来推动国家、集体及群体的发展，

① 汪恭敬，顾雪英，王化笛，等．大学生创业研究动态与趋势展望［J］．黑龙江高教研究，2024（1）：154.

展示个人独有的理念、能力和执行力。狭义的创业则集中在经济学范畴，是指创业者为了就业或创造经济价值、社会价值而建立企业，并通过提供产品或服务实现经济活动的过程。

创业的实质是主体在社会生产实践中，通过敏锐的洞察力发现商机，并借此成为商业主体，从而创造出具有创新性和市场潜力的产品或服务。创业过程是一个从创业意识的萌生到具体落地实践的完整阶段，是一个充满挑战和机遇的复杂活动。这一过程不仅是商业行为的体现，更是个体价值实现的重要途径，充分展示了创业者的独特思维、领导力和执行力。

创业是一个动态的实践过程，创业者通过掌握和整合信息、资源、技术等要素，以创新的方法和手段，在现有市场和社会环境中创造出新的产品或服务，进而达成创业目标。创业不仅推动了个体的成长，也促进了经济和社会的发展，是一种深刻体现人类创造力和社会责任感的活动形式。创业者在这一过程中，不断挑战自我、创造价值，是现代社会经济活力的重要源泉。

（一）创业的主要意义

第一，从社会角度看，创业能够显著促进科技创新和研发，成为推动国家经济繁荣的重要力量。创业活动在创造物质财富和经济效益的同时，还能通过创新和企业发展为社会创造大量就业机会，提升整体就业率，缓解就业压力，这对于维持社会稳定和经济健康发展具有重要作用。创业还为创新教育改革提供了实践平台，培养社会急需的创新型人才，进一步提升国家整体创新能力，增强国际竞争力。创业的社会意义主要体现在促进经济增长、拓宽就业渠道、推动科技进步和带动区域协调发展等方面，通过这些具体作用，创业为社会提供了不可或缺的发展动力。

第二，从个人角度看，创业是一种能够促使个体不断提升自我能力的实践活动。创业过程中面临的各种挑战和风险，不仅锻炼了创业者的思维和实践能力，也为个体提供了不断突破自我、实现自我成长的机会。创业满足了个人的生存需求，使个人通过经营活动获取经济回报，为个体及家庭提供经济保障。同时，创业是一种实现个人价值和社会价值的途径，创业者通过自主经营展示自己的才能和创新能力，获得社会的认可和尊重。创业不仅是经济活动的选择，更是一种职业发展方向，在传统就业方式之外，为个人提供了更多元的职业选择，尤其在就业竞争日益激烈的背景下，创业已成为越来越多人的优先选项。创业作为一种职业选择，不仅满足了个体对独立和自由的追求，还为社会注入了创新的活力和发展的动力。

（二）创业的类别划分

创业类别划分的目的是帮助主体通过对不同创业决策的对比，找出最适合的创业类型。因此，创业具体可从以下层面进行分类。

第一，从动机层面来看，创业可分为机会型创业和生存型创业，两者在动因上存在本质差异；前者多基于通过发现市场机遇进行创新，后者则是为满足基本生存需求而进行的创业活动。

第二，从企业建立渠道划分，创业可以分为自主型创业和企业内创业。自主型创业指创业者从零开始建立新的企业，而企业内创业则发生在已有的企业内部，通过授权或资源支持等方式激发创新，以推动企业进一步发展。

第三，从主体划分，创业可以细分为大学生创业、失业者创业、退休者创业和辞职者创业等，分别反映了不同群体在不同生涯阶段的创业选择与动力。

第四，从项目性质划分，创业可分为传统技能型创业、高新技术型创业、体力服务型和创业知识服务型创业，各类型创业在创业资源、市场需求以及专业技能方面呈现出明显的差异性。

第五，从承担风险划分，创业可以划分为依附型创业、尾随型创业、独创型创业和对抗型创业，这反映了创业者在面对市场风险时的不同策略和路径选择，这些类型代表了创业者在资源整合、创新方式和市场进入等方面的多样化特征。

第六，从周期长短划分，创业可以分为初始创业、二次创业和连续创业，这些类型反映了创业者在不同阶段不断追求创新与发展的意愿与能力。初始创业着重于从无到有的创造，而二次创业则多为在企业发展成熟后再度寻求新的增长点，连续创业则体现出创业者在完成一个创业项目后，继续追求下一个创业目标的持续创新精神。

（三）创业的重要过程

1. 识别和评估市场机会

（1）创业者需要通过敏锐的市场洞察力和深刻的行业理解能力，识别那些具有潜在价值的市场机会。市场机会的识别不仅是对当前市场需求的简单判断，更是对未来市场趋势、潜在需求和产业链上下游关系的深刻剖析。创业者应通过对市场、技术、政策、竞争态势等多方面因素的综合考量，对所发现的机会进行全面评估，确定其潜在的商业价值与可行性。

（2）评估市场机会的过程需要创业者对市场规模、目标用户、市场进入壁垒、竞争环境及盈利模式等关键因素进行深入分析，从而准确判断该机会的市场潜力和可操作性。通过这种评估，创业者不仅能够明晰市场的基本状况，还能有效识别机会中的风险因素，为后续的创业决策奠定坚实基础。

识别与评估市场机会不仅要求创业者具备敏锐的市场判断力和综合分析能力，还需要创业者能够在不确定性中识别出具有高增长潜力的机会，为创业活动的展开提供方向与依据。

2. 编写创业计划书

创业计划书不仅是创业者对创业项目的整体规划与战略布局的全面展示，更是沟通资源、寻求融资和指导实际操作的重要工具。创业计划书的编写需基于对市场、竞争、产品、财务等多个方面的深度分析，具备逻辑严密、数据翔实的特点，以增强项目的可信度和吸引力。

在创业计划书的编写过程中，创业者需清晰阐述项目的核心理念、市场定位、商业模式及独特优势，明确企业的战略目标和发展路径。同时，还需对组织架构、运营策略、市场推广计划及财务预测等关键要素进行详细规划，确保计划的实施具有实际可操作性和发展潜力。风险评估与应对措施的设计也是创业计划书的关键部分，能够帮助创业者提前识别和规避可能出现的挑战，为项目的长远发展提供保障。创业计划书的编写不仅是创业者对未来发展的预期表达，更是其创业能力和商业智慧的集中体现，决定了创业项目在市场上的接受度与成功概率。

3. 筹集创业资金

筹集创业资金是实现创业构想与商业计划的基础保障。资金筹集的有效性直接关系到项目的启动与后续运营的稳定性。创业者在筹资过程中，需要综合考虑资金来源的多样性、资金结构的合理性及融资成本的控制，以确保企业在不同发展阶段具备足够的资金支持。

在资金筹集的过程中，创业者需结合自身项目的特点与市场环境，选择最适合的融资渠道，通常包括股权融资、债务融资、政府资助等多种方式。股权融资在为企业引入资金的同时还能够提供战略资源和管理支持，而债务融资则在维持企业控制权的前提下获取所需资金，但需具备良好的财务信用和偿付能力。此外，合理制订融资计划，确保资金的使用方向清晰、预算详尽，是提升融资成功率的重要因素。

创业资金的筹集不仅仅是获取财务支持的过程，更是对创业项目商业模式、市场前景及风险管理能力的全方位验证。因此，创业者在筹资过程中需具备精准的市场洞察力、卓越的沟通能力与灵活的谈判技巧，以吸引投资者的关注和信任，为企业的成长与扩展奠定坚实的资本基础。

4. 管理新创企业

在初创阶段，企业面临着组织结构尚未完善、市场竞争激烈、资源配置有限等问题，因此，管理者需要具备较强的决策能力与组织协调能力。

企业在管理过程中需注重团队建设，通过有效的激励机制和透明的沟通体系，激发员工的创造力和凝聚力。同时，企业需建立规范化的财务管理和风险控制机制，确保资金的高效使用和企业的财务健康，以增强企业的抗风险能力。新创企业还需在产品和服务的开发过程中，保持对市场动态的敏锐洞察，不断优化产品设计和客户体验，通过持续创新提升其市场竞争力。

在企业内部运营管理中，需注重流程的规范化和效率的提高，逐步建立科学的管理体系和运营标准，以支持企业的快速成长。此外，企业还需重视品牌建设与市场营销策略，通过精准的市场定位和有效的宣传推广，不断提升市场影响力和客户忠诚度。新创企业的管理是一项动态的系统工程，需要在灵活应对市场变化的同时，保持对企业核心竞争力的持续提升。

二、大学生创业精神

“创业精神是大学生创新创业能力和综合素质的重要组成部分，开展大学生创业精神培育是提高大学生创业综合素质、促进创业教育升级发展的重要内容。”① 创业精神是指突破资源限制，捕捉和利用机会，敢于承担必需的风险，为创造新的某种价值而努力发挥创造力，实现创新的一种心理过程。创业精神也是指在面对机遇和挑战时，积极主动地追求创新和发展的一种态度和品质。大学生创业精神包含了大学生的创新思维、冒险精神、创业意识和实践能力。下面主要介绍创新思维、冒险精神和创业意识。

（一）创新思维

创新思维是主体在社会实践和问题解决过程中展现的一种超越传统认知框架的思维能力，体现为对固有观念的反思与突破。

① 刘玉威．大学生创业精神培育的理论逻辑与实践路径［J］．科技创业月刊，2023，36（4）：137.

创新思维要求主体在面对复杂问题时能够跳出现有逻辑框架，寻求多维度的分析与新颖的解决路径。创新思维不仅是对现有知识体系的应用，更是对未知领域的探索，它促使主体主动识别问题背后的潜在机遇，并在思维过程中不断融合新知识、新技术与新理念，实现对传统模式的颠覆与重构。

创新思维强调创造性解决问题的能力，这不仅表现在提出新观点上，更体现在对过程的控制与优化上，通过不断调整思维策略，提高解决问题的效率与效果。面对日益复杂的社会和经济环境，创新思维促使主体从多角度、多层面去理解变化，寻找新的价值创造点，并以此推动社会进步和个体成长。创新思维还强调对未来趋势的洞察力与前瞻性，通过不断地自我挑战和创新实践，主体能够在实践中积累经验，锤炼思维能力，进而提升对不确定性问题的应对能力，为社会发展注入持续的创新动力。这一思维模式不仅为主体自身带来新的发展机遇，也对社会创新氛围的营造、创新文化的塑造起到积极作用，更是推动社会进步与科技发展的重要驱动力。

（二）冒险精神

冒险精神是主体在面临不确定性和潜在风险时表现出的积极态度与行为能力，它强调面对挑战时的主动担当与责任感。在社会和经济环境日益复杂的背景下，冒险精神要求主体能够跳出自身的舒适区，面对不可预知的困境时表现出坚韧不拔的意志力和果断的决策能力。冒险精神不仅是对未知的探索，更是对失败的容忍与对自我能力的信任，它推动主体在多变的市场环境中大胆尝试，通过不断试错和调整策略来优化决策，从而找到最有效的行动路径。面对创业过程中可能出现的资源短缺、市场波动、技术“瓶颈”等多方面挑战，冒险精神成为驱动主体坚持不懈的重要动力。

在创业的实践中，冒险精神不仅体现为对风险的迎接，还包含对风险的科学评估和策略化应对。主体需要具备敏锐的风险识别能力，能够准确判断风险的来源及其可能带来的影响，并以此制定合理的风险管理方案。冒险精神不是盲目地冒进，而是对风险的理性理解和主动控制，是在风险与机遇之间寻求平衡的能力。在创业过程中，这种精神促使主体不断尝试新方法、开发新产品、进入新市场，并在失败中迅速调整策略，不断迭代优化。冒险精神还体现为对失败的积极态度，将失败视为学习和成长的机会，通过总结经验教训来提升自我，从失败的经历中吸取教训，进一步提升创业思维和执行能力。

冒险精神的核心在于对责任的担当与对未来的执着追求。主体在冒险过程中，不仅要面对外部环境的种种挑战，还需应对内部管理中的复杂问题，如团队协作、资源配置和战略调整等。冒险精神要求主体在每一次决策中承担相应的责任，表现出对团队和事业的高度承诺。它促使主体在面对挫折时依旧保持前进的动力，并在多次失败和反思中逐步积累经验和提升能力。科学的冒险精神也是创新文化的催化剂，它鼓励主体勇于突破常规，敢于质疑现有模式，通过大胆的创新实践推动技术进步和社会发展。主体的冒险行为不仅能够带来个人的成长和成就，也对推动社会进步、促进经济发展具有重要的现实意义。

（三）创业意识

创业意识是主体在创新实践中所表现出的对创业的深刻认知和敏锐洞察，它反映了主体对市场动态、行业趋势及社会需求的高度敏感性。在复杂多变的市场环境中，创业意识成为主体识别机遇和制定创业策略的关键能力，它促使主体不断关注外部环境的变化，洞察新兴市场的潜在机会，及时调整自身的创业路径。创业意识的形成和发展依赖于对市场的深度了解和对行业趋势的精准把握，这种意识引导主体在竞争激烈的市场中发现独特的创业机会，并通过资源整合和创新实践，最大化地发挥创业的社会价值。

创业意识不仅体现在对机会的识别上，更体现为创业过程的目标导向性和规划性。主体在创业过程中需要具备明确的目标意识，清晰的目标有助于确定创业行为的方向，确保每一步行动都有具体的目的和预期效果。目标的设定应当与市场需求和行业前景紧密结合，这种符合实际的目标意识不仅有助于增强创业的可行性，还能够提高创业的成效和持续性。创业意识促使主体在设定目标的同时，对实现目标的路径进行科学规划，通过对资源、技术、市场等要素的综合分析，制定出切实可行的发展策略。主体的规划能力与创业意识相辅相成，通过精细的规划和合理的资源配置，使创业实践更具系统性和前瞻性。

在创业实践中，创业意识还表现为对市场竞争的理解和应对能力。市场竞争环境瞬息万变，主体需要具备高度的适应能力和反应速度，能够在激烈的市场竞争中迅速调整战略，以保持创业的优势地位。创业意识引导主体始终保持对竞争对手的关注和对市场变化的敏感，通过不断优化产品和服务，提高自身的市场竞争力。创业意识的核心在于主动性和创新性，它不仅促使主体在已有的市场框架中寻求发展，还推动主体探索新的市场空间，并通过不断地创新和调整，为企业的长期发展奠定坚实基础。

第三节　创新与创业的促进关系

大学生创新精神和创业精神相互促进、相辅相成。大学生创新精神推动着他们积极参与创业活动，而创业精神则为大学生提供了一个实践和应用其创新精神的平台。这种相互推动的关系促进了创新和创业的发展，也为社会和经济的进步提供了新的动力。

一、创新精神推动创业

创新精神在创业过程中具有关键的驱动作用，是推动创业者不断突破传统、实现新价值创造的核心动力。它不仅体现为对新想法的渴求和对现状的质疑，更体现在对未知领域的大胆探索和对新方法的实践上。创新精神激发创业者在面对市场变化和技术进步时，能够主动适应变化、不断调整战略，从而在激烈的竞争环境中保持领先地位。通过创新，创业者得以发现新的市场机会，开发出符合未来需求的产品和服务，从而推动产业变革与升级。

创新精神的实质在于对创新思维的高度应用，这种思维促使创业者在决策过程中能够超越常规逻辑，以全新的视角审视问题并寻求独特的解决方案。面对复杂的商业环境和多样化的市场需求，创新精神要求创业者具备快速识别问题本质的能力，并通过创造性思考提出前所未有的策略。创新精神不仅是对技术的革新，更是对商业模式、管理方式、市场策略等多方面的综合创新，这使得企业在资源有限的情况下能够通过差异化的竞争优势取得突破。

此外，创新精神对创业者在面对风险和失败时的心理建设具有积极影响。由于创业过程充满不确定性，创新精神使创业者在面对挫折时能够保持积极的心态，并将失败视为学习与成长的机会。它促使创业者不断从失败中总结经验，不断迭代和优化自身的创业模式。这种不断追求突破和优化的精神，使得创业者能够在困境中找到新的发展路径，为企业的长期可持续发展奠定坚实的基础。

创新精神的推动使得创业不仅成为获取经济收益的手段，更成为实现个人价值与社会进步的重要途径。它引导创业者超越既有的知识边界和市场局限，通过创新为社会带来更高质量的产品与服务，创造更广泛的社会效益。通过创新精神的不断激发和应用，创业者能够在多变的市场环境中持续保持活力和竞争力，从而实现自身和企业的长足发展。

二、创业精神促进创新

大学生创业精神作为推动创新的重要力量，体现了对创业环境的深刻理解和对市场机会的敏锐捕捉。创业精神不仅代表着决策时的冒险倾向和创新实践的推动力，还包含了在有限资源下寻求突破、优化组织结构的能力。对于创新型组织而言，创业精神为内部变革提供了必要的驱动力，使得组织能够主动应对外部变化，调整战略布局，并有效整合各类资源。创业精神的缺失常导致组织在变革过程中陷入停滞，无法形成持久的创新动力，这对企业的持续发展和竞争力提升极为不利。

创业精神贯穿创新创业组织的各个阶段，尤其是在初创企业和成熟企业内部创新时尤为重要。对于刚刚成立的企业，创业精神推动着团队成员在不确定的市场环境中主动出击，通过持续创新打破市场固有格局，创造新的商业价值。内部创业者在成熟企业中则承担着推动企业产品更新、流程优化和业务模式转型的重要角色，这些内部创新活动同样需要创业精神的支持，以激发组织内部的活力和创新动力。这种精神不仅关乎产品和服务的创新，更体现为对社会和环境的责任感，形成了社会创业的核心，通过可持续发展的方式创造社会价值。

大学生创业者作为创新的重要力量，展现了创业精神在实际应用中的多样化表现。他们在面对新兴技术、市场需求和社会挑战时，能够敏锐捕捉到变化并迅速做出反应，以创新的解决方案应对复杂的问题。他们的创业精神不仅体现在敢于冒险和持续创新的行为中，还体现在通过对学习与适应的开放态度不断提升自身能力，适应不断变化的市场环境和竞争格局。创业精神使得他们不仅关注短期的经济回报，还将长远的社会责任融入创业实践中，从而为社会带来积极的变革。

在创业过程中，大学生创业者往往充满激情和热情，这种内在驱动力不仅激励他们不断超越自我，更推动他们在面临失败时能够迅速调整心态、从挫折中吸取经验教训，并将其转化为前进的动力。创业精神使得大学生创业者在竞争激烈的市场中表现出顽强的生存能力，通过创新思维不断优化产品和服务，以便更好地满足市场和消费者的需求。

创业精神作为创新的内在动力源泉，不仅推动了大学生创业者在技术、管理和社会层面的突破，也通过对市场动态的积极响应，为企业和社会创造了更广泛的价值。创业精神的持续激励使得创新活动不仅局限于产品和服务的更新，更引导大学生创业者在创业道路上不断追求卓越，促成了经济和社会发展的双重进步。

第四节 大学生创新创业的根本优势

一、大学生创新创业的内在优势

（一）年轻活力激发的创新思维

大学生在创新创业中的内在优势显著体现在年轻活力所激发的创新思维上。这一群体拥有充沛的精力和开放的心态，能够跳脱传统思维的束缚，敏锐捕捉新兴趋势，并将其转化为可行的创新策略。年轻活力赋予他们更强的适应能力和学习能力，使其能够迅速适应市场变化和技术迭代，不断调整自己的创业方向。创新思维的根本在于敢于突破既定框架，勇于挑战既有规则，这使得大学生在创业过程中能够不断推陈出新，创造出具有市场竞争力的产品和服务。这一内在优势不仅激励大学生持续探索未知领域，也促使他们在面对不确定性时表现出更高的灵活性和创造力。年轻的创业者常常能够在快速变化的环境中找到新的机遇，并以其独特的思维方式提出具有差异化的解决方案。他们的创新思维不仅局限于技术创新，还体现在商业模式、运营策略和市场拓展等各个方面，推动着创业项目从不同维度实现突破。年轻活力的创新思维不仅为大学生的创业实践注入生机与活力，也使其成为社会创新的重要推动力量，为经济和社会的发展提供了新的动力源泉。

（二）丰富的知识储备

大学生在校期间接受系统的学术训练和多学科交叉教育，使其具备了广泛而深厚的理论基础和专业知识，这种知识积累为创新创业提供了坚实的支撑。通过不断学习和实践，大学生能够将所学的前沿理论与实际应用相结合，发现并挖掘市场需求的创新点，从而为创业项目注入新的活力和技术含量。知识储备不仅提升了大学生的分析能力和决策能力，还使他们能够在面对复杂问题时，运用科学的思维方式进行解决，增强了创业的成功概率。

在创新创业过程中，大学生丰富的知识储备表现为对行业动态的敏锐洞察和对技术发展的快速掌握。这种优势使他们能够在创业初期准确判断市场环境和技术趋势，从而制定更具前瞻性的商业规划与策略。此外，扎实的学术背景也增强了大学生在创新过程中进行深度研究和数据分析的能力，使其创业项目更具科学性和竞争力。知识储备不仅赋予大学生在创业中不断学习和改进的动力，还促使他们在创新领域持续探索新的可能性，为推动产业进步和技术革新作出贡献。

（三）敢于尝试并接受失败的心态

创业充满了不确定性和风险，而大学生特有的开放心态和勇于探索的精神，使其在面对失败时，能够迅速调整心态，以积极的姿态迎接挑战。这样的心态不仅表现在勇于突破既有框架、尝试不同的创新路径上，还体现在对失败的理性认知上。大学生通常具备较强的心理弹性和适应能力，能够将失败视为成长过程中的一种经验积累，而非最终结果，从而不断从中获取教训和灵感，推动自我成长和创业项目的持续改进。

这种心态使大学生在面对创业中的挫折时，能够保持对目标的坚定信念，同时具备更高的风险承受能力。这不仅强化了其在创业过程中敢于决策的魄力，也促使他们在遇到困难时能够保持积极的应对态度。大学生这种敢于尝试的特质，推动着他们不断探索新的商业模式和技术创新，勇于打破常规，寻求更为高效的解决方案。面对失败，他们不再停留于消极状态，而是积极进行反思和总结，从而为下一次尝试积蓄力量。正是这种面对未知和挫折时的积极心态，使大学生在创新创业的道路上始终充满动力与活力，成为推动创业项目不断发展的重要力量。

二、大学生创新创业的外在优势

大学生在创新创业过程中所拥有的外在优势，为其提供了宝贵的支持与保障，成为他们在创业初期脱颖而出的重要因素。

（一）校园资源的丰富性

大学生在创新创业过程中所拥有的校园资源丰富性，构成了其显著的外在优势。这些资源涵盖硬件设施与软性资源的多层面提供，硬件设施涵盖实验室、研究中心、图书馆等基础设施，为大学生提供了关键的技术支持与研究条件，有效降低了创新实践中的硬件投入；各类创业大赛、创新项目孵化器和创业基金等软性资源，则为大学生搭建了实战平台和资源获取渠道，使其得以在真实的市场环境中进行创业尝试。这些资源的整合运用，不仅为大学生节约了创业成本，还为其提供了试错的空间与成长的机会，使创业过程更具可行性。

学校的学术环境与科研平台为大学生提供了丰富的知识背景与技术支撑，这一学术氛围促使学生能够更深入地接触前沿科学技术和创新思维。通过科研项目和学术交流，大学生能够获得最新的研究成果和学术动态，为其创业项目的技术创新与理论指导提供支持。这种科研平台与创新实践的融合，使得大学生能够在创业过程中不断获取并应用新知识，加速项目的研发与进程。这种资源的广泛可及性使大学生在创业初期就具备了他人难以企及的创新能力与技术储备，从而增强了创业的市场竞争力和持久发展能力。

（二）校友网络与导师指导

校友网络与导师指导构成了大学生创业过程中的关键外在支持，成为其成功路上的有力助推。

第一，校友网络不仅为大学生创业者提供了广泛的社交资源，也搭建了一个获取行业洞察、市场机会和战略合作的平台。通过与校友间的互动，大学生能够及时掌握行业的最新动态，获取对创业方向和市场潜力的前瞻性见解。校友的经验和资源还为大学生规避创业过程中的风险提供了参考，帮助其避免初期创业时的常见失误，优化创业路径，提升项目的稳健性。

第二，导师的指导在创业的专业性和战略层面提供了至关重要的支持。导师不仅在创业的起步阶段能提供必要的理论和方法指导，更在项目规划、商业模式设计和市场策略优化中发挥着指导性作用。导师的专业建议有助于大学生在创业过程中做出更加科学合理的决策，减少因经验不足而导致的误判风险。导师的长期支持对大学生的管理能力和决策能力产生积极影响，使其能够在创业过程中逐步成长为具有战略眼光和组织能力的领导者。这种指导为大学生创业项目的市场竞争力和持续发展提供了保障，使其具备在复杂市场环境中稳步前行的能力。

第二章　大学生创新创业能力的培养体系

第一节　加强大学生创新创业教育

创新教育与创业教育内容相通、目标一致且功能相同。创业教育和创新教育相辅相成，相互交融，创业是创新的基础。从广泛意义上而言，创业过程中的实践成果是衡量创新或创业是否成功的一个标杆；反之，创新所呈现出的形态是创业。创业是否成功，关键是应有一个良好的措施。创新教育是一种新式教育，提倡增强学生的探索创新能力，也是其终极目标。创业教育强调的是大学生要有创业思维与意识，从而增强创业能力，提倡基础知识的普及。创业教育和创新教育两者之间既有互相推动的作用，也有相互克制的地方。

一、大学生创新创业教育的本质

“随着经济社会的发展，创新创业已成为推动经济增长和社会进步的重要引擎，大学生作为未来社会的中坚力量，其创新创业能力的培养备受重视。”①

（一）创新创业教育是新型素质教育

创新创业教育作为一种新型素质教育，体现了高等教育在信息化和全球化背景下的深刻变革趋势。当前，创新创业教育不仅被视为提升国家经济竞争力的重要手段，更是我国教育改革的核心着力点，受到广泛重视。素质教育作为对传统教育模式的深刻反思与突破，强调教育的综合性和全面性，以提升受教育者的综合素质和能力为目标，推动人的全面发展。

在知识经济与数字化时代的双重驱动下，创新创业教育逐渐成为素质教育的新形式和重要组成部分。它不仅继承了素质教育对受教育者综合能力培养的关注，更进一步强调对创新能力、实践能力与创业精神的培养，将理论学习与实际应用紧密结合，推动高等教育向更加实践导向的方向发展。这种教育模式不仅培养学生的学术能力，更关注其在真实生活中解决问题的能力

① 湛书行．大学生创新创业教育与就业创业政策衔接研究［J］．公关世界，2024（8）：40.

和创新意识，代表了教育理念的一次深刻跃迁。

创新创业教育的核心在于通过创新性、实践性的教学活动，培养学生在复杂、多变的环境中应对挑战、捕捉机遇的能力。它要求教育内容和教学方法的创新，强调学生在知识获取和运用之间的转化能力，使得素质教育在新时代需求的推动下得以深化和延展。通过这种教育模式，高校不仅能为社会输送知识型人才，更能为经济和社会发展培养具备创新精神和实践能力的复合型人才。这种教育理念的提升和拓展，标志着高等教育在适应新时代需求方面迈出了关键一步，为推动社会进步和经济发展提供了强有力的智力支持。

（二）创新创业教育是四创合一教育

创新创业教育是创造、创新、创业和创优四者高度融合的教育模式，其核心在于通过系统性的教学和实践培养学生的创造性思维、创新精神、创业能力与创优意识。这一教育模式的根本目的是实现人的全面发展，使学生在复杂的社会环境中具备自我实现与社会贡献的能力。创造作为一种思维方式，强调从无到有的过程，是创新创业教育的基础，它涉及从新想法的提出到新理论的建构，再到新产品的生产，创造是推动社会进步的原动力。

创新在创新创业教育中体现为对现有事物的重新发现与认知，基于现有知识和资源对其进行改进和突破。创新并不拘泥于原有的思维模式，而是在原有基础上赋予事物新的价值与功能，所有有价值的新思想和新事物都可以被视为创新的结果。创业则是创新的进一步拓展，是将创新成果实际应用于社会和经济活动中，具有明显的实践导向性。创业通过将创新成果转化为经济效益，为学生提供一种现代社会中的生存与发展方式。

创新创业教育的本质是对创造、创新、创业的高度整合，通过教育引导学生将创新性思维与实际应用相结合。它不仅是知识的传授，更是对一种积极的精神品质的培养，这种品质通过教育逐渐内化为学生的核心素养。创造、创新、创业之间的相互作用，使学生在学术与实践的双重训练中不断突破自我，提升综合能力。而创优作为四创合一的最终目标，强调的是对高标准、高质量成果的追求，它引导学生在创造和创新的过程中不断优化自身的思维方式与行动路径，追求卓越与高效，形成良性循环的创新创业生态。

创新创业教育通过融合创造、创新、创业和创优的理念，推动学生在理论与实践中实现全面发展。它鼓励学生不仅要提出新想法，更要敢于将想法转化为实际行动，最终在社会中发挥出创新创业的积极作用。创新创业教育所培养的，是一种超越知识的智慧，是在不断变化的社会环境中，通过创造性劳动实现个人与社会价值的动态过程。

二、大学生创新创业教育的原则

（一）开放与协同相结合的原则

开放与协同相结合的原则是推动大学生创新创业教育发展的核心要素。高校在资源有限和教育资源分配不均的背景下，必须通过开放式办学模式来获取更多高质量的资源，以支持对创新创业人才的培养。这种开放不仅体现在对外部资源的引入上，也包括对内部资源的整合与优化。开放式办学能够打破传统教育体系的壁垒，促进与企业、政府及社会组织的广泛合作，从而形成资源共享的创新环境。

在开放的基础上，高校应建立有效的协同机制，以确保各部门职能的协调一致。这种协同机制涉及学校内部各部门之间的合作，如教务、科研、管理等部门之间的功能对接与配合。同时，也包括与外部机构的合作，以共同推动创新创业教育的发展。通过建立明确的合作制度和机制，各方能够共同参与教育资源的配置和项目的实施，形成协同创新的合力。这种机制不仅有助于资源的高效利用，还能够促进教育内容与实际需求的对接，提高创业创新教育的针对性和实效性。

开放与协同相结合，不仅提高了资源的使用效率，也增强了创新创业教育的可持续发展能力。在这种模式下，高校能够借助外部资源的优势与内部协作的力量，构建一个动态的创新生态系统，为学生提供更丰富的实践机会与支持，最终推动创新创业教育向更高水平地发展。

（二）理论与实践相结合的原则

理论与实践相结合的核心在于将学术理论的系统性知识与实际操作经验相融合，以培养能够应对复杂社会需求的高水平创新创业人才。

第一，在实施理论与实践相结合的过程中，高校应充分考虑大学生的个体差异。不同学生具有不同的背景、兴趣和能力，因此，教育方案应根据这些差异进行个性化定制，以提供更具针对性的实践机会。个性化的实践活动可以使学生在其感兴趣的领域中得到深入的锻炼，并且能够根据个人的实际情况调整学习和实践的重点。这种个性化的教育方式不仅能够提升学生的实际操作技能，还能够增强其在特定领域的专业能力。

第二，理论与实践的结合要求建立有效的反馈机制。在实践过程中，大学生的表现和实践成果为理论学习提供了真实的反馈，这些反馈能够帮助教师及时调整教学内容和方法，以适应学生的实际需求和市场的变化。通过这种反馈机制，高校能够不断优化课程设计，提升教学质量，从而更好地培养适应现代社会需求的创新创业人才。

理论与实践的有效结合有助于培养大学生的综合能力，使他们能够在复杂的创业环境中更好地应对挑战。实践活动中的经验积累不仅提升了大学生的操作能力，还增强了他们的创新意识和解决实际问题的能力。这种综合能力的提升，为大学生的职业发展奠定了坚实的基础，使他们能够在未来的职业生涯中充分发挥其创新创业能力。

（三）全程性与分层性相结合的原则

在大学生创业创新教育中，全程性与分层性相结合的原则强调教育的连续性与分阶段实施，以确保学生在不同学习阶段都能获得适当的支持和指导，从而实现系统化的人才培养目标。

第一，全程性体现为教育过程的持续性和开放性。创业创新教育不应仅限于短期课程或项目，而是应融入整个高等教育体系，形成一条贯穿大学生整个学业过程的教育链条。通过这种全程性，大学生能够在不同学习阶段接触到与创业创新相关的内容，实现从基础理论到高级实践技能的逐步积累。教育的开放性则指教育资源和机会的广泛可及性，包括课程、讲座、实践项目等。这种开放性有助于大学生在不同阶段接触到最新的创业创新信息和动态，拓宽视野，激发其创新潜力。

第二，分层性关注大学生在不同学习阶段的具体需求。初入大学的学生应重点了解创业创新的基本概念和理念，培养其创业兴趣和创业意识。这一阶段的教育应注重基础知识的传授，帮助大学生建立起对创业创新的初步认识。随着大学生对创业创新领域的理解加深，教育内容应逐步转向更具实践性的培训，包括创业技能的提升和项目经验的积累。高年级的学生则应接受更为系统的定向培训，提升其在实际创业环境中的各项能力，包括市场分析、项目管理和团队协作等方面的综合素质。

这种分层与全程结合的教育模式使得创业创新教育能够更好地适应学生的成长和发展需求，确保大学生在各个阶段都能获得适合其发展水平的教育支持。通过系统化的教育安排，大学生不仅能够在理论上掌握创业创新的核心内容，还能够在实践中不断检验和提高自己的能力。为了实现创业创新教育的最佳效果，高校需要在实践中不断调整和完善教育策略，充分发挥教育的全过程作用，确保大学生在各个学习阶段都能获得最为有效的支持。通过这一原则的实施，大学生创业创新教育能够更好地适应现代社会对创新人才的需求，培养出具备综合能力和实践经验的高素质创业创新人才。

三、大学生创新创业教育的特点

（一）以学生为中心

大学生创新创业教育以学生为中心，注重学生主体地位的彰显和个性化发展的推动。此教育模式强调根据学生的兴趣、特长和个体差异进行引导，培养学生的自主学习能力与创新思维。教育过程不再局限于传统的知识灌输，而是通过多元化的教学方法和实践活动，激发学生的主动性和创造性，使其成为学习和创业的主动参与者。以学生为中心的教育理念注重对学生自主创业意识的培养，通过提供开放的学习环境与资源，促使学生在探索与实践中获得成长。这一特点不仅提升了学生的学习积极性，还增强了其在面对不确定性和挑战时的应变能力与决策水平，为培养高素质的创新创业人才奠定了基础。高校在这一过程中不断优化教学内容与形式，营造以学生需求为导向的教育生态环境，强调知识的应用性与实践性，使得教育过程更具针对性和实效性。通过强化学生的自主性和创新性，使大学生创新创业教育实现了从知识传授到能力塑造的转变。

（二）多学科融合性

多学科融合性的特点打破了传统学科界限，推动教育模式向跨学科方向发展。通过多学科的交叉与融合，学生能够在不同知识体系间进行灵活转换，获得更为全面的认知和创新能力。多学科融合不仅提升了学生对复杂问题的分析能力与解决能力，也促使他们在不同领域的知识碰撞中激发新的创意和思路。教育过程中注重知识的整合与应用，以培养学生的系统思维和综合素质，并通过不同学科间的互补性和交叉性来推动创新能力的形成。

第一，高校通过课程设置、项目实践等多种形式，促进不同专业背景的学生共同参与创新活动。这种合作模式不仅拓宽了学生的视野，也让他们在不同思维模式的碰撞中学会包容和协作，从而提高团队合作的效果。多学科融合的教育理念鼓励学生从多维度思考问题，促进他们在知识的融会贯通中形成创新思维。这种教育方式强调将学科知识转化为实际应用的能力，使学生能够在不同情境下灵活运用所学，提升创新创业的实效性。

第二，高校通过整合各学科的优势和特色，使创新创业教育能够形成一种新的教学范式，打破学科壁垒，构建更为开放和包容的学习环境。学生在这一过程中不仅获得了对专业领域的深度理解，还在跨学科交流中提升了对知识的广度掌握。这种多维度的学习体验不仅丰富了学生的知识储备，更使得他们在创新过程中能够综合考虑多种因素，进行制定更为精准和有效的决策。

第三，通过引入新兴学科和技术领域的知识，高校能够为学生提供前沿的学习资源，培养出具备跨学科综合能力的创新人才。多学科的交互与合作不仅在教育过程中体现了动态性和多样性，也赋予学生更强的创新意识和能力，使他们能够在复杂多变的社会环境中保持竞争力。创新创业教育的多学科融合性通过对综合知识的应用与跨界思维的培养，为新时代人才的成长提供了广阔的空间。

（三）实践导向性

实践导向性体现了教育理念从理论灌输向实践应用的转变。高校在创新创业教育中，重视培养学生的动手能力，通过理论与实践的有机结合，使学生能够在实际操作中理解和应用所学知识。这种教育方式不仅强化了理论知识的内化过程，还通过实践环节提高学生的创新思维和问题解决能力。实践导向的教育模式鼓励学生主动参与实际项目，在真实的创业环境中锻炼分析、判断与决策能力，增强他们在应对复杂多变的市场环境时的自信心和适应能力。

第一，实践导向的教学模式强调通过实际项目和实践机会让学生接触真实的创业场景，形成从理论到实践、从问题到解决方案的完整闭环。通过实际操作，学生能够更加深入地理解市场需求、商业模式和企业运营等关键因素，逐步提升他们在实际环境中的应用能力。实践教学往往包括模拟创业、创业竞赛、企业实习等多种形式，为学生提供多元化的学习平台，使其在面对实际问题时能够运用课堂所学，并通过实践中的反复试错和改进过程，锻炼其创新精神与执行能力。

第二，实践导向性体现在对学生综合素质的全面培养上，通过实践过程中的团队协作和项目管理，学生不仅提升了专业技能，还发展了沟通、领导与协调等综合能力。这种教育模式为学生提供了一个锻炼综合素质的场景，让他们在实践中感知团队合作的重要性，学习如何与不同背景和专业的成员共同完成任务，逐步增强其在执行复杂任务中的协调能力和应变能力。通过实地体验，学生能够认识到创新创业过程中的挑战和机遇，从而激发他们更强的学习动机和创新意识。

第三，学校通过建立创业实验室、创新孵化器等实践平台，为学生提供了良好的实践环境，使其在校期间就能体验到创业的真实场景。通过参与这些实践活动，学生能够快速掌握企业经营的基本规律，积累宝贵的实战经验，为未来的职业发展奠定坚实基础。实践导向的教育注重从实际需求出发，通过真实的商业案例和项目让学生理解创业的复杂性，并在实践中培养其面对挑战时的韧性与创新能力。

这种强调实践的教学模式为高校创新创业教育注入了活力，使教育不再局限于课堂和书本，而是通过实际项目的锻炼使学生的知识和技能在实践中得到真正的提升。通过这种方式，创新创业教育不仅提升了学生的专业素质，还使其具备了更强的市场适应能力和创业能力，为培养具有创新精神和实践能力的高素质人才奠定了坚实的基础。

（四）持续发展性

创新创业教育的持续发展性体现了其作为高等教育重要组成部分的独特优势。

第一，持续发展性强调其长期性特征，将创新创业教育贯穿学生的整个学习过程，形成一个系统而连续的培养体系。教育的持续性不仅是时间维度上的延续，更是培养内容和方法上的不断深化与拓展。高校通过不断优化和调整创新创业教育的课程设置和教学模式，可以确保教育过程具有连续性和层次感，使学生在各个学习阶段都能够获得符合自身发展需求的指导和支持。持续发展的理念促使高校在培养创新创业人才时，更加注重教育的系统性与阶段性，通过合理的课程安排和实践机会，为学生提供从基础知识到高级技能的全面教育。

第二，持续发展性体现在对学生个体成长的长期关注和支持上。创新创业教育不仅在学生的知识积累和技能提升中发挥作用，更在学生的思维方式、创新意识和创业精神的培育中起到关键作用。教育过程中的长期性设计，使得学生在不同的学习阶段都能够在知识体系的不断深化中巩固自身的能力与信心。高校通过对学生进行全程的教育与指导，确保其在面对不断变化的社会环境时，能够具备持续学习、适应和创新的能力，这种全程教育与指导的模式强化了学生与学校之间的联结，形成了一个动态而富有活力的教育生态系统。

第三，持续发展性强调创新创业教育的战略性与前瞻性，通过不断更新教育理念和实践内容，积极适应社会经济发展的新需求。这种教育理念的更新与实践的演变，使创新创业教育成为高等教育中一个不断进化的模块，并为学生提供具有前瞻性的学习内容和实践机会。高校在推动创新创业教育的过程中，通过政策支持、资源优化和平台建设等多方面的持续发力，为学生创造一个良好的创业创新环境，助力其在创新创业领域的长足发展。

持续发展性不仅使得创新创业教育具备了长效机制，也增强了学生在学习过程中的归属感和成就感。高校通过系统化、全程化的教育设计，将创新创业教育融入学生的日常学习与生活之中，使其成为学生个人成长和职业发展的有力支撑。创新创业教育的持续性不仅为学生提供了源源不断的学习动力，更培养了他们的创新精神和实践能力，成为推动个人发展和社会进步的重要力量。

四、大学生创新创业教育的功能

教育理念的演进在推动实际教育实践方面具有显著的影响力，它不仅是社会进步与发展的推动力，也是教育改革与发展的引领者，同时为个体的自由与全面发展提供了有力支持。

（一）人的发展功能

创新创业教育对个人的发展也起到重要的作用，它可以帮助学生在多个方面实现个人成长和发展，包括以下几个方面。

1. 提升自信心

创新创业教育在推动个人全面发展中发挥着重要作用，特别是在增强自信心方面效果显著。通过创新创业教育，学生在面对不确定性和挑战时，逐步培养出应对这些挑战的能力。在不断克服困难和达成目标的过程中，个体获得了宝贵的成功经验，这些经验成为他们自信心提升的基础。这种自信心不仅来源于对自身能力的肯定，更是在一次次挑战中得到的验证与巩固。随着自信心的增强，学生在未来面对更多未知和复杂情境时，能够以更积极的态度和更成熟的心态应对，并展现出较强的心理韧性和解决问题的能力。这种自信心的培养使得个体在职业生涯和个人生活中都能更加从容地面对各种挑战。

2. 培养创新思维和创造力

在培养创新思维和创造力方面，学生被鼓励独立思考，探索新的观点和方法，进而推动其思维模式的拓展和创新能力的提升。这种教育方式不仅强调对已有知识的掌握，更注重学生是否能在实践中发现问题、提出新颖的解决方案。随着创新思维的不断强化，学生的创造力得以充分激发，使其在面对职业发展和日常生活中的各类挑战时，能够运用独特的视角和方法进行应对。创新思维和创造力的培养，不仅提升了个体在复杂环境中的适应能力，还为其在职业生涯中开创更多机会奠定了基础。这种思维能力和创造力的增强，赋予个体更强的竞争优势，使其在多变的社会环境中能够持续成长并取得更大的成就。

3. 积累创业技能和经验

通过参与创新创业项目，学生能够深入了解市场动态，掌握商业计划的制订和实施，学习资金筹集的策略，并提升团队管理的能力。这些实践经验不仅为学生未来的创业活动奠定了坚实基础，也为其在职业生涯中开辟了更广阔的发展空间。教育机构在创新创业教育中所扮演的角色同样重要。随着社会和市场需求的不断变化，教育机构必须持续更新课程内容和教学方法，以确保学生所学知识和技能能够紧跟时代步伐。通过这一过程，不仅推动了教育的创新发展，也为培养具备创新和创业能力的人才提供了保障。

（二）社会发展功能

创新创业教育在社会发展中发挥着不可或缺的作用，其影响力不仅体现在经济增长上，还深刻渗透到科技创新、就业率提升、社会文化水平提升以及国家和地区的竞争力增强等多个方面。通过这一教育模式，社会得以在多维度上实现持续进步，并为应对未来的挑战奠定了坚实的基础。

1. 促进经济增长

创新创业教育通过培养具备创业精神和创新能力的个人，成为推动经济增长的重要引擎。随着新企业的不断涌现，市场结构发生了积极变化，新的商业模式得以发展和推广，产业结构的优化和升级也随之加速。创业者和创新者在市场中的积极参与，不仅丰富了经济活动的形式和内容，也为整个社会带来了更为多元的经济增长动力。通过对市场需求的精准把握和创新成果的有效转化，创业者能够迅速占领市场，推动产业链的延伸和升级，进而拉动整个经济体系的全面增长。

2. 促进科技创新

科技创新是现代社会进步的核心动力，而创新创业教育则为这一动力的持续释放提供了源源不断的支持。通过培养学生的创新思维和实际操作能力，创新创业教育促使更多的科技成果转化为现实生产力，推动了科技进步与产业发展的深度融合。在这一过程中，学生不仅学会了如何发现问题和提出创新性解决方案，还能够在实践中不断迭代和优化这些方案，从而为社会提供更加高效和可持续的科技创新成果。这种教育模式的推进，使得科技创新不是仅停留在实验室和研究机构中，而是直接服务于社会发展，为人类生活质量的提升和经济社会的可持续发展贡献了重要力量。

3. 提高就业率

在就业方面，通过系统化的课程设置和实践训练，学生在掌握创业所需的核心技能的同时，也得到了管理、市场营销、财务等方面的全面培养。这些综合技能的积累，使得学生在毕业后能够更好地适应职场需求，顺利进入各类职业领域。创新创业教育为就业市场输送了大量高素质人才，这些人才不仅具备强烈的创新意识和别出心裁的创业能力，还能够在复杂的商业环境中独立应对挑战，进一步提升了就业市场的整体质量和活力。更为重要的是，创新创业教育所培养的创业者，不仅为自己创造了就业机会，还通过新企业的创立，为社会提供了更多的就业岗位，缓解了就业压力，提升了社会整体的就业率。

4. 提升社会文化水平

在社会文化层面，通过创新创业教育学生不仅提升了个人的文化素养和社会适应能力，还在不断变化的社会环境中培养了对文化多样性的理解和尊重。创新创业教育倡导的开放性和包容性，使学生在接触不同文化背景和价值观念的过程中，学会了如何在全球化背景下进行有效沟通和合作。这种跨文化的交流与互动，不仅丰富了学生的视野和思维方式，也在一定程度上提升了整个社会的文化水平。通过培养具有创新思维和解决问题能力的人才，创新创业教育为社会注入了新的文化活力，从而推动了社会整体文化素养的提升。

5. 增强社会竞争力

在全球化竞争日益激烈的今天，国家和地区的竞争力已成为影响其国际地位的重要因素之一。创新创业教育通过培养具有创新能力和创业精神的人才，直接增强了国家和地区的竞争力。通过这种教育模式，学生能够在国际舞台上展示出强大的创新能力和商业洞察力，吸引更多的国际投资和资源。这种竞争力的提升，不仅为国家和地区带来了显著的经济利益，也增强了其在国际事务中的话语权和影响力。创新创业教育所培养的人才，既是社会发展的中坚力量，也是国家和地区在全球竞争中脱颖而出的关键所在。

（三）教育发展功能

创新创业教育在高等教育的持续健康发展中扮演着至关重要的角色，尤其在实践经验的提供、创新思维的培养、教育改革的推进、跨学科学习的促进以及教学质量的提升等方面表现突出。通过这一教育模式，高等教育不仅能够适应不断变化的社会和市场需求，还能够培养具备综合素质和创新能力的人才，从而推动教育体系的整体进步。

1. 提供实践经验

创新创业教育强调实践和实际应用，这一特点使得学生能够在真实的环境中将所学的理论知识转化为实践技能。这种实践经验的积累，不仅加深了学生对知识的理解，还提高了他们在现实情境中解决问题的能力。这种教育模式在培养学生应对复杂挑战的能力方面具有独特优势，使得他们在进入职场后能够更快地适应环境，胜任各类任务。实践经验的积累，也有助于学生在未来的职业生涯中，灵活运用所学技能，提升自身的专业素质和竞争力。

2. 鼓励创新思维

创新创业教育鼓励学生主动思考问题，并提出创新性解决方案，培养他们的创新思维和创造力。这一过程不仅局限于课堂教学，还延伸至学生的日常生活和学习活动中，这使得创新成为他们思维方式的一部分。通过不断挑战传统观念，寻求新颖且有效的解决途径，学生的终身学习能力得以显著提高。创新思维的培养，对于他们在未来的学习和工作中，不断适应新环境、解决新问题、追求新突破具有重要意义。

3. 促进教育改革

随着社会和市场的快速变化，传统的教育模式已无法完全满足新时代的需求。创新创业教育要求教育机构在课程设置和教学方法上不断创新，以确保学生能够紧跟时代步伐。通过课程内容的更新和教学方法的改革，教育机构能够更加有效地培养适应未来社会发展的人才。这种改革不仅推动了教育体系的现代化进程，还提升了教育的整体质量和效能，为高等教育的可持续发展奠定了坚实基础。

4. 促进跨学科学习

通过涉及多个学科的知识和技能的学习，鼓励学生在不同领域之间建立联系，形成综合性的知识体系。跨学科学习不仅丰富了学生的知识结构，还增强了他们的综合分析能力和解决复杂问题的能力。这种学习方式使学生能够从不同角度思考问题，提出更加全面和创新的解决方案。跨学科的知识积累和应用，也为学生在未来的职业发展中提供了更多的可能性和竞争优势。

5. 提升教学质量

创新创业教育使得教学内容更加贴近实际需求，增强了教育的实用性和关联度。学生在学习过程中，能够更加清晰地理解所学知识的现实意义，并在实践中加以运用。这种以实践为导向的教学模式，不仅提高了大学生的学习兴趣和参与度，还提升了教学质量。随着教学质量的提升，教育的效果和影响力也得以显著增强，从而为社会输送更多高素质人才。

五、大学生创新创业教育的意义

（一）有助于科教兴国战略的实施

高等教育作为国家教育体系的核心部分，承担着培养创新型人才的重任，这不仅关乎个人发展的路径选择，更直接影响国家整体创新能力的提升。在国家创新创业教育体系中，学校的任务不仅是传授现有知识，更在于引导学生发掘新知识，激发他们的创新潜力和创业热情。这一过程要求高等教育从传统的应试教育模式向素质教育转型，而素质教育的核心正是创新创业教育。通过全面落实创新创业教育，高等学校能够成为新思想、新技术的孵化器，为社会提供源源不断的创新动力。

随着知识经济时代的到来，创新能力已成为国家竞争力的关键因素。创新创业教育在这一背景下成为各国争相推进的重要战略，尤其在发达国家中，创新创业教育已经被视为国家长远发展的战略支柱。这种教育模式不仅为学生提供理论知识，还强调通过实际操作和社会实践将知识转化为生产力。通过创新创业教育，学生能够更好地理解和运用所学知识，为未来的职业发展奠定坚实基础。这一过程不仅有助于个人职业发展的拓展，还能为国家和社会提供更多的就业机会，推动经济的持续增长。

在全球竞争日趋激烈的今天，创新创业教育不仅是培养大学生职业技能的途径，更是提升国家综合实力的战略选择。高等教育通过推进创新创业教育，能够将大学建设成为知识创新的重要阵地，助力国家实现经济的可持续发展。创新创业作为社会个体的一种生存方式和国家经济发展的一种模式，在国家发展和社会进步中发挥着不可替代的作用。通过深化创新创业教育，国家能够加速实施科教兴国战略，培养更多具有国际竞争力的创新型人才，为实现中华民族的伟大复兴贡献智慧和力量。

（二）有助于教育思想的转变

随着时代的变迁，高等教育不仅需要在教学内容和方法上进行调整，更应在教育思想层面进行深刻的反思与转变。创新创业教育作为新时代教育的重要组成部分，要求将其核心精神深度融入高等学校的教育管理和教学实践之中。这一转变不仅是对传统应试教育中知识灌输模式的反思，更是对现代教育模式的一次深刻重构。通过这种重构，创新创业教育能够推动学生个性与潜能的全面发展，并最终引导高等教育向更加适应时代需求的人才培养模式迈进。

在推动教育思想转变的过程中，高等教育中的每一位教师都应充分认识到自己在创新创业教育中的重要地位与主导作用，积极转变育人观念。教育的核心不再仅仅是传授专业知识，而是注重在教学过程中潜移默化地培养学生的创造力、创新力与创业力。这种培养不仅是知识传授的延伸，更是对学生实践能力、创新精神和社会责任感的全面塑造。通过这一系列的转变，高等教育才能真正适应现代社会的需求，培养出高素质的创新创业人才，为国家的持续发展注入新的活力。

在创新创业教育的背景下，教师不再仅仅是知识的传授者，而是学生创新意识和实践能力的引导者。创新创业教育所强调的个性化、创新性、实践性以及开放性，要求教师在教学过程中更加注重对学生内在素质的培养。这不仅有助于学生能力的提高，更是对整个教育体系的深层次改革。通过这种改革，高等教育能够为国家培养出更多具有创新精神和实践能力的人才，为国家和社会的发展提供源源不断的智力支持和创新动力。

当前的高等教育正在经历一场深刻的变革，这场变革不仅体现在教学内容和方法上，更体现在教育思想和观念的全面转变上。创新创业教育作为素质教育的重要组成部分，正在逐步取代传统的应试教育模式，成为培养创新型人才的关键手段。在这一过程中，教师的作用尤为关键，他们不仅是教育思想的践行者，更是学生创新能力培养的引导者。通过教师观念的转变，高等教育将能够更好地适应时代的发展需求，为国家和社会培养出更多具有创新精神和实践能力的高素质人才。创新创业教育的全面推进，将为国家建设创新型教育体系提供坚实的基础，为实现科教兴国战略注入新的活力。

（三）有助于教学模式的创新

创业创新教育的核心在于打破传统应试教育和就业教育的桎梏，推动人才培养模式向更加注重素质教育和创新教育的方向转变。这一转变不仅是对教育内容的深化，更是对教育理念的全面革新。通过将创新精神作为人才培养的核心导向，创业创新教育致力于制定符合时代需求的新型人才培养方案和目标，使学生在具备扎实专业知识的基础上，还能够更加灵活地应对复杂多变的社会环境。

在人才培养模式的创新中，创业创新教育强调以学生为中心，注重培养学生的创新意识、创业能力以及实践能力。这种模式的创新不仅体现在课程设置的调整上，更在于教学方法和评估体系的全面升级。通过实践性教学、项目驱动学习以及跨学科合作，学生得以在真实的情境中锻炼自己的创新和创业能力。这种培养方式有效地提高了学生的综合素质，促使他们在面对未来的职业发展时，能够更加自主地探索和创新。

传统的教学管理模式多以单向传授为主，缺乏与学生的有效互动与反馈。而创业创新教育要求教学管理者在教育过程中注重灵活性和开放性，建立更加有效的互动和协作的教学管理体系。这种创新的管理模式强调教师与学生的双向交流，鼓励学生参与到教学过程中，形成良性循环的教育生态。通过对教学管理模式的创新，教育机构得以更好地适应社会和市场的需求，提升整体教育质量。

创业创新教育的实施推动了高等教育从以知识传授为主的传统模式，向以能力培养为核心的现代教育模式转变。通过创新人才培养模式和教学管理模式，高等教育不仅能够更好地服务于社会经济发展，还能够为国家和地区培养出具有创新能力和实践精神的高素质人才。这种全方位的教学模式创新，将为高等教育的可持续发展提供强有力的支持，并进一步推动教育理念的革新与进步。

第二节　优化大学生创新创业课程体系

一、优化大学生创新创业课程体系的原则与目标

（一）课程体系优化的基本原则

课程体系的优化应以若干基本原则为指导，这些原则不仅关系到课程内容的设计，还决定了教学方法、资源配置以及未来的发展方向。

1. 面向市场需求与社会发展的导向性原则

面向市场需求与社会发展的导向性原则要求课程体系紧密结合社会实际与市场需求，培养具备创新创业能力的高素质人才。高等教育的课程体系若不能适应社会发展的要求，将导致培养的人才难以适应快速变化的市场环境。因此，课程设计应注重社会需求的预测与分析，通过教育内容的更新，使学生具备应对未来挑战的能力。这一原则确保了课程体系与市场发展的紧密联系，避免了出现教育与社会实践脱节的现象，为学生未来的职业发展奠定坚实基础。

2. 理论与实践相结合的综合性原则

理论与实践相结合的综合性原则强调了教育内容的全面性与实际应用的重要性。课程体系不应仅停留在理论知识的传授层面，还应注重对实践技能的培养，使学生能够将所学理论知识应用于实际情境中。这种综合性原则的落实，有助于学生在实践中加深对理论知识的理解，培养解决实际问题的能力。通过理论与实践的有机结合，课程体系能够培养出既具备扎实理论基础又能应对实际挑战的复合型人才。

3. 跨学科协作与资源整合的多元性原则

跨学科协作与资源整合的多元性原则则关注了课程内容的广泛性与多样性。创新创业教育涉及多个领域，单一学科的知识难以应对复杂多变的社会需求。课程体系的优化应打破学科壁垒，促进不同学科间的协同合作，使学生能够在多元化知识背景下开展创新创业活动。这一原则要求教育机构在课程设计中注重资源的整合与配置，通过跨学科合作，为学生提供更为广泛的知识储备与技能训练。

4. 灵活调整与动态发展的适应性原则

灵活调整与动态发展的适应性原则则强调了课程体系的灵活性与可持续性。随着社会的不断发展，市场需求与技术进步日新月异，课程体系不能一成不变。教育机构应根据市场变化和社会发展趋势，及时调整课程内容与教学方法，使课程体系保持与时俱进的特性。这一原则要求课程体系具有动态调整的机制，通过不断地评估与反馈，及时发现并解决教育中出现的问题，使课程体系始终处于最优状态。同时，课程体系的动态发展也要求教育者具备前瞻性视野，能够预见未来的发展趋势，并将这些趋势融入课程设计中。

（二）课程体系优化的目标

课程体系的优化应以明确的教育目标为导向，这些目标不仅决定了教学内容的构建，也在很大程度上影响了教育成果的实际效用。

1. 提高学生的创新思维与创业能力

以提高学生的创新思维与创业能力作为优化的核心目标，意味着课程体系应当注重培养学生的创造力与问题解决能力，使他们能够在复杂多变的环境中发现并创造新的机遇。通过课程内容的设计和教学方法的创新，学生可以在思维上突破传统框架，形成独立且富有创造性的思维模式。这种思维模式不仅是学生未来创业成功的基础，也是他们在社会各领域中脱颖而出的关键。

2. 增强学生的实践操作技能与市场竞争力

在现代社会中，理论知识的掌握固然重要，但更为关键的是如何将这些知识应用于实际操作中，特别是在充满竞争的市场环境中。课程体系的优化应当着力于提升学生的实践能力，并通过实际项目、模拟训练等方式，使学生在校期间就能积累丰富的实战经验。这种实践能力的培养，使学生在面对市场挑战时更具备竞争优势，能够快速适应并在激烈的市场竞争中脱颖而出。市场竞争力的提高不仅有助于学生个人职业生涯的发展，也对整个社会的经济发展具有积极的推动作用。

3. 促进跨学科知识的融合与应用

促进跨学科知识的融合与应用则强调了知识的综合性和应用性。现代社会的问题往往具有高度的复杂性，单一学科的知识难以应对这些复杂的挑战。因此，课程体系的优化需要打破传统学科的界限，从而促进不同学科之间的知识融合与互动。这种跨学科的学习模式不仅能够拓宽学生的知识面，还能增强他们解决复杂问题的能力。在创新创业教育中，跨学科知识的融合有助于学生在多个领域中灵活运用所学知识，找到创新的解决方案，进而提高创业成功的概率。

4. 建立健全的创新创业教育支持系统

一个完善的支持系统包括教学资源的配备、师资力量的提升、政策与资金的支持等多个方面。课程体系的优化不仅需要在内容和方法上进行改革，还需要构建一个强有力的支持系统，为创新创业教育提供全方位的保障。通过资源的整合与配置，建立一个持续发展的教育生态系统，使学生在创新创业的道路上获得更多的支持与帮助。这种支持系统的建立，不仅有助于提高教育的整体质量，还能激发学生的创新活力，推动他们在实践中不断探索和创新。

二、优化大学生创新创业课程体系的策略

（一）创新课程内容的设计

1. 引入市场需求的课程内容

在当今的教育体系中，课程内容的设计应紧密结合市场需求，这种关联性不仅可以提高学生的就业竞争力，还可以促使教育机构更好地服务于社会经济的发展。课程内容的创新需要深入分析当前市场的变化和未来的趋势，并将这些需求转化为教学内容，通过系统化的设计，使学生在学习过程中能够直接接触到与职业相关的知识和技能，从而缩短毕业后适应职场的时间。此外，市场需求的引入还能够促使教学内容更加多样化、贴近实际生活，激发学生的学习兴趣，增强学习的主动性和创造力。

2. 增加实践课程比例

实践课程不仅可以将理论知识与实际操作相结合，还可以锻炼学生的动手能力、团队协作能力以及解决实际问题的能力。通过实践课程，学生能够在真实或模拟的工作环境中运用所学知识，培养职业素养和职业道德，从而更好地应对未来的工作挑战。增加实践课程的比例，可以帮助学生更好地理解和掌握复杂的理论概念，将抽象的知识具象化，进一步提升学习效果。实践课程的有效实施依赖于教育机构与社会企业、科研机构等的紧密合作，通过这种合作，可以为学生提供更为广泛和深入的实践机会，使学生在真实的社会环境中得到锻炼，逐步培养出适应现代职场需求的综合型人才。

3. 推进跨学科课程开发

推进跨学科课程的开发是创新课程内容设计的重要方向。随着社会经济的发展，单一学科的知识已难以满足现代社会对人才的需求。跨学科课程的开发能够有效打破学科间的壁垒，促使学生从多维度、多角度理解和解决问题。通过跨学科课程的学习，学生能够掌握多领域的知识和技能，提高综合素质和创新能力。在跨学科课程中，知识的交叉与融合可以启发学生的创造性思维，促使其在面对复杂问题时能够运用多学科的知识进行综合分析，从而找出更加全面和有效的解决方案。此外，跨学科课程的开发还可以丰富教育资源，拓宽学生的学习视野，使其在学习过程中能够接触到更多元化的知识领域，培养其批判性思维和创新意识。

（二）改革教学方法

在教学方法的改革过程中，基于问题的教学模式、信息技术的应用以及校企合作的深化，构成了现代教学改革的重要内容。这些改革措施的实施，不仅可以提高教学的有效性，还能够为社会培养出更加符合时代需求的创新型人才。

1. 探索基于问题的教学模式

通过探索基于问题的教学模式，可以有效激发学生的自主学习能力和创新思维。基于问题的教学模式强调以学生为中心，通过提出具有挑战性的问题，引导学生自主探究、分析和解决。这种教学模式不仅能够培养学生的批判性思维，还能促使他们在解决实际问题的过程中掌握更加深刻和实用的知识。通过这样的学习方式，学生能够在思维深度和广度上得到全面拓展，并逐步培养出解决复杂问题的能力。

2. 应用信息技术，推动线上线下教学的结合

信息技术的应用为教学方法的改革提供了新的契机，线上线下相结合的教学模式正在成为教育发展的新趋势。通过线上教学，学生可以灵活安排学习时间，获取更为广泛的学习资源，线上教学平台的多样化功能也为教学活动提供了更多的互动方式。线下教学则可以在面对面的交流中更好地传递知识，教师可以通过观察学生的反应，及时调整教学内容和方法，以达到最佳的教学效果。线上线下教学的结合，不仅可以丰富教学形式，还可以提高教学的灵活性和学生的学习积极性，进而提升整体的教学质量和效果。

3. 加强校企合作，增强教学的实效性

校企合作的加强是提升教学实效性的有效途径，通过与企业的合作，教育机构可以将企业的实际需求和职业标准引入教学中，从而增强教学内容的实用性和针对性。校企合作可以为学生提供更加贴近实际工作环境的学习机会，使他们在校期间就能接触到行业的最新动态和技能要求，从而更好地适应未来的职业发展。同时，通过校企合作，企业可以培养符合其需求的人才，教育机构可以根据企业反馈不断优化教学内容和方法，实现教学与职业需求的无缝衔接。通过校企合作，教学的实效性得到了极大的增强，学生的就业竞争力也得到了显著提升。

（三）强化师资队伍建设

强化师资队伍建设是教育发展的基础工作，引进双师型教师、加强教师培训以及促进教师之间的合作与交流，都是提升教育质量的重要措施。这些措施不仅可以提高教师的专业素养，还能够为学生提供更加优质的教育资源，进而推动教育事业的全面进步。

1. 引进双师型教师

通过引进双师型教师，教育机构可以有效增强教学的实践性与理论性的融合，双师型教师在具备丰富教学经验的同时，还具有实际的行业经验，这使得他们能够将理论知识与实际应用紧密结合，帮助学生更好地理解和掌握课程内容。双师型教师的引进不仅丰富了教育资源，还为教学带来了更多实际操作的机会，使学生能够在学习过程中更加贴近实际工作环境，进而提升其综合能力和职业素养。

2. 加强教师的培训

通过加强系统化的培训，教师可以不断更新知识结构，掌握最新的教学方法和技术，从而更好地应对教育领域的快速变化。培训不仅应涵盖教学内容的更新，还应包括教学技能的提升、教育理念的深化以及教学管理的优化。通过多层次、多维度的培训，教师的专业素养和教学能力得以全面提升，进而在教学过程中能够更加有效地激发学生的学习兴趣，提升教学效果。同时，加强教师培训还可以促进教育资源的共享，使不同学科、不同年级的教师能够从中受益，从而实现教学资源的最大化利用。

3. 促进教师之间的合作与交流

促进教师之间的合作与交流，形成教研共同体，是推动教育教学质量提

升的重要手段。教师之间的合作不仅能够促进教学经验的交流，还可以共同探讨教学中的难点和重点，通过集体智慧解决教学中的实际问题。教研共同体的形成有助于教师在专业发展过程中相互支持、共同进步，这种集体合作的方式可以有效提高教师的教学水平和科研能力。此外，教研共同体还可以推动教育资源的整合和共享，促使教师在不同领域和学科之间形成更紧密的联系，进一步提升教学的整体效果和学生的学习质量。

（四）建立健全创新创业教育支持体系

建立健全创新创业教育支持体系，通过完善创新创业实践基地、建立创新创业导师制度、加强政策支持与资金投入，可以有效推动创新创业教育的发展。这一支持体系不仅为学生提供了丰富的教育资源和实践机会，还为创新创业教育的持续优化提供了制度保障。创新创业教育支持体系的完善，将有助于培养出更多具备创新精神和创业能力的高素质人才，进而为社会经济的发展注入新的活力。

1. 完善创新创业实践基地

实践基地的建设不仅为学生提供了实践操作的平台，还为创新创业教育注入了实质性的内容。通过设立功能齐全的实践基地，学生能够在真实的创业环境中进行实践，将理论知识转化为实际应用。实践基地的完善能够有效提高学生的创新能力和实践技能，使其在创业过程中具备更强的应对能力和竞争优势。此外，创新创业实践基地还可以促进学校与企业、科研机构之间的合作，为学生提供更多的实践机会和资源支持，从而进一步提升创新创业教育的整体质量。

2. 建立创新创业导师制度

创新创业导师制度的建立为学生提供了个性化的指导，导师在学生创业过程中起着重要的引导作用。通过设立创新创业导师制度，学生能够在导师的指导下制订个性化的创业计划，并在实践过程中得到专业的指导与帮助。导师的丰富经验和专业知识不仅能够为学生的创业项目提供切实可行的建议，还可以帮助学生在创业过程中规避风险，提高项目的成功率。创新创业导师制度的实施还可以促进导师与学生之间的紧密联系，使学生在创业过程中能够得到持续的支持与帮助，从而在实践中不断提升自身的创新创业能力。

3. 加强政策支持与资金投入

通过政策支持，教育机构可以为创新创业教育提供良好的政策环境，确保相关教育措施的顺利实施。政策的支持不仅体现在资金投入上，还包括对创新创业教育的制度保障与激励机制的建立。充足的资金投入为创新创业教育的各个环节提供了必要的物质保障，使课程体系的优化和实践基地的建设得以顺利推进。此外，政策的支持还可以推动社会资源的整合，引导企业、政府和社会各界共同参与创新创业教育，形成全方位的支持体系，从而提升教育的实效性和持续性。

第三节　构建大学生创新创业实践平台

一、构建创新创业实践平台的原则

（一）围绕区域经济社会发展的原则

坚持基于专业的创新创业实践教学，旨在将创新创业理念深度融入学生的专业学习过程中，通过与专业领域的紧密结合，改革现有的实践教学模式。这种教学方式不仅有助于提升学生的创新能力和创业实践能力，更能够推动高校整体素质教育的深化，培养出具备创新精神和实践能力的复合型专业人才。通过创新创业实践教学，高校能够在专业课程中注入新的活力，促使学生在专业学习的同时，掌握创新创业的核心技能。此种教学改革不仅推动了创业课程的发展，还为各专业的实践教学指明了新的方向。专业实践教学的革新，使得创新创业教育从内容到形式都更加符合现代社会对高素质人才的需求。创新创业教育若要实现其应有的价值，必须在专业领域内扎根，通过与专业教育的有机融合，促进学生在专业知识的基础上，具备创新思维与创业能力。这种基于专业的创新创业实践教学，不仅推动了教育模式的转变，也为社会发展培养了更为契合需求的高素质人才。

（二）坚持专业实践教学原则

坚持专业导向的创新创业实践教学，强调在学生专业领域的基础上融入创新创业教育，这种教学模式不仅为专业实践教学带来了革新，更推动了高校素质教育的全面发展。这一教学方法通过与专业知识的紧密结合，培养出具备创新思维与实践能力的复合型人才，从而提高了学生在创业实践中的应用能力。创新创业实践教学的实施，不仅促进了创业课程的发展，使学生在理论与实践的结合中提升创新创业能力，还为高校各专业的实践教学提供了新的发展方向。在这种教学革新过程中，创新创业教育逐渐突破了传统教学的局限，使教学内容与现代社会需求更加契合。要使创新创业教育充分发挥其应有的作用，必须紧密结合学生的专业，以专业为基础，深入融合创新创业的理念与实践，形成与专业教育有机统一的教学体系。通过这种专业导向的教学方式，学生不仅能在专业领域中获得深厚的理论知识，还能通过实践不断提升自身的创新能力，为社会提供具有多元化能力的高素质人才。

二、构建创新创业实践平台的策略

（一）平台的管理与运营

1. 平台的管理

平台的管理在于建立科学有效的管理体系，以确保平台的高效运作和持续发展。管理体系应涵盖组织架构、管理流程与绩效评估，目标在于实现资源的最优配置和用户的最大满意度。通过明晰各部门的职责与权限，平台能够形成良好的内部协调机制，使各项创新创业活动得以顺利推进。同时，管理流程的标准化和规范化，有助于提高管理效率和决策质量，使平台在面对复杂环境时能够灵活应对，并保持其运营的稳定性。绩效评估作为管理的重要环节，能够及时反映平台的运行状况，帮助管理者识别问题、调整策略，从而确保平台的长期稳定发展。

2. 平台的运营

平台的运营涉及日常活动的组织与实施。运营工作的核心在于通过资源的整合与合理分配，最大限度地发挥平台的功能和效益。平台在运营过程中，需要注重资源的获取与利用，包括资金、技术、人才等关键资源的有效管理。通过建立完善的资源共享机制，平台能够为用户提供充足的支持与服务，促进创新创业项目的顺利开展。此外，平台运营的成败还取决于其用户体验的优化，通过不断完善服务体系和提升服务质量，平台能够吸引更多的创新创业者参与，增强平台的影响力和竞争力。平台在运营过程中，还需注重与外部环境的互动，通过与企业、政府、科研机构等外部资源的紧密合作，扩大平台的服务范围，提升平台的资源整合能力，最终实现创新创业资源的高效配置与利用。

（二）校企合作与协同创新

校企合作与协同创新相辅相成，共同推动了创新创业教育的发展与深化。在这一过程中，高校不仅扩展了实践资源和教学内容，还通过跨学科与跨行业的合作，实现了教育模式的创新。通过校企合作，学生能够更好地理解行业需求，增强创新创业的实际操作能力。协同创新则为学生提供了更为广阔的探索空间，促使其在多领域、多维度的学习中，形成独特的创新思维。校企合作与协同创新的结合，为高校创新创业教育提供了强有力的支持，促进了教育资源的优化配置和教学效果的进一步提升。

1. 深化校企合作，拓展实践资源

深化校企合作不仅能够拓展实践资源，还能为学生提供更为真实的创业环境和更为广泛的学习机会。通过与企业建立紧密联系，高校能够获取企业在创新创业方面的实践经验和资源，并将其引入教育体系中。校企合作的深化，使得企业成为教育过程中的重要参与者，不仅为高校提供实践场所和技术支持，还通过合作项目和实际案例，增强学生对市场需求和行业动态的理解。此类合作拓宽了高校的资源渠道，使得学生在校期间就能接触到前沿的行业知识和技术应用，提升了实践教学的质量和效果。校企合作的成功在于建立起双向互动的机制，企业在参与高校教育的过程中也能够获得高素质人才的培养优势，形成互利共赢的局面。

2. 跨学科与跨行业的协同创新

跨学科与跨行业的协同创新在创新创业教育中展现出更为广阔的发展潜力。跨学科合作打破了传统学科界限，将不同领域的知识、方法和思维方式融合在一起，为学生提供了全新的学习和研究视角。在这一过程中，学生不仅能够拓展自身的知识广度，还能在多学科交叉的背景下，激发出新的创意和创新思维。跨学科协同创新的实践，不仅丰富了学生的学习内容，更为其在未来的职业发展中奠定了坚实的基础。与此同时，跨行业的协同创新还通过整合不同产业的资源和技术，推动了更加广泛的社会实践与创新活动。跨行业合作为学生提供了多样化的实践平台，使其能够在不同的行业背景下应用所学知识，提升综合实践能力。跨行业的资源共享与技术融合，也为高校创新创业教育注入了新的活力和动力。

第四节　强化大学生创新创业教育中的辅导员工作

一、辅导员在大学生创新创业教育中的定位

（一）组织者

辅导员是高校创新创业教育的重要组织者和推动者。在思想政治教育与创新创业教育的有机结合中，辅导员不仅负责学生日常思想政治教育的实施，还承担着引导和支持学生创新创业实践的责任。辅导员作为学生成长过程中的重要导师，其作用不仅局限于课堂教学，还扩展到学生的生活和社会实践。辅导员在创新创业教育中的参与，不仅是高校教育体系的一部分，更是实现学生全面发展的关键环节。

在创新创业教育的推广过程中，辅导员可以利用多种媒介手段，包括社交媒体和自媒体平台，向学生传递成功创业者的经验与故事，以激发学生对创新创业的兴趣。辅导员通过这些渠道，能够有效地引导学生正确认识创业的挑战和机遇，帮助他们建立积极的创业心态。同时，辅导员作为学生最为信任的指导者，能够及时了解学生在创新创业教育中的需求与困惑，并将这些反馈传递给专业教师，进而促进课程的优化和完善，从而更好地满足学生的多元化需求。

在实践教学中，辅导员不仅是课程的协调者，还充当学生与教师之间的桥梁，确保课程内容与学生的实际需求相吻合。辅导员通过组织和引导学生参加各类创新创业活动和竞赛，进一步激发学生的创造力和实践能力。在校外实习和社会实践环节，辅导员积极为学生联系企业资源，提供更多的实践机会，帮助学生将课堂所学应用于实际操作。通过辅导员的组织和协调，学生能够更好地融入社会，积累实践经验，为未来的职业发展打下坚实基础。

辅导员在创新创业教育中不仅是管理者和组织者，更是学生成长路上的引导者和支持者。他们通过在校内外的多方位参与，帮助学生在创新创业实践中实现自我提升。辅导员的积极参与和引导，不仅为高校创新创业教育注入了活力，也为学生的全面发展提供了坚实的保障。在这个过程中，辅导员的组织能力、沟通能力和对学生的关爱，成为推动高校创新创业教育发展的重要动力。

（二）实施者

创新创业教育的核心在于培养学生的创新思维与创业能力，这一目标的实现要求辅导员在教育过程中充分发挥其实施者的作用。辅导员不仅是知识的传递者，更是学生创新创业过程中的引路人。为了能够有效地开展创新创业教育，辅导员需要具备创业者的思维方式，保持对社会经济发展的敏锐洞察力，理解产业结构的变化趋势，并将这些洞察融入教育教学中，确保教育内容与现实需求紧密结合。

在实践中，辅导员通过组织和推动创新创业大赛，成为学生创业教育的实践平台。这不仅为学生提供了展示和锻炼创业才能的机会，也成为辅导员实施创新创业教育的有效手段。在大赛的组织过程中，辅导员需要注重创业团队的培养，以团队合作为核心，帮助学生在实际操作中积累经验，提升创新能力。辅导员通过精心设计的实践环节，将创业教育从理论层面提升到实践层面，使学生能够在真实的创业情境中得到锻炼和成长。

辅导员的角色不仅局限于课堂内的指导，更体现在第二课堂的实践活动中。通过利用校园文化的媒介作用，辅导员能够更广泛地影响学生，引导他们积极参与创新创业活动。辅导员在这一过程中，不仅要关注学生的创新素质培养，还要重点提升他们的创业能力，使他们能够将所学理论转化为实际的创业成果。这一转化过程不仅是对学生能力的锻炼，更是辅导员实施创新创业教育的重要体现。

作为实施者，辅导员不仅需要具备丰富的专业知识，还需拥有创业者的激情和视野，能够敏锐把握经济和行业的动态，将这些实际经验和知识融入教学内容，指导学生开展创新创业实践。在辅导员的引导下，学生能够在实践中将理论知识转化为实际行动，培养出真正具备创新思维和创业能力的复合型人才。这种双重培育模式不仅提高了学生的综合素质，也为社会输送了更为符合时代需求的创新创业人才。

（三）指导者

高校辅导员作为学生创新创业教育的指导者，肩负着培养学生创新意识与创业能力的重要使命。辅导员应当在学生入学之初，通过多种形式的入学教育活动，帮助学生全面了解创新创业的价值与意义。辅导员通过介绍创新创业的榜样力量，能够有效激发学生对创新创业的兴趣与信心。榜样的力量不仅可以来自知名企业家和创业者，还可以从校内外的优秀校友中寻找，这些榜样的成功经历能够直观地展现创新创业的实际价值，启发学生从中汲取经验与动力。

第一，辅导员应将这些创新创业榜样的事迹转化为具体的教学案例或宣讲素材，使之成为学生日常教育的重要组成部分。在主题班会或其他集体活动中，通过这些案例的宣讲，辅导员能够引导学生正确理解创新创业的内涵，帮助他们在潜移默化中形成积极的创业观念。这种教育方式不仅能够在学生心中播下创新创业的种子，还能有效激励他们在学业学习和未来职业生涯中勇于探索和尝试新的可能性。

第二，辅导员应善于观察并了解学生的个性特点与发展潜力，结合当前的经济形势和就业创业环境，为学生提供个性化的职业规划指导。辅导员需要针对不同学生的需求和兴趣，制定适合其发展的创新创业指导方案，为有志于创业的学生创造适宜的条件，包括提供政策支持、资源引导和技术咨询等。通过这些个性化的指导，辅导员不仅帮助学生掌握必要的创业技能，还引导他们树立正确的价值观，如吃苦耐劳、敢于挑战和不断进取的精神。

第三，辅导员应注重对学生心理素质的培养。通过一系列的教育与引导活动，帮助学生建立对创业过程的正确认识，树立应对挑战的信心，培养他们在面对挫折和困难时能够坚持不懈、勇敢前行的品质。辅导员在这一过程中，不仅是知识的传递者，更是学生心灵的塑造者，通过耐心地引导与支持，能够帮助学生在创新创业的道路上坚定信念、不断前行。

这种全方位的指导不仅能帮助学生在创新创业过程中获得实质性的技能和知识，还能在思想和精神层面上给予他们持久的动力和支持，为他们未来的创业实践奠定坚实的基础。在辅导员的指导下，学生能够更加自信地面对创新创业的挑战，逐步成长为具备创新思维和创业能力的优秀人才。

二、大学生创新创业教育中对辅导员的能力要求

辅导员作为大学生在校期间接触最为密切的人员，在开展创新创业教育、培养创新型人才中扮演着重要角色，对学生后续发展与提升双创教育成效具有重要作用。因此，高校必须充分发挥辅导员的引导作用，提升创新创业教育质量。

（一）为学生提供理论指导

作为知识的传授者和引导者，辅导员必须具备深厚的教学经验和完善的

知识体系，以确保能够为学生提供科学、系统的理论指导。这不仅要求辅导员在自身专业领域具有广泛的学识和高超的职业素养，还需通过不断创新教学模式，激发学生对创新创业的浓厚兴趣。通过这种模式的引导，学生能够更深入地理解双创教育的核心内涵和内容，从而在构思和实施创新创业计划时，具备更为系统化和科学化的思维框架。

辅导员的理论指导不仅局限于知识的传递，更体现在对学生学业目标和发展目标的合理制定与优化上。通过科学地指导，学生能够掌握有效的认知技巧与学习方法，从而构建起自身系统化的知识结构。这种知识结构的科学创建，不仅能够为学生在未来的创新创业实践中提供坚实的理论基础，还能帮助他们在面对复杂的实际问题时，能够运用系统化的思维方式进行有效的分析与解决。

在这个过程中，辅导员的职业能力和综合素养受到极大考验。如何在理论指导中做到全面且深入，如何通过创新的教学模式激发学生的探索热情，如何帮助学生科学制定和优化学业与发展目标，都是辅导员需要面临和解决的关键问题。这不仅要求辅导员具备扎实的专业知识和教学能力，还需具备较高的职业敏感度和创新意识，以适应不断变化的教育环境和社会需求。

因此，为学生提供理论指导不仅是知识的传递，更是对学生创新思维和创业能力的塑造。辅导员通过对学生知识结构的科学指导，能够有效提升其创新创业的实际能力，为其未来的实践活动奠定坚实的基础。这一过程不仅是辅导员专业能力的体现，更是学生创新创业成功的关键保障。

（二）发挥教师引导者的作用

在当今社会双创教育理念深入人心的背景下，教师的引导能力直接关系到学生对创新创业的认知与实践。随着高校辅导员队伍的年轻化趋势日益明显，教师在双创教育中的引导方式也呈现出更为现代化、多样化的特征。年轻辅导员不仅具备较强的信息技术应用能力，还能熟练使用新媒体工具对学生进行管理和信息传递，这些技能使他们能够更高效地引导学生，营造出积极向上的教育氛围。

辅导员不仅是信息的传递者，更是学生思想的引领者和学生信任的构建者。辅导员能够从学生的角度思考问题，深入了解学生的需求和心理，这种同理心的应用不仅赢得了学生的信任，还使得师生关系更加融洽。在双创教育中，辅导员应当有目的地引导那些对创新创业充满兴趣的学生，将创新创业的基本观念与思想政治教育的理念有机融合，使其渗透日常的教学与管理工作中。这种融合不仅能够帮助学生更好地理解创新创业的实际价值，还能使他们在潜移默化中领悟到双创教育的重要性，从而激发他们对创新创业的兴趣和参与热情。

只有当学生在思想上真正认识到创新创业的重要性，才能从根本上调动他们参与双创实践的积极性。辅导员通过有针对性的指导和引导，使学生在思想上形成对创新创业的深刻认同，这种认同感将成为学生参与双创教育实践的内在动力。同时，辅导员在引导过程中，应当注重将创新创业教育与学生的实际生活和未来职业规划相结合，使双创教育不仅成为一门课程，更成为学生生活的一部分，成为他们未来职业发展的基石。

因此，辅导员在双创教育中发挥的引导作用，不仅在于教学内容的传递，更在于思想层面的深层次引领。通过有效的引导，辅导员能够帮助学生建立起对创新创业的正确认知，使他们在思想上和实践中都能积极投入双创教育中去。这种引导作用的发挥，不仅提升了双创教育的实效性，还为学生未来的发展奠定了坚实的思想基础。

三、大学生创新创业教育中辅导员的工作路径

思想政治教育与创新创业教育一脉相承，辅导员作为高校思想政治教育工作者，更应该主动发挥思政优势，将思政教育渗透到创新创业教育中去，搭建一个崭新的“三全育人”创新创业教育体系。

（一）做全过程育人的创新意识启蒙师

作为“双创”教育的全过程育人启蒙师，辅导员在创新意识的培养和学生梦想的启迪中扮演着重要角色。创新创业教育不仅依赖于“第一课堂”的理论知识传授，更需要“第二课堂”的实际应用和拓展。辅导员在这一过程中发挥着双重作用，不仅是课堂教学的支持力量，更是课外实践的组织者和推动者。通过精心设计和实施创新创业训练项目、讲座及竞赛，辅导员能够帮助学生树立明确的创新创业目标，从而在整个大学教育过程中渗透和引导学生的创业意识与职业规划。

辅导员的启蒙作用不仅体现在教学层面上，还延伸至校园文化建设。通过优化校园文化，辅导员可以利用互联网、自媒体和短视频等现代社交媒体工具，将创新创业教育融入学生的日常生活。学生在潜移默化中接受创新创

业的资讯和成果，逐步在职业规划中融入创新创业的思想。辅导员在这一过程中，不仅传播知识，还通过多渠道、多形式的文化引导，逐步拓宽学生的就业视野，激发学生的创业热情。

创新创业教育的目标是培养高质量的创新创业人才，而这一目标的实现，离不开辅导员作为启蒙教师的作用。通过全面渗透的教育方式，辅导员能够有效推动学生的思想启蒙，使其在知识积累的同时，树立起创新创业的梦想和追求。这种全方位的育人模式，不仅为学生的职业发展奠定了坚实的基础，还为社会的创新创业事业输送了源源不断的人才。

（二）做全方位育人的创新创业指导者

辅导员在高校创业孵化园的建设中，起到了桥梁与纽带的作用。他们通过引导学生参与创新创业训练项目，帮助学生团队搭建实践平台，并针对优秀的创业项目，鼓励学生申请入驻创业孵化基地，同时提供必要的咨询服务。这不仅为学生提供了宝贵的创业实践机会，也为学生的创新思维提供了具体的实施空间，使学生在实践中逐步形成和完善自己的创业构想。

辅导员的作用还体现在各类创新创业大赛中，尤其是“互联网+”等大型赛事中。辅导员通过深入了解比赛的政策、流程和评审标准，帮助学生团队做好赛前准备，组织有创新思维和创业潜力的学生团队参赛。在这一过程中，辅导员不仅是组织者和指导者，还要通过小组讨论和头脑风暴的形式，帮助学生团队集思广益，开阔视野，进一步激发学生的创业热情和能力。这种从理论到实践的全方位指导，使学生在实际操作中得以锻炼和成长，逐步具备应对复杂创业环境的能力。

在创业实践指导中，辅导员可以借助有创业经验的毕业生资源，为在校生搭建更为实际的创业项目训练平台。通过对创业项目申报书的制作和可行性分析等具体内容的指导，辅导员能够根据学生团队的特点，提供有针对性的创业服务。这种精准的指导能够帮助学生在比赛中不断提升技能，进一步培育和优化创业项目。辅导员通过实践性、系统化的指导，促进学生从理论到实践的全方位成长，使其在创新创业道路上更加坚定和成熟。

（三）做全员育人中创新创业教育的协调者

创新创业教育作为一项系统性工程，其成功的关键在于实现全员育人，进而推动全过程和全方位育人。创新创业教育的核心在于人，只有通过有效的人际关系网络，才能将各方资源有效整合，最终构建起院校间、校企间以及校地间的协同创新型人才培养机制。在这一过程中，辅导员不仅是知识的传递者，更是创新创业教育资源的沟通者、组织者和协调者。

辅导员通过建立与政府、社会、高校和企业的联系，架起学生与外界资源之间的桥梁，形成以辅导员为中心的“三位一体”创新创业教育模式。在这一模式下，辅导员不仅要在学生心中植入创新创业的种子，还要积极发挥组织与协调功能，推动社会各界参与高校创新创业教育。这种参与不仅包括高校内部各部门之间的协作，还涉及与外部企业、社区的深度合作，以实现资源的共享与优势互补。

辅导员要承担起创业项目的联络和协调工作，参与创业基地的孵化建设，联合专业教师，共同为学生提供创业指导与支持。通过这种方式，辅导员能够有效引导学生树立创新创业的意识，帮助学生在实际创业过程中获得必要的支持与资源，促使学生从想创业到敢创业，再到爱上创业。辅导员的这一角色，既要求他们具备广泛的沟通能力，又要求他们能够统筹协调各方资源，以确保创新创业教育在高校中的顺利实施。通过全员育人的模式，辅导员在创新创业教育中充分发挥其组织与协调功能，为高校创新创业教育的深入推进奠定了坚实的基础。

第三章　大学生创新创业实践与风险防范

第一节　大学生创业者与团队组建

一、大学生创业者

（一）大学生创业者的类型

创业者是指开拓性地将商业机会转变为经济实体，并扮演经济实体中组织、管理、控制、协调等关键角色的个人。创业是复杂的社会活动和职业行为，从不同角度去划分可分为不同的类型，最常见的是按照创业者不同的创业目标，将大学生创业者分为以下三类：

第一，谋生型。谋生型创业者主要是为了满足自身的生活需求和经济独立而选择创业。他们可能面临经济压力，需要通过创业来获得稳定的收入以维持生计。这类创业者通常选择一些小型的、能够快速产生收益的项目，如开小店、提供家教或兼职服务等。他们更注重创业的实际效益，对于未来发展的规模和长期目标可能相对较少考虑。

第二，投资型。投资型创业者注重的是商业项目的长期回报和增值潜力。他们可能在创业之前就已经有一定的财力积累，或者通过借贷、寻找投资者来筹集资金。他们会选择具有较高成长潜力的项目，并愿意投入更多的时间和资源进行研发、市场拓展和管理。投资型创业者更加注重战略规划、风险管理和持续发展，他们通常会追求项目的长期成功和盈利。

第三，事业型。事业型创业者更加追求个人的事业发展和社会价值的创造。他们可能对某个特定领域或行业有浓厚的兴趣和热情，并希望通过创业来实现自己的事业目标。事业型创业者通常会选择他们热爱和熟悉的领域，并努力打造具有影响力和可持续发展的企业。他们注重个人的成长和对社会的贡献，可能会投入大量的时间和精力来培养团队、推动创新和承担社会责任。

谋生型创业者、投资型创业者和事业型创业者的划分并非泾渭分明。谋生型创业者在取得早期的成功后，也可转向投资型或事业型创业以寻求更大的发展。

（二）大学生创业者的能力

能力是完成一项目标或者任务所体现出的综合素质，它总是与实践相联系。离开了具体实践既不能表现人的能力，也不能发展人的能力。创业者面对风云变幻的创业环境，所能控制的创业资源又十分有限，要想运筹帷幄，至少需要大学生创业者具备以下能力：

第一，战略管理能力。大学生创业者的能力之一是战略管理能力。战略管理是指在创业过程中制定和实施长期目标与计划，以达到组织的竞争优势和可持续发展。对于大学生创业者而言，具备战略管理能力将有助于他们在竞争激烈的市场中更好地定位自己的创业项目，制定明确的发展方向，并有效地管理资源和风险。

第二，决策学习能力。正确决策是保证创业活动顺利进行的前提。无论是对商机的迅速捕捉，还是在创业过程中所面临的各种竞争与挑战，都需要创业者有正确的决策能力。要正确决策就需要做到两个方面：①创业者具有较强的信息获取和处理能力，能敏锐地洞察来自竞争对手、政策环境、人力资源、资金周转等方面所暗藏的各种商机与风险，面对复杂环境需要创业者在没有充足时间分析的情况下迅速做出反应，形成有价值的应对策略并付诸行动；②集思广益，不断反思并学习，通过不断地创新思维和创新实践，总结经验，吸取教训，及时修正偏差和错误，提高决策能力，保证企业的健康成长。

第三，经营管理能力。经营管理能力是指对人员、资金以及企业的内部运营管理的能力。经营管理能力是一种较高层次的综合能力，是运筹性能力，它包括市场开拓能力、生产组织能力、团队组建管理能力、企业文化建设能力、综合应变能力等。

第四，资源整合能力。资源整合能力是指通过组织和协调，把企业内部彼此相关但却彼此分离的职能以及企业外部既参与共同的使命又拥有独立经济利益的合作伙伴整合成一个为客户服务的系统的能力。创业者要妥善处理与外界的关系，尤其是要争取政府部门、工商税务的支持。创业者还要处理好各种人际关系，不断拓展人脉、扩大社交圈，通过朋友掌握更多信息、聚集更多资源。

第五，创新能力。创新能力是企业的生命源泉。面对日益复杂的竞争与合作关系、日新月异的科学技术手段、风云变幻的市场环境，没有一种可以复制的创业模式使创业者一劳永逸。创业本身就是一项创新活动，创业者要不断反思追问，在技术、管理和营销上不断创新。一个新的管理理念或新的产品理念，往往能给创业者带来惊人的回报。

第六，学习能力。创业者的专业技术能力关系到企业的核心竞争力，而学习能力关系到创业者的学习速度能否跟上外界专业知识的迅猛增长、科学技术的日新月异。因此，强大的学习能力是创业者必备的能力，创业者的学习能力关系到企业的成长速度。

（三）大学生创业者的素质

素质是指事物本来的性质，是人与生俱来的以及通过后天培养、塑造、锻炼而获得的身体上和人格上的特点。人的素质是以人的先天禀赋为基质，在后天环境和教育影响下形成并发展起来的、内在的、相对稳定的身心组织结构及其质量水平。创业者的素质主要包括身体素质、心理素质和文化素质。

1. 身体素质

创业是一项繁重而复杂的工作，创业者对健康风险要有充分的准备。良好的身体是创业的根本，选择创业就等于选择了艰辛之路。因此，创业者应保持健康的身体，加强锻炼，力争做到身体健康、体力充沛、精力旺盛、思路敏捷，为创业打下坚实的基础。

作为有梦想的当代大学生创业者，也要重视身体素质的培养，使自己有充沛的精力和健康的体魄。

2. 心理素质

作为创业者，自我意识特征应为自信和自主；性格应刚强、坚持、果断和开朗；情感应更富有理性色彩。稳定、良好的心态，是个人平时修炼的结果，也是创业者必备的素养。

大学生创业者的心理素质在创业过程中起着重要的作用。以下是一些创业者必备的心理素质，对于大学生创业者来说非常重要：

（1）激情和决心。大学生创业者需要对自己的创业项目充满激情，并且拥有坚定的决心和毅力。创业过程中会面临各种困难和挑战，只有保持激情和决心，才能克服困难并持续努力。

（2）自信和乐观。自信是创业成功的重要品质，大学生创业者需要相信自己的能力和创业项目的潜力。同时，保持乐观的态度可以帮助他们在面对困难时保持积极向上的心态，并寻找解决问题的办法。

（3）抗压能力。创业过程中常常伴随着压力和挫折，大学生创业者需要具备较强的抗压能力。他们要能够处理各种压力源，如财务压力、竞争压力和时间压力，同时保持冷静和清晰的思维。

（4）创新思维和适应性。创业的过程需要面对不确定性和变化，大学生创业者需要具备创新思维和适应能力。他们要有敏锐的市场洞察力，能够发现机会并作出相应调整，同时能够快速适应环境的变化。

（5）团队合作和领导力。大学生创业者通常需要与他人合作，建立团队并发挥领导作用。良好的团队合作能力可以帮助他们有效地管理团队成员、分配任务和促进团队协作。

（6）坚韧和耐心。创业过程中会遇到各种挫折和失败，大学生创业者需要具备坚韧的品质，并保持耐心。他们要能够从失败中学习，并继续前行，直到取得成功。

（7）学习和求知欲。创业是一个不断学习和成长的过程，大学生创业者需要有强烈的求知欲和学习能力。他们要不断学习新知识、掌握新技能，并将其应用到实际创业中。

这些心理素质可以帮助大学生创业者更好地应对挑战，实现自己的创业目标。同时，通过培训、经验积累和自我反思，创业者可以逐渐发展和完善自己的心理素质。

3. 文化素质

文化素质主要指创业者的知识储备。专业知识主要指创业行业与产品的专门知识。如行业的发展阶段和趋势、组织结构与竞争态势、市场容量和可持续发展潜力、产品的核心价值与形式、产品的设计与生产、产品的价格与销售等。企业经营管理知识主要涉及企业创办程序、管理制度、项目选择、成本控制、市场调查、品牌建设、文化建设、人力资源、市场营销、风险控制等。了解政策与法律知识是保证创业活动能顺利进行的前提，依法创业，在法律与政策允许的范围内合法经营，并用法律知识保护自己的利益，同时充分利用政策性资源和发展机遇为创业提供契机。广博的其他综合知识有利于创业者开阔视野、拓展人脉、发散思维。

二、大学生创业团队

（一）大学生创业团队的框架与特征

“大学生创业团队是指两个或两个以上的大学生为了共同的创业目标开展创业活动而形成的群体。”[①] 在进行创业前，大学生创业者会面临如何组建创业团队的问题。高效的创业团队是创业企业成功的关键，投资者通常希望找到诚实、高效、有经验的创业团队进行投资。创业团队有别于工作组和一般团队。团队一般是由少数有共同责任、共同目的的人组成，为了达到团队目标或达成产品高质量的结果，各自发挥长处，协同工作，在各自岗位上作出贡献。

创业团队不仅涵盖团队要素，还要求成员之间通过认知分享、才能互补、风险共担、合作行动，促进新创企业的逐步发展。因此，创业团队是一个为了实现创业目标所组成的特殊群体。

1. 大学生创业团队的框架

通常情况下，对于任何一个企业或组织而言，团队必须具备五个基本要素，即目标、定位、职权、计划和人员。五个要素的紧密结合构成一个团队的基本框架。

（1）目标。对于一个企业来说，自从计划在组织内部建设团队开始，就必须树立明确的目标，目标是将人们的努力凝聚起来的重要因素，从本质上来说，创业团队的根本目标就在于创造新价值。

（2）定位。明确个人在创业团队中担任的职务和承担的责任，这样才能优势互补。

（3）职权。所谓职权，是指团队负有的职责和相应的权力大小。创业团队成员要明确各自的工作范围、工作重心、工作目标，并根据创业团队的发展阶段和所涉及的行业变化作不同的调整。

（4）计划。一是根据外部环境与内部条件的分析，提出未来一定时期内要实现的目标及实现目标的方案；二是用文字和指标等形式，表述在未来一定时期内关于行动方向、内容和方式的安排。

（5）人员。团队是由个人组成的。确定团队目标、定位、职权和计划，

① 胡应坤，胡卓玲．大学生创业团队建设的分析及组建路径探讨［J］．太原城市职业技术学院学报，2024（3）：164.

都只是为团队取得成功奠定基础，最终能否获得成功取决于个人。人作为知识的载体，所拥有的知识对创业团队的贡献程度将决定创业团队在市场中的命运。

2. 大学生创业团队的特征

一个运作良好的高效创业团队具有显著特征，这些特征也是判断一个创业团队是否高效的重要因素，主要包括以下几个方面：

（1）目标清晰，指大学生创业团队是否充分了解所要实现的目标，并深知该目标所包含的重要意义。

（2）技能互补，指大学生创业团队是否有这样一群人，他们具备实现目标所必备的各种技术和能力，而且彼此具有良好的个人品质，从而能够顺利完成任务。

（3）沟通良好，指成员间能否畅通地进行信息交换，成员之间的默契程度是否良好，是否可促使信息得到迅速、准确的反馈，以及提高决策和处事效率。

（4）相互信赖，指成员间是否相互关心和信任，无论何时何地，无论需要何种支持，都能够高效率地给予，共同协作，为实现目标而奋斗。

（5）恰当领导，指创业团队的领导是否具备鼓舞团队成员、增强成员自信心、激发成员潜力的能力，能否在恰当的时机给予团队成员恰当的支持和指导，而非一味主观限制团队成员的个性表达。

（6）一致承诺，指团队成员对团队的价值观是否具有深刻的认同感，是否把团队目标当作自我目标去实现。

（二）大学生创业团队的要求与重要性

1. 大学生创业团队的要求

大学生创业团队需要注意以下两点：

（1）创业初期必须选择好自己的创业团队，对初创团队来说，尽量不要接纳兼职团队成员，如果确实需要兼职的创业团队成员，那么必须规定好任何兼职加入团队的成员不能拥有公司的股份。大学生创业团队更多的成员是兼职成员，但是创始人团队一定由一群志同道合的人组成，任何一个人不能随便就加入。

（2）任何一个加入创业团队的成员必须深思熟虑，这些成员都需要很强的综合管理能力和软技能，同时具有极强的学习能力，然后有独当一面的专业技能。前期创业团队任何一个成员的选择失误都会对后续团队发展造成很大的障碍，创业团队核心竞争力一定在于管理团队的思维合力和思考的互补性。同时，创业团队更没有单纯的管理者，需要市场销售、技术产品、财务管控各方面的专业技术人员。

创业团队的层级结构涉及成员薪酬待遇的等级结构。它既涉及薪酬、分红，也涉及团队管理、股权结构和公司治理等多方面的问题，这将直接影响后续团队的可持续发展。因此，初创团队的层级结构一定要通过充分的思考来确定。

2. 大学生创业团队的重要性

创业团队由两个或两个以上的人组成，他们拥有一定的股份，拥有一家已成立公司的所有权，或者担任高级管理职务，共同承担创建和领导一家新公司的责任，团队创业有助于创业成功和发展新业务。

团队可以提高他们识别、开发和利用机会的能力。结合团队成员的不同知识、经验和技能，团队在识别创业机会时可以做出更科学合理的评估，更多的规划，避免决策失误，创业者可以做出准确而全面的选择。同时，团队成员广泛的生活接触和内部积累，可以有效获取发展机会所需的资源，增加成功发展机会的可能性。团队可以提高新公司的运营能力，发挥协同效应，将团队中任何人最具互补性的技能和经验结合起来。这种技能和经验的结合，解决了各种挑战，包括创新研发、营销、财务管理、质量控制和客户服务，形成合作的整体优势。

团队可以提供独特的社会视角，加强组织管理。通过努力克服障碍，团队成员对彼此的能力充满信心，并激励他们追求超越个性和能力的团队绩效。工作的意义和成员的努力为会团队增加价值，团队的绩效最终成为团队自身的激励因素。

优秀的创业团队是多元化的，成员在角色结构、技能结构、权力结构上应该做到合理。一个优秀的团队应该有明晰的目标，有良好的沟通能力，有合适的领导者，应该相互信赖。此外，团队比个人更具创造性，集体合作的成果大于个人成果之和，这是对团队重要性的最好诠释。

（三）大学生团队创业的优劣势

1. 大学生团队创业的优势

团队齐心协力，整合各种优势所产生的能量，将远远超过个体单独产生的能量。同样，一个由研发、技术、市场、财务、融资等组成的，可以进行优势互补的创业团队，是创业成功的法宝。大学生团队创业具有多方面的优势，包括以下几个方面：

（1）促进优势互补。无论一个人有多优秀，都不能拥有所有的企业管理经验，也不能在知识、资源、机会、技能等方面拥有同样优势，特别是对大学生创业者而言，面对市场一无所知，而创建一个企业家群体将有效解决以上问题。因为团队中的不同成员拥有不同的社会资源，不同的知识、能力和经验，这种互补的创业方法将加强团队成员之间的协调性。总的来说，团队的角色和能力结构更加智能化，团队的知识面也将更加开阔，业务成功的概率也随之增加。

（2）减少决策风险。新公司总是在创业初期就面临挑战，当企业家解决这些问题时，不但会耗用大量的时间和精力，而且由于不知道问题所在，解决问题的难度也将会增加，加大企业的生存风险。当创业属于一个群体而不是个人时，成功或失败则成为群体的原因，只有创业群体的成员能够分享到群体中每个成员的智慧和经验，才能够提高解决问题的效率，增加成功解决问题的机会。

（3）缓解融资问题。在外部融资困难的时代，内部融资已经成为解决中小企业——特别是大学生创新企业融资问题的一种方式，内部融资的作用在经济衰退背景下尤其明显。

2. 大学生团队创业的劣势

在现实生活中不难发现，组建创业团队并不一定会成功，原因可能是经济下行、恶性竞争、产品定位不合理等，同时，团队创业也存在以下劣势：

（1）思想冲突。新创企业团队一般都由少数人组成，有的成员直接参与管理决策，由于都是企业的创始人，他们在企业中都担任要职，可以发表“重要意见”。对同一个问题有时会出现不同的见解，提出不同的方法。在出资人出资比例相当的情况下，这种现象更加明显。有时甚至会引发激烈争论，而问题却迟迟得不到解决。

（2）管理冲突。既是员工又是出资人的双重身份，往往使合伙人成为创业团队最难管理的人群。许多创业团队的成员不能在团队中正确认识自身定位，团队成员会自觉或者不自觉地提高地位，越位发号施令，导致企业管理成本的增加。

三、大学生创业团队的组建

（一）大学生创业团队的角色组建

1. 团队领导人

团队领导人是全面负责创业项目的领导，负责按照进度、预算和要求完成创业项目，并具有完成工作的职权。团队领导人应当与创业团队紧密合作，确保执行创业项目所需要的资源能够及时到位。在创业公司，通常会由创业项目发起人承担团队领导人的角色。

选择项目领导人可参考以下标准：

（1）创业理念。团队领导人承担创业项目整体运行的责任，对创业项目的认知水平、对未来企业发展走势的判断、对创业企业发展目标的把握，都直接影响企业的生存和发展。因此，创业领导人不仅要对创业企业的核心技术、核心产品、核心服务有深入了解，更要对企业的发展规律、对创业企业的发展目标有清晰、深刻的认识。

（2）领导力。一个优秀的团队领导人应能够通过个人影响力，赢得团队成员的信任和支持，并提高团队成员的凝聚力。领导力包含学习力、决策力、组织力、教导力、执行力、感召力等方面的内容。

（3）人际关系。团队领导人既要与团队成员保持良好的沟通与合作关系，也要处理与企业之外，包括与供应商、销售商、政府、媒体、公众等利益相关体之间的关系。特别是当出现突发事件时，团队领导人要有能力进行危机公关。

2. 资源搜索者

创造力虽然存在于资源搜索者的身上，但他们往往不会创造想法，而是研究他人的原始想法。他们具有随和外向的性格，受人欢迎，喜欢外交，具备独立思考的能力，在交谈时往往刨根问底，喜欢与他人谈判。他们能够为团队带来巨大的正能量，激励团队奋发向上。资源搜索者往往会较多地与外界接触，可以对外界的有效信息进行迅速挖掘，并进行研究。他们能够激发其他成员的热情，使成员不至于停滞不前。

环境是影响资源搜索者的一大要素，资源搜索者的激情是建立在团队成员积极反馈和配合的基础上，只有这样，他们才能保持兴趣，继续进行项目。

3. 协调者

对于内部程序，协调者会严格遵守，项目的最终目标是他们的着眼点，他们能够为团队带来较高的凝聚力，带动团队朝着共同目标努力，是团队成员尊重的对象。协调者具有权威和自信，能够及时发现他人的优点，可以合理分配不同成员的工作。所以，团队领导往往是协调者，能够对团队内部成员的角色进行定位，但其价值并不是只在领导层面才能体现。协调者虽然不一定比其他人更具有智慧，但他们的思想更加成熟，能够清晰地辨别他人优势，带动团队朝着目标方向努力；他们更加关注团队成员的情感和观点，为团队提供凝聚力。

4. 塑造者

塑造者的特点是耐心缺失，较为偏执，容易冲动，他们有旺盛的精力，喜欢迎接挑战，是成功导向型人才，具有较强的行动力和较高的目的性。塑造者能够将现实、想法和目标等因素融入讨论中，以极快的速度找到问题的解决方案，并具备较高的行动力。他们是将计划转变为现实的人，尽管需要通过结果辨认整个过程的可行性，但他们的自信度并没有减少。他们不会过多地在意矛盾和创新的决策，做事随机应变，义无反顾。

5. 监督者

监督者的性格一般冷静、内向稳重，可能不会产生新颖的思维，但能够对他人的想法进行清晰分析，准确辨别利弊，并进行迅速决策和判断。在监督者的监督下，创业团队可以避免偏离正轨。监督者的判断与思考是客观冷静的，能够对整体计划的缺陷进行明确辨别，并用时间对结论进行验证，考虑问题时不会以自我为中心，较为客观。如果监督者能够得到较好的激励，热情会持续，只有这样，团队才能够更加平稳地前进。监督者可以对复杂的数据和资料进行分析，对团队进行问题分析、计划起草和整体评价。

6. 团队工作者

团队工作者通常具有温和的性格，善于社交，十分忠诚，他们内心敏感，可以做倾听者。可能团队工作者缺少动力和活力，但他们能够按部就班地做事，容易受到激励。团队工作者能够很好地协调团队内部的人际关系，在容易产生矛盾的团队中作用较为明显。他们竞争性较弱，对于鼓舞团队士气具有重要作用，特别是在压力和危机之下。

7. 执行者

团队中的主要工作，往往是由执行者进行。他们比较保守，具有较高的办事效率和较强的组织能力，值得团队信赖。执行者能够迅速将想法转换成具体任务，并延伸到具体行动上。对于需要做的事，他们会有极高的热情。执行者往往很难适应突如其来的变化。他们虽然缺乏灵活性，但具有较强的合作性。

8. 完成者

完成者责任心较强，能够恪守己任，是优秀的校对者。对于工作，他们能够全身心地投入，按时完成任务，冷静处理问题，但他们具有焦虑和内向的性格，工作时过于紧张，容易带给整个团队带来焦虑的氛围。他们会对设定的事情以高标准完成，他们的细心导致很难让他人代替自己做事。

（二）大学生创业团队的组建原则

第一，合伙人原则。一般企业都是招员工，而员工是在做“工作”，但大学生创业团队需要的是“合伙人”，因为合伙人做的是事业。一个人只有把工作当作事业，才有成功的可能；一个企业只有把员工当作“合伙人”，才有机会迅速成长。所以，大学生创业团队需要先解决价值分配障碍问题，然后寻找自己的“合伙人”。

第二，激情原则。激情是决定一个人能否成功的基础。创业团队需要挑选对参与项目有热情的人，每个人都需要做好准备，在企业初期可能要工作一整天。如果他们对自己的职业没有足够信心，就没有人能够适应创业的需求。这种消极因素将对企业集团的所有成员产生致命的后果。

第三，团队原则。团队是企业凝聚力的基础，成败不是个体的，成员之间可以分享快乐和悲伤，经营成果可以公开合理地分享，团队也会形成强大的凝聚力。大学生团队中的每个成员都应该为团队的整体价值作出贡献，每个成员都要优先考虑团队利益，而不是个人利益，因此，团队成员会牺牲短期利润换取长期成功。业务流程充满挑战和风险，参与者的个人目标必须与公司的愿景保持一致。企业家群体成员应具有共同的价值观，将个人目标融入组织目标，增强团队凝聚力。优秀的企业家和领导者在新的事业中，需要明确观点和及时与人沟通。相互协商工作的团队可以更灵活、更快地解决问题。

第四，互补原则。建立优势互补的大学生团队是创业成功的关键。“主内”与“主外”的不同人才，耐心的“总管”和具有战略眼光的“领袖”，技术与市场两方面的人才都不可偏废。企业家主要是寻找团队成员填补目前的资源缺口，并适当增加成员，以缩小业务目标和现有机会之间的差距。这种互补性可以改善团队成员之间的协作。从人力资源管理角度看，确保企业集团稳定的关键是建立一个具有比较优势的互补性企业集团。创建团队时，不仅需要考虑彼此之间的关系，最重要的是，要考虑成员的功能或技术互补。

（三）大学生创业团队的组建方式

在现实生活中，大学生创业团队的组成方式是多种多样的，有的是因为大学生之间有共同的志趣，他们深信某个创意，萌生创办企业的想法，因而聚在一起；有的是由于有一个熟人先创办一个企业，其他合伙人继而陆续加入。总体而言，可以把创业团队的组成方式分成下面两大类：。

第一，核心主导型。创业团队中有一位充当领导角色的核心人物，核心人物在企业创办之前就已经开始策划创业团队的组成和企业蓝图，通过仔细分析后选择合适的人员加入团队，加入的成员只是支持者的角色，地位与核心人物有一定差别。核心主导型的特点在于企业向心力强，组织结构严密，核心人物个人权力大。这种模式的优点是办事效率高，当有才能的人担任领导者时，往往能够带动企业迅速发展，但是由于决策程序简单，会加大决策风险；当角色成员与核心人物面临意见冲突时，容易造成团队破裂。

第二，群体创业型。创业团队成员是亲朋密友的关系，他们就某个想法达成共识后开始共同的创业行动。创业开始阶段并没有核心人物，而是根据各自特点自发组织定位，成员间是亲密的合作伙伴关系。群体创业型的特点在于企业结构相对松散，由于没有明显的核心，团队容易形成多头领导，决策效率偏低。但是，因为决策是通过大量沟通讨论后的结果，所以决策的可行性强；同时，由于创始人之间地位平等，有默契，因而较少出现队员离队的现象。

（四）大学生创业团队的组建结构

创业团队结构是指创业团队的组成成分及其关系。创业团队结构是创业团队共同协调的基础。创业团队成员的文化水平差异、知识背景差异、年龄差异等结构特征，会对企业绩效产生影响。因此，一个优秀的创业团队，成员间的分工必须明晰完整，必须包括技术、营销、公关、生产、市场、融资等多方面的人才；需要有领导者，还必须有技术专家、赞助商、市场顾问等角色。只有拥有多方面的人才，才能形成优势互补的团队，才具有发展前景。

第一，角色结构。角色结构是指创业成员在企业内部进行不同分工，担任小角色所呈现的结构形式。具有完整角色结构的创业团队，工作将更高效。明确的角色分工对企业有深刻意义，而角色模糊、角色错位的团队会对新创企业的长久发展形成阻碍。

第二，技能结构。技能结构是指创业团队中不同成员拥有的不同能力结构。一个分工明晰、技能结构完整的企业应包括市场、生产、物流和技术等各方面人才。技能结构的完整对控制企业成本至关重要，某一方面技能人才缺失所导致的直接后果，就是企业生产成本的加大。

第三，权力结构。权力结构是指如何在团队成员中合理分配决策权力。领导者在创业团队中处于核心地位，新创企业很多时候要依赖领导者的及时决策，因此，创业领导者的权力大于一般成员是合理的，说明企业的权力分配不是一味“兼顾公平”，而是应与他们的角色和能力相一致。权力是否合理分配，同样会影响到团队的业绩。

角色结构、技能结构、权力结构是创业团队结构的三个重要维度，只有在角色结构上具有充分性、完整性、明确性，在技能结构上具有互补性、完整性、对称性，在权力结构上做到匹配性，才能使企业绩效得到有力提升。

第二节　大学生创业机会的识别与评估

一、大学生创业机会的识别

“创业活动起步阶段和核心环节是识别创业机会。作为稀缺资源的创业机会，并非人人都能识别。基于时间、空间和资源等创业要素的不定性，创业机会存在具有其独特性，只有创业者的创业素质、掌握的创业技术、拥有的创业资源与所在环境等因素与这种独特性相匹配时，创业者才能识别创业机会。对于准备创业的大学生来说，识别创业机会是创业活动的首要工作，也是一项有难度的工作。”①

① 房丽华．数字经济时代大学生识别创业机会路径研究［J］．青岛职业技术学院学报，2023，36（4）：35.

（一）大学生创业机会识别的要点

大学生创业者运用各种方法来识别市场机会，这是一个涉及探索和思考的互动过程，也是将创意转变为实际行动的过程。

第一，做自己最擅长的事情。在创业的初期阶段，选择从事自己最擅长的领域或行业，这将增强创业者的自信和勇气。专注于自己擅长的事情，创业者的成功率也会更高。通过专注于自己擅长的领域，创业者可以发挥专业优势，拉开与竞争对手之间的差距，从而在竞争中脱颖而出。

第二，做自己最喜欢的事情。只有从事自己最喜欢的事情时，创业者才能表现出无私奉献、不知疲倦的状态。这种乐在其中的感觉让人愉悦并保持持续的热情。

第三，做自己最熟悉的事情。在某个行业中，如果只有一个人能够成功创业创新，那必然是那个对该行业最熟悉的人。因此，在创业过程中，选择从事自己熟悉的领域将有助于增加成功的可能性。

第四，做自己有人脉关系的事情。创业是一个合作的过程，离不开他人的帮助和支持。创业者可以通过寻找志同道合的合作伙伴，在创业初期建立起良好的人际关系网络。善于利用他人的力量和现有资源，以增加创业成功的机会。

第五，收购现有企业。收购是指通过现金、股票、债券或其他资产购买一家公司的股权或资产，以获得对目标公司本身或其资产的实际控制权。收购现有企业可以减少创业的基础建设时间和启动成本，并且被收购企业往往已经具备一定的商誉、产品、客户和广告推广等方面的条件。通过对现有企业进行适度改变和创新，创业者可以更快地掌控企业并适应新的市场需求。

（二）大学生创业机会识别的影响要素

识别和把握创业机会不是一蹴而就的，而是要经过反复调整、不断完善。外部环境的错综复杂能够给大学生创业者带来不同的创业机会。面对同一个创业机会，创业者也会有不同的创业认识。影响和制约创业认识的主要因素具体有三个，即个体因素、机会特征以及环境因素。

1. 个体因素的影响

创业活动是在创业者的指挥下进行，创业者在这个过程中的主体作用不容忽视，这使得创业者的主观因素对创业机会的识别产生关键影响。创业者的主观因素又包括个人特质、先验知识、社会网络、资源禀赋以及创业警觉性等，特别是创业者的创业警觉性，在创业活动中起到核心和关键作用。作为一种能力体现，创业警觉性能够使创业者敏锐地感知外部环境的变化，从而寻找创业机会。创业者的警觉性和创业机会的识别成正比关系，即创业者想要发掘更多的创业机会，就需要保持高度的创业警觉性。

人物性格不同，也会识别出不同的创业机会。能够把握创业机会数量的人格，一般属于主动型人格，但积极型人格没有突出表现。对创业机会的选择，主要受创业者的性格特征所决定。例如，风险性较大的创业机会，容易被具有冒险精神的创业者所把握，而稳定性高、风险系数较小的创业机会，则适合谨慎、稳重的创业者。

大学生创业者以往的学习经验、工作经验和日常生活中的所感所悟等，都可以统称为先验知识。对先验知识的分类，专家、学者的看法各有不同，通常大致将其分为三种类型：①对市场的先验知识；②对服务市场方式的先验知识；③对顾客问题的先验知识。由于创业者的先验知识各有不同，面对同样的创业环境时，对创业机会的发掘不尽相同。但是，专家已经普遍达成共识，即创业者具备越多的先验知识，越有利于他们发现更多的创业机会。

大学生创业者获取社会网络的方式也将影响他们发现创业机会。创业者获取的社会网络资源越多，越有利于发现创业机会。社会网络资源的获取能够对创业过程中的各个因素产生直接影响，进而有利于创业者发现机会、创造机会。因此，在创业过程中，社会网络资源的获取具有举足轻重的作用，社会网络越强、越密，越有利于创业者识别创业机会。

大学生创业者在创业过程中获取的各种资源统称为资源禀赋。人力资本、物质资本、技术资本、社会资本等都属于资源禀赋。每个创业者所具备的资源禀赋不同，出现的创业机会识别结果也不同。人力资本是创业者由所特有的自身知识而得出的理解力、洞察力和判断力；物质资本是创业者为创业所配备的有形资产；技术资本是创业者所具备的各种技能和知识；社会资本则是指各种社会网络或者从社会网络中能够获得的资源总和。

2. 机会特征的影响

创业机会的特征将影响创业者做出选择。创业者在面对创业机会特征时会做出不同反应，而且对创业机会的方向侧重点也有所不同。创业者对创业机会未来价值的评估，主要是由创业机会的自然属性所决定的，因此，创业者的机会评价会对创业机会的选择产生重要的制约作用。市场需求、市场结构、市场利润以及市场规模等，都是创业者进行创业机会评价的重要指标，在具体评价时，还需要将各个指标进行详细划分。

3. 环境因素的影响

环境因素主要指创业者在创业过程中会对创业产生影响的所有外部要素的总和。对创业机会的识别不仅受创业者自身因素限制，还会受外部环境变化影响。创业环境的特点在时刻变化，且具有一定的复杂性，导致创业机会的识别也具有一定复杂性，随着环境因素的不断变化，创业机会将会逐步显露出来。

从市场因素的角度来看，市场瞬息万变，市场供求关系具有一定的动态性，为创业机会的出现创造市场条件。若市场出现新的供需关系时，将会有一定的创业机会出现，这需要创业者对市场有足够的敏锐力和洞察力，善于把握机会，才能更好地进行创业。

从政策法规因素的角度来看，国家政策具有不同的调整和完善，主要是受市场变化需求所决定。政策法规是从宏观角度对市场结构和产品结构进行调整，将会给创业者带来一定的创业机会。因此，对国家政策调整的高度关注和重视是创业者把握创业机会的一个重要因素。

从技术因素的角度来看，在创业机会识别中，技术因素具有不可取代的作用。任何一次技术发展，都将给产品、竞争和服务带来新变化，而在变化过程中会催生更多的创业机会。新旧技术更替交换的过程，会让市场得到新的拓展，产品结构产生变化，从而有利于更多创业机会的出现。

（三）大学生创业机会识别的方法与过程

1. 大学生创业机会识别的方法

（1）问题分析法。问题分析法是指从市场的需求方面进行分析的一种方法。创业成功的关键在于能否满足消费者的需求。任何创业机会的产生，都依附一定的市场需求。因此，对个人和团体的需求进行发掘和发现是识别创业机会的重要手段。创业者要想把握住创业机会，需要具备敏锐的市场洞察力，对事物有个人认知，并且能够抓住周边事物的细微变化。创业者还要避免产生从众心理，敢于创新和突破，才能更好地抓住创业机会，提高创业成功率。

（2）系统分析法。认识和了解宏观、中观以及微观环境的变化是创业者必须进行的工作。任何一个创业机会都是通过系统分析而被发现的，对周边环境变化的分析和市场政策变动的把握，都将提高创业者的创业成功率。创业者要具备较强的信息分析能力，并善于进行信息的整理和分析，才能随时了解市场需求变化和市场结构变化，把握住转瞬即逝的创业机会。

（3）资料分析法。在创业过程中最为常用的分析方法是资料分析法，即通过总结和系统分析以往的数据、语音、视频和文字等信息发现创业机会的一种方法。很多创业活动的开展都可以利用这种分析方法，这种方法的难度在于信息收集的真实性和时效性难以提高。

2. 大学生创业机会识别的过程

创业机会无处不在，而大学生创业者并不能把握所有的创业机会，如何提高创业者自身发现机会、挖掘机会的能力，成为影响创业活动结果的一个关键因素。大学生创业者必须对创业机会的价值进行了解和分析，并付之于行动和实践，才能有效提高创业活动的成功率。搜寻机会、识别机会以及评估机会是发现创业机会必须经历的三个重要环节：

（1）机会搜寻阶段。在这个阶段中，创业者搜索和识别创业环境下出现的可能性的创业和可能存在的创业机会，并进行系统衡量和评价。如果在此过程中，创业者能够发现某一创意或者创业机会具备可操作性，可能发展成为符合创业者期望的创业机会，且具备潜在的营利价值，便会进入第二阶段——机会识别。

（2）机会识别阶段。这里的“机会识别”是狭义上的机会识别，是创业者将第一阶段所识别到的可能性的创业创意进行系统筛选并结合创业目标进行权衡，在筛选过程中寻找到合适的商业机会。这一过程包含两个步骤：第一，是通过对外部环境的考察，考量所识别到的创业机会是否具备一定的盈利价值，即是否具备一定的市场价值和行业潜力；第二，是在市场环境和行业环境基础上进行个性化的机会识别，也就是针对创业者进行会衡量，判断创业机会是否能够达到创业者的预期目标，是否符合创业者的情感取向。

（3）机会评估阶段。这里的“机会评估”主要是指结合机会识别阶段识别到的机会，进行机会的盈利性和可行性评价。依据机会评估的结果，根据对风险水平、预期回报等方面的评价，创业者决定是否将这一创业机会付诸实践。

（四）大学生创业机会的最优选择

1. 创业行业的选择

创业机会转变为创业成功的一个重要保障就是选择合理科学的创业行业。对于大学生而言，其优点是：思维活跃，充满活力，具备专业知识等。但是大学生在企业运营、市场的分析、财务管理等方面的能力相对比较欠缺。因此，大学生要根据自己的实际情况进行创业行业的选择，要选择适合自身发展的创业行业。进行创业行业的选择，是一个综合很多因素的复杂性的决策活动，需要对以下几个方面因素进行考虑：

（1）国家政策与法律。国家法律政策所提供的一切便利，大学生创业者要尽可能地利用。一方面，要考虑所选的创业行业是否在国家法律和政策禁止或限定的范畴内；另一方面，要考虑所选的创业行业是否为国家法律和政策所支持的创业行业。在国家法律和政策规定的范畴内遴选创业行业和创业项目，有助于得到政府的先期投资和税收减免，大大降低市场准入门槛，能够在一定程度上为创业的成功提供帮助。

（2）创业者对市场的把握利用能力。市场是企业生存的空间，是企业能否生存的试金石。创业者在进行创业行业选择时，一方面要认真调查所选行业的市场机会、市场空间；另一方面，还要考虑创业者自身对市场机会的发现、识别和利用能力。对于创业者来说，要想把握利用市场必须具备两方面的能力：①发现市场机会的识别能力；②实现该市场机会的技术能力和资源能力。

（3）创业者的自我认知。创业本身就是对自我命运进行把握的一种行为。找到自身与社会结合的端口就是创业行业的选择，这就需要创业者对自己有一个清醒的了解，对自己的劣势、优势、兴趣以及知识结构等特点，有一个全方位的认识。一个人只有选择自己所喜欢且力所能及的事情，才能从中获取乐趣和成就感，才能在创业的道路上勇往直前。因此，选择自己感兴趣且有能力做的行业是创业顺利进行的保障。

（4）注重发展潜力和市场空间。作为创业者，必须清楚地意识到任何企业都是具有生命周期的，任何企业的发展都要经过孕育、出生、成长、壮大、衰老这一过程。从这一层面上来说，创业其实就是一个认识理解、把握创业项目的过程。所以，在选择创业行业和创业项目时要充分调查市场，分析该行业和项目的发展前景及发展潜力，找到有市场缝隙且具有特色的长远项目进行创业。

2. 创业方式的选择

（1）科技产品和成果应用创业。大学生创业应以自己所在的高校为平台，结合专业将高校内科研成果转换为产品或科技服务。大学生通过和学校、教师沟通与企业建立科技服务合作关系，致力于为企业提供配套科技产品。大学生也可以对所取得的科技成果进行深层次应用开发，找到科技成果与现实生活、市场的结合点，将小商品经营发展成为大市场。

（2）网络服务创业。随着网络越来越普及，人们了解世界、与世界进行沟通的一种重要方式就是网络。网络因为其信息量大、更新速度快、不受空间时间限制、成本低等特点备受人们的信赖与重视。伴随网络发展而兴起的电子商务，也就成为人们进行消费购物的一种主流趋势。大学生可以利用计算机技能，对网络购物、商务等平台进行搭建，从而将传统的实体店转移到网络上，这样就可以找到新的销售渠道，不断开拓出更为广阔的市场，也建立起了新的消费与服务。

（3）连锁加盟创业。连锁加盟店本身具有较为成熟的商业模式和一定的市场基础、市场知名度，在国外是一种较为成功的商业范式。大学生通过连锁加盟创业，可以弥补初出校园对市场运营经验的缺乏、市场宣传的不足等缺点，能够在较为成熟的体系内快速了解市场动向和运营知识，降低创业风险。所以，连锁加盟创业对于大学生来说，具有较高的创业成功率。

（4）创意创业。创意创业所具有的个性化、时尚化和富有创新性的特征，能为创业者带来市场空间和消费关注。而大学生先进的理念、活跃的思维和贴近年轻人的心态特点，又为大学生进行创意创业提供了先天性条件。大学生熟知年轻人的消费诉求，可以利用自己的长处，进行创意创业尝试。

二、大学生创业机会的评估

（一）大学生创业机会评估的要素

1. 创意竞争力

只有具有价值和竞争力的创意，才值得投入时间和精力进行开发。创意是否具有价值，应符合新颖性、真实性和价值性的特点。如何具备以上三个特性，需要具体分析该创意在市场上的竞争力。一般来说，要确认并且列出所有竞争产品和竞争企业，至少应与三个满足相似市场需求的竞争对手的产品或服务进行对比。通过分析突出自己产品或服务的差异性，形成独特的卖点。与市场上竞争对手的产品或服务相比，企业的产品或服务需要具备 3 ~ 5 个与众不同的特点。

2. 行业和市场

（1）行业。创业机会评价时，需要关注提供相同或类似产品、劳务的行业，包括竞争情况、收获条件等，在行业的“机会窗口”打开期间进入才能获利；应关注消费市场，只要市场足够大，就能够收回成本，获取利润。行业指生产同类产品、具有相同工艺过程或提供同类劳动服务的经济活动类别。行业主要由出售者构成，所谓出售者，主要包含生产者和劳务提供者两类人。市场主要是由顾客构成，顾客有自身的欲望和需求，他们通常愿意且能够通过交换方式，满足他们自身需求。所以，创业者需要在真正的创业过程中，清晰地界定市场并细致划分。

（2）市场。市场由消费者构成，要评定一个创业机会是否有市场价值，应主要分析市场中的消费者对产品或服务是否具有购买力、是否具有强烈的购买倾向。衡量一个创业机会是不是良好的就业机会，首先应判断这一创业机会是否具有一个精准的市场定位，是否能够在满足消费者需求的同时，为消费者本身带来增值。因此，满足消费者需求的同时，应综合考虑产品或服务的价格、地点和时间。

每个市场都有市场结构，市场结构的主要作用在于反映企业在市场中的竞争能力与所处地位。对于即将进入市场的新企业而言，了解即将进入的市场的实际结构以及市场竞争激烈程度，是提高自身市场竞争力，增强企业适应能力的重要前提条件。因此，创业者应学会对创业市场结构进行合理分析，才能在市场上占有一席之地。市场结构分析一般围绕供应商、顾客、经销商之间的谈判力量，以及替代性产品对自身产品的威胁、市场内部竞争的激烈程度展开。

3. 团队竞争力

在进行评估时，要确保团队中至少有一人具备创意方面的相关经验，而且团队成员要对拟开发的项目感兴趣。创业团队永远是创业中的核心要素，是决定创业成败的关键，也是风险投资者最看重的因素。创业团队的评价是项目评价中最重要的标准之一。

4. 竞争优势

一个能够吸引人的机会必然具备一定的竞争优势。例如，在市场中与同类产品相比，具备更低的成本或更好的质量。

（1）成本优势。成本优势是企业竞争的主要优势之一。较低成本能够为企业带来较大的竞争优势；低成本也对投资者更具吸引力，一个无法维持低成本生产者地位的新企业，存活时间会大大缩短。

（2）控制程度。控制程度是指一个企业对产品或服务的生产原料和销售渠道把控力度的强弱，如果一个新企业对产品的生产与销售具有较强的独占性，能够弥补其他薄弱领域，就能在市场中占据较大份额。初创企业如果能够对价格、成本、销售渠道等实施强有力的控制，这样的机会就更有吸引力。当所处市场领导者份额小于20%，且初创企业对价格、成本、分销渠道具有中等或较强的控制力，则市场吸引力较大。

（3）进入壁垒。所谓“进入壁垒”是指一家企业能否组织其他企业进入自己所在的市场，能否给其他企业进入市场带来一定技术、原料或其他要素上的阻碍。没有“进入壁垒”的企业对市场而言，不具备不可替代性，对投资者也是毫无吸引力。要建立进入市场的壁垒，一般需要大量的资金投入，如专利权保护、专营的合同优势等，市场壁垒是否建立完善是决定投资者投资与否的重要因素。也就是说，一个企业的产品与服务若没有“进入壁垒”，或者自身面临诸多进入障碍，企业则不会吸引人；如果不能把其他竞争者阻挡在市场之外，新创企业可能会迅速消失。

5. 经济回报率

一般来说，成长较快的行业，收益率较高的行业都是具有吸引力的领域，值得进行创业尝试。当然，这也是竞争较激烈的领域，所以，创业者在开发创业机会时要能够进行风险分析和管理，并设计商业模式。创业的目的之一是获取经济回报，经济因素和投资回报是评价创业机会时需要重点考虑的标准。

创业者应尽可能在成本效益原则指导下，在较短时间内，以较低成本获得较高回报。若初创公司成本较低，则可能面临更有吸引力的市场机会。低成本可以来自规模、技术、管理三个方面，但对于刚起步的新企业而言，要依靠行业中的规模经济性实现低成本是很难的，新企业可以依靠技术和管理实现低成本，通过新技术和高效管理也能有效降低成本，给企业带来低成本优势。税后利润主要是由毛利转化而来，较高的毛利能够给企业带来较高的税后利润。一般而言，有吸引力的企业通常具有取得15% ~ 20%或者更高税后利润的潜力，而税后利润不到 5% 的企业，其本身已经十分脆弱，基本不具备吸引力。

6. 创业者能力

创业者的自身能力也是影响创业机会评估的因素之一，许多小企业的管理者都是基于自身能力才创办的企业，对于投资人，创业者是否具备创业的必备能力，会影响其最终的投资决定。创业者需要有承担风险和不断提高自身能力的意识，主动学习并努力提高创业所需的知识和技能。

7. 必需资源

创业中必需的资源主要包括资金和技术。创业者是否掌握这些必需资源，在一定程度上决定他们是否能够把握某个创业机会。一般来说，由于市场发展不平衡，在一些地区，群众的需求无法得到满足，一般存在较大的市场空缺，创业机会也就越发多样且吸引人。

8. 环境情况

环境，不仅是讨论自然环境，这里所说的“环境”更是指企业的外部环境，如政治环境、经济环境等，其中政治环境对创业机会的吸引力影响较大。不稳定的政治环境往往使商业机会失去吸引力，如通货膨胀、外汇汇率波动或司法系统不健全等，都不利于吸引投资，即使商业机会回报再高，有不稳定的因子存在，也不能吸引投资人。此外，缺乏可用的基础设施和服务（如水电供应、通信、运输等），也会影响一个地区商业机会的吸引力。

（二）大学生创业机会评估的原则

1. 市场目标原则

在市场经济社会之中，一切运作都必须围绕市场的需求以及市场的变化，对经济活动进行指挥的一面旗帜就是市场。对创业项目进行选择需要迎合市场的需求，这样才可以让市场的支持力保持持久。因此，在对创业项目进行选择的时候，一定要遵循市场效率原则，尽可能选择一些市场前景比较广阔的创业项目。这就要求创业者在创业之前做好以下工作：

（1）进行市场的调研，主要包括目标市场现有的状况、现实的消费者和潜在的消费者的数量，消费者购买能力、消费方向等。

（2）市场定位，包括市场进入障碍、市场内部竞争程度、市场占有率等。

（3）市场成长力，包括上下游产业的延伸性、产品线的衍生及可持续性、利润空间的大小等。

（4）市场容纳度，主要是指现有市场的饱和度、可拓展程度以及创办企业与所在地域的匹配融合适应能力等。

2. 效益优化原则

衡量企业是否成功的一个关键性指标就是效益，评估创业机会是否恰当合理的一个主要因素也是效益。一般来说，市场效益、财务效益、社会效益这三个方面就是效益优化原则主要的内容：

（1）市场效益。所谓市场效益是指创业机会和市场动态变化之间的适应程度以及长远的市场发展空间，如市场的占有率、渗透率，以及产品成本结构等都是其衡量的主要指标。

（2）财务效益。盈利是企业存在的目的，要衡量创业机会是否可行，可观的盈利就是衡量创业机会是否具有吸引力的标准。一个相对较好的创业机会，主要应关注其投资回报率、税后净利、投资回收周期、毛利率、资本需求、市场的退出机制和策略等。

（3）社会效益。企业存在于社会大环境中，与周围的社会子系统息息相关。创业者所选择的创业机会对社会的作用，在一定程度上对创业成功的难易度有影响。国家的创业政策指引着市场产业结构调整以及社会资金的投资流向，因此选择国家政策所倡导的创业项目，有利于得到国家税收、投资资金等方面的扶持。

（三）大学生创业机会评估的策略

常规的市场研究方法不一定与创业机会评价完全适应，特别是对原创性创业机会的评价。大学生创业者必须牢记以下关键内容：

第一，问卷调查。如果条件允许，可以在目标市场中对未来的顾客群做一次有针对性的问卷调查。对未来的服务以及产品进行一个详细的描述，在问卷调查中，主要调查顾客对它的反应，通过这个调查报告，对这个项目的可行性进行确定。

第二，商机评估。如果一个创业项目在经过商机评估之后的结果不够完美，市场的环境并不十分理想，或者是在对顾客进行调查时可以发现，经营的设想并不被大家看好，这意味着需要对这个创业项目进行重新的设计。

第三，求教咨询。和有经验的成功创业者多进行交流与沟通，他们可以将创业过程中的一些经验传递给创业者。一个成功的企业家，往往会将一些系统的、实用的建议传递给创业者，从而将创业者引向成功之路。

第四，独特创意。大学生需要记住这个重要的经营准则：以市场需求为导向，了解竞争对手的优势和劣势。对项目所在的行业要了如指掌，才能在同类产品中脱颖而出，做出特色。产品只有与众不同，企业在市场上才可以立足。

第五，分析对手。以市场需求为导向的经营战略包括：①对顾客的需求和竞争对手的情况做一次深入的分析；②推出符合市场需求的服务或产品。

第六，确立目标。只有商品或服务被市场看好时，人们才会愿意购买它。现代市场，是需求决定产品，而不是产品决定需求。

第三节　大学生创业风险的判断与防范

一般意义上，可将创业风险定义为创业者及其团队在创业过程中遇到或发生的风险，主要指创业者及创业团队价值观的差异性、能力与实力的局限性，创业环境的多变性，创业机会与市场的复杂性，创业过程以及创业资源的不确定性导致创业进程受阻，偏离或未能实现创业预期目标的可能性及其后果。从广义上来说，创业风险是结果的不确定性，包括在创业过程中阶段任务指标实现的不确定性，收益多寡的不确定性；从狭义上来说，创业风险是损失和没有收益的可能性；对创业风险的判断是创新创业中最重要的内容之一，只有科学而准确地判断创业的风险所在，才能提前采取行动规避风险，使创业走向成功。

一、大学生创业风险的产生

大学生创业是一项充满挑战和机遇的冒险。与传统的就业选择相比，创业为大学生提供了自主性、创造性和成就感的机会。然而，创业也伴随着一定的风险，需要进行合理的预估和评估。大学生创业风险的产生往往源自以下因素：

第一，市场竞争和不确定性。创业项目的成功与否往往取决于市场需求和竞争情况。如果市场需求不足或者竞争激烈，创业项目可能面临销售困难和盈利压力。大学生创业者需要深入研究目标市场，了解潜在客户需求，并制定切实可行的市场推广策略，以降低市场风险。

第二，资金压力。相比有丰富资金支持的企业，大学生创业者常常面临资金紧张的情况。缺乏足够的启动资金可能会导致项目停滞或难以扩展。因此，创业者需要积极寻找投资者、合作伙伴或者寻求创业基金的支持。同时，建立良好的财务管理体系，合理规划资金运作，也是降低资金风险的重要手段。

第三，管理能力和经验不足。创业需要全方位的管理能力，包括团队管理、财务管理、市场营销等方面。大学生缺乏实践经验和专业知识，可能导致决策失误和运营困难。因此，大学生创业者需要积极学习、提升自己的管理能力和领导能力，同时寻求导师或行业专家的指导，以降低经验不足带来的风险。

第四，心理和个人压力。创业过程中常常伴随着不确定性、失败和挫折。大学生创业者需要具备坚韧的心理素质和应对压力的能力，才能克服困难并保持积极的心态。

二、大学生创业风险的判断

第一，市场调研与需求分析。深入进行市场调研，明确目标市场定位，通过数据分析工具理解消费者需求、竞争对手态势及行业发展趋势。这一过程旨在揭示市场空白与机遇，同时暴露出潜在的市场进入壁垒与饱和风险。大学生创业者应运用 SWOT 分析（优势、劣势、机会、威胁）框架，全面审视项目外部环境的机遇与威胁，为风险评估奠定坚实基础。

第二，财务规划与预算控制。财务风险是大学生创业中不可忽视的一环。制订详尽的财务计划，包括启动资金需求、运营成本估算、预期收入预测及现金流管理策略，是有效评估并控制财务风险的关键。通过敏感性分析和情景规划，预测不同情境下的财务表现，有助于提前识别资金短缺、成本控制不力等潜在问题，并制定相应的应对策略。

第三，团队建设与领导力评估。创业团队是项目执行的核心，其成员结构、专业能力、协作效率及领导力水平直接关系到项目的成败。因此，对团队成员进行细致的背景调查、能力评估及文化契合度测试，是评估团队风险的重要手段。同时，创业者需不断提升自身领导力，促进团队沟通与协作，确保在面对挑战时能够迅速调整策略，保持团队凝聚力和执行力。

第四，技术与创新风险评估。对于技术驱动型创业项目，技术可行性与创新性的评估尤为重要。通过专利检索、技术趋势分析等手段，评估项目所依赖技术的成熟度、竞争优势及潜在替代风险。同时，建立快速迭代的产品开发机制，持续跟踪市场反馈，灵活调整技术路线，以降低技术过时或市场接受度低的风险。

第五，政策与法律环境分析。政策与法律环境的不确定性也是大学生创业需考虑的重要风险源。创业者应密切关注政府政策导向、税收优惠、融资渠道等政策信息，同时深入了解行业相关的法律法规，确保项目运营的合法性合规性。通过参加政策解读会、法律咨询等方式，提升对政策环境的敏感度与适应能力，有效规避政策风险。

综上所述，大学生创业风险的判断是一个多维度、系统性的过程，需要创业者综合运用市场调研、财务分析、团队建设、技术创新及政策法律等多方面的知识与技能。通过科学的方法论指导，创业者能够更加准确地识别与评估风险，制定有效的风险应对措施，为创业项目的成功奠定坚实基础。

三、大学生创业风险的防范

（一）系统性风险的防范

对于系统性风险，大学生创业者或创业企业可从以下三个方面做好风险防范：

第一，正确预测。创业者应尽可能运用所学知识和所掌握的资源，采用科学的方法对能够预测的风险进行深入分析，通过与团队成员探讨、请教外部专家等方法，预测创业环境的可能变化以及变化会给创业企业带来的影响；对创业的系统性风险做到心中有数，以便制定相应的应对策略。

第二，谨慎分析。创业者应对创业环境进行正确的认识和了解，对创业环境进行合理评估，通过层层细化、逐级分析，熟悉创业的宏观环境和微观环境，以求准确深入地了解创业过程中可能遇到的系统性风险。创业者应对所处的创业环境进行深入了解、谨慎分析。目前，我国实施更加积极的鼓励创业方针政策，在自主创业税费减免、小额担保贷款、创业地落户及场地、项目、技术、培训等方面，为大学生创业提供一系列优惠和鼓励政策，创造更为宽松的创业环境。

第三，合理应对。由于系统性风险的不可分散性，创业者只能通过谨慎分析和正确预测制定合理的应对措施，巧妙规避风险并尽可能降低系统性风险发生对创业者自身或创业企业的不利影响。例如，预测到市场利率上升，应尽量筹集长期资金；预测到未来经济低迷，应尽可能持有较多现金等。

系统性风险是由全局性的共同因素引起的，创业者或创业企业本身无法控制或无法施加影响，因此难以采取有效措施予以消除。

（二）非系统风险的防范

非系统风险是由特定的创业者或创业企业自身因素引起的，只对该创业者或创业企业产生影响。因此，大学生创业者或创业企业可以在某种程度上对其进行控制，并通过一定手段予以预防和分散。

1. 规避市场定位的风险

准确的市场定位是创业成功的源泉。一些创业者在创办企业时并未进行清晰的市场规划和定位，而是秉承走一步算一步的方法进行企业经营，最终可能使企业走向失败。所以，为了减少这种风险的发生，创业者应在创业前有清楚的规划、定位，策略执行务必精准。创业者要确定所做的事情是正确的。规避市场定位风险需要注意以下四点：

（1）创业动机千差万别，大多数成功者的创业动机是为了自己的理想和人生价值而投身到创业浪潮中，“追求更大的成就感”是很多民营企业家最大的精神动力。

（2）选对项目对于创业者非常重要。在创业项目选择时，必须遵守这些原则：①项目选择要立足长远；②项目选择要知己知彼；③项目选择要有潜在的市场前景；④项目选择要独特。选择大于努力，如果项目的选择过于草率，不经细心考察就投入个人资金，可能会亏本，导致创业失败。

（3）为了避免风险，市场调研十分必要。调研内容应该包括：市场的需求情况、国家的相关法律法规、国家的经济形势、行业的未来发展趋势、市场中已存在的竞争者情况、产品的生命周期情况等，只有从多方面进行了解和调查，才能在创业项目实际运行时有成功的把握。

（4）创业者对创业优势和劣势进行全面分析，需要从创业知识、心理素质资金来源等方面分析和考量。因此，创业者要全面认识自己，做到扬长避短。要了解自己的短板，即自己在创业方面存在的弱点，以便做到扬长避短。

2. 规避行业选择的风险

各个行业的盈利模式不同，因此会导致利润的巨大差异，使刚入行进行选择的创业者容易进入盲从暴利的误区，创业者应该选择做哪个行业——这是创业之初必须冷静思考的问题。选择某一行，需要进行充足准备，结合自身实际情况，要有长远的眼光，不可盲目跟风或追涨杀跌，以免惨淡收场。如果创业者盲目投资，选择一个不适当的时机或者一个自己并不了解的行业进行创业，可能会导致最终失败。事实证明，在创业之初，从事所熟悉的行业与业务领域，可以将个人的核心专长发挥到极致，最容易取得成功。

3. 规避创业融资的风险

畅通的现金流是决定创业成败的关键。只有资金投入而没有产出，投入再多也是不够的，或者说，因为产出日期不可确定，因此，投入也就无法预计，从而对项目的发展形成隐患而导致失败。所以，处于创业之初的创业者需要预先筹划启动资金和周转资金，控制成本。一方面清楚在可预见的将来有多少收益；另一方面需要判断现阶段的固定支出，确定资金的需要量，并筹集足够的备用金。因为只有手里掌握了足够的备用金，才能从容应对很多意想不到的情况，避免项目因为现金断流而失败。创业融资只有多管齐下，才能降低融资风险。

4. 规避创业的技术风险

创业过程中的技术风险是指由于技术选择、技术实施等因素而导致项目失败或面临困境的风险。为了规避技术风险，创业者可以采取以下三项措施：

（1）技术评估和尽职调查。在决定采用某项技术之前，进行全面的技术评估和尽职调查。评估技术的可行性、适用性以及与市场需求的匹配程度。了解技术的优势、局限性以及可能产生的风险，以做出明智的决策。

（2）建立技术团队。组建一支专业的技术团队，包括具有相关经验和专业知识的人员。这样的团队能够提供技术支持、解决技术难题，并确保项目按计划进行。

（3）测试和验证。在产品或服务正式推出之前，进行充分的测试和验证。通过用户反馈、市场试验等方式，评估技术的可靠性和性能，及时发现和解决潜在的技术问题。

5. 规避市场变化的风险

市场随时间千变万化，市场竞争也是瞬息万变。由于新产品在开发市场的过程中，市场需求是潜在的、待成长的，市场接受新产品的具体时间具有不确定性，因此，创业者很难在产品投入市场前预判出市场接受新产品的具体时间，也很难确定新产品上市的最合适时间点。创业者很难预测出新产品的市场需求的成长速度，也难以预测新产品的扩散速度。这些不确定性也为创业者的下一步计划带来了困扰，创业者需要通过时刻关注市场，结合新产品市场需求的具体情况制订下一步计划。

新产品的生产是离不开上游原材料供应的。创业者在选定创业项目并决定投入生产后，能否从上游市场及时获得价格合适且足量的原材料，具有不确定性。

6. 规避创业心态的风险

创业本身是一项冒险活动，“惊险一跳”是许多创业者都会遇到的情况，创业者需要有胆量，敢于冒险，才能顺利完成极具考验性的“一跳”。也就是说，冒险精神是每个创业者应当具备的创业精神。要做好各种心理准备，克服各种心理难关。创业者最大的失败源于对失败的恐惧，因为在大多数情况下，创业者的计划还没开始就已经产生对失败后果的恐惧。事实上，创业过程中产生恐惧感是很常见的，创业者应该将恐惧合理化为力量，将其转变成有利于创业活动的正向力量。

创业是一个艰辛而漫长的过程，不可能一蹴而就。尤其是在创业初期，在既没有技术也没有人脉的情况下，更是困难重重，成功的概率会很低，这更需要创业者在面对困难时要乐观对待，心平气和地寻找解决问题的办法。

7. 规避创业的财务风险

创业过程中的财务风险是指由于资金管理不善、不合理的财务决策或外部经济环境的变化而导致的经济损失或困境。为了规避财务风险，创业者可以采取以下三项措施：

（1）制订合理的财务计划。制订详细的财务计划，包括预算、资金需求、收入和支出预测等。这可以帮助创业者了解自己的财务状况，并合理规划资金的使用和投资。

（2）控制成本和费用。合理控制各项成本和费用，包括人力资源、运营费用、市场推广费用等。创业者应重视成本效益分析，避免浪费和过度开支。

（3）建立良好的财务管理体系。建立有效的财务管理体系，包括准确的财务记录、会计制度和财务报告等。及时跟踪和分析财务数据，确保了解公司的财务状况，及时做出调整和决策。

8. 规避创业的管理风险

创业过程中的管理风险是指由于管理能力不足、组织架构不合理、人力资源问题等而导致的运营困难或内部冲突。为了规避管理风险，创业者可以采取以下三项措施：

（1）设立明确的组织架构。建立清晰的组织结构和职责分工，确保各个职能部门之间的协调和合作。同时，要注重培养和激励员工，建立良好的企业文化和价值观。

（2）风险管理和灵活性。建立风险管理机制，及时识别和评估潜在的管理风险，并采取相应的措施进行应对；同时，保持灵活性，及时调整和优化管理策略，以适应外部环境的变化。

（3）寻求专业指导和支持。与具有丰富管理经验的导师、顾问或行业专家合作，获取专业指导和支持。这些专业人士可以为创业者提供管理咨询、培训和经验分享，帮助其规避管理风险。

第四章　就业服务体系及其对大学生创新创业的影响

第一节　就业服务的基本概念与原则

一、就业服务的基本概念

就业服务是指政府机构、教育机构、社会组织及其他相关组织或个人，为帮助求职者获得就业机会、提高就业质量、提升职业能力所提供的多种服务。这些服务包括但不限于职业指导、职业培训、就业信息发布、就业政策咨询等。就业服务的目标是促进劳动力市场的有效配置，帮助求职者尤其是大学生更好地进入职场，实现职业发展。

二、就业服务的原则

为了更好地满足劳动者的需求，推动社会的稳定与发展，就业服务必须遵循一系列基本原则。这些原则不仅指导着就业服务的方向，也对其具体实施和效果产生深远影响。

（一）市场化原则

市场化原则是就业服务的核心原则之一。它要求就业服务紧密贴合市场需求，根据劳动力市场的变化和产业发展趋势，为劳动者提供有针对性的服务。这一原则体现了就业服务与经济发展的紧密联系，也反映了就业服务必须适应市场变化、满足市场需求。

为了实现市场化原则，就业服务体系需要具备敏锐的市场洞察力和灵活的调整能力。这意味着就业服务机构必须密切关注劳动力市场的动态，包括行业发展趋势、职业需求变化、薪资水平分布等，以便及时调整服务策略和内容。同时，就业服务机构还需要与用人单位保持紧密的联系，了解其招聘需求和用人标准，以便为劳动者提供更加精准的就业指导和推荐。

市场化原则的实施，有助于提升就业服务的针对性和有效性。通过紧贴市场需求，就业服务能够更好地满足劳动者的就业需求，帮助他们找到适合自己的工作岗位。同时，市场化原则也能够促进就业服务的不断创新和发展，推动就业服务体系的不断完善和优化。

（二）个性化原则

鉴于每个劳动者的教育背景、技能水平、职业兴趣等存在差异，就业服务应注重个性化，并为其提供量身定制的服务方案。这一原则体现了对劳动者个体差异的尊重和关注，也反映了就业服务必须满足劳动者多元化需求的发展趋势。

为了实现个性化原则，就业服务机构需要对劳动者进行全面的评估和分析，了解他们的职业兴趣、技能水平、工作经验等，以便为他们提供个性化的服务方案。这包括为劳动者提供定制化的职业规划、就业指导、技能培训等，帮助他们更好地了解自己的职业优势和劣势，制订合适的职业发展计划。

个性化原则的实施，有助于提升就业服务的针对性和有效性。通过量身定制服务方案，就业服务能够更好地满足劳动者的个性化需求，提升他们的就业竞争力和职业发展潜力。同时，个性化原则也能够增强劳动者对就业服务的信任度和满意度，促进就业服务的可持续发展。

（三）全程化原则

全程化原则要求就业服务贯穿劳动者的整个职业生涯，从初次就业到职业转换，再到职业发展，提供持续的支持和帮助。这一原则体现了对劳动者职业生涯发展的全面关注和长期支持，也反映了就业服务必须适应劳动者职业发展需求的变化趋势。

为了实现全程化原则，就业服务体系需要具备长期跟踪和服务的能力。这意味着就业服务机构需要与劳动者建立长期的联系和沟通机制，了解他们在职业生涯发展过程中的需求和困惑，为他们提供及时的指导和帮助。同时，就业服务机构还需要关注劳动力市场的变化和产业发展趋势，以便为劳动者提供与时俱进的职业发展和就业指导。

全程化原则的实施，有助于提升就业服务的全面性和持续性。通过贯穿劳动者的整个职业生涯，就业服务能够更好地满足他们在不同职业发展阶段的需求，帮助他们的职业生涯顺利发展。

（四）多元化原则

多元化原则要求就业服务提供多样化的服务内容和形式，以满足不同劳动者的需求。这一原则体现了对劳动者需求多样性的尊重和关注，也反映了就业服务必须适应不同劳动者需求的发展趋势。

为了实现多元化原则，就业服务机构需要提供包括信息服务、技能培训、职业咨询、创业指导等多个方面的服务内容。这意味着就业服务机构需要建立完善的信息发布和查询系统，为劳动者提供及时、准确的就业市场信息；同时，还需要提供多种形式的技能培训课程，帮助劳动者提升就业竞争力；此外，还需要提供专业的职业咨询和创业指导服务，帮助劳动者解决职业发展中产生的困惑和问题。

多元化原则的实施，有助于提升就业服务的全面性和包容性。通过提供多样化的服务内容和形式，就业服务能够更好地满足不同劳动者的需求，提升他们的就业满意度和职业发展潜力。

（五）协同化原则

就业服务的协同化原则需要政府、社会、高校等多方主体的协同合作，形成合力，共同促进劳动者的就业和职业发展。这一原则体现了对多方主体合作的重要性的认识和强调，也反映了就业服务必须形成合力、共同推动的发展趋势。

为了实现协同化原则，需要建立有效的协同机制和信息共享平台。政府、社会、高校等各方主体需要建立紧密的合作关系，共同制定就业服务政策、规划和实施方案；同时，还需要建立信息共享平台，实现各方主体之间的信息共享和资源整合，以提高就业服务的整体效能。

协同化原则的实施，有助于提升就业服务的整体性和协同性。通过多方主体的协同合作，就业服务能够形成合力，共同推动劳动者的就业和职业发展；同时，也能够促进各方主体之间的资源共享和优势互补，提高就业服务的整体水平和质量。

第二节　就业服务体系的构成与功能

一、就业服务体系的构成

就业服务体系是一个由多元主体、多样服务内容和多种服务形式构成的复杂系统，它涉及政府、社会、高校以及在线平台等多个层面，旨在共同为劳动者提供全面、专业的就业服务。

（一）政府就业服务机构

政府作为就业服务的主要提供者之一，在就业服务体系中扮演着举足轻重的角色。通过设立专门的就业服务机构，如人力资源和社会保障部门、人才交流中心等，政府为劳动者提供了一系列基础且关键的就业服务。

第一，提供政策咨询。政府就业服务机构是劳动者了解就业政策、法律法规的重要窗口。在就业过程中，劳动者需要了解自己的权益和义务，以便做出更加明智的选择。政府就业服务机构通过提供政策解读、法律咨询等服务，帮助劳动者深入理解就业政策和法律法规，使他们能够更好地维护自己的权益，避免在就业过程中陷入困境。

第二，进行职业介绍。政府就业服务机构还承担着职业介绍的重要职责。为了促进劳动者和用人单位之间的有效匹配，政府就业服务机构通过组织招聘会、发布职位信息等方式，为双方搭建沟通桥梁。这不仅有助于劳动者找到适合自己的工作岗位，还能帮助用人单位招聘到合适的员工，从而实现劳动力资源的优化配置。

第三，提供技能培训。为了提升劳动者的就业竞争力，政府就业服务机构还提供各类技能培训课程。这些课程涵盖了从基础职业技能到高级专业技术的广泛领域，旨在帮助劳动者适应市场需求，实现更高质量的就业。通过参加技能培训，劳动者可以提升自己的专业技能和综合素质，增强在就业市场中的竞争力，从而获得更好的职业发展机会。

（二）社会就业服务机构

除了政府就业服务机构外，社会上还存在着大量职业介绍机构、人才猎头公司、职业培训学校等社会就业服务机构。它们为劳动者提供了更为市场化和个性化的就业服务。

1. 职业介绍机构

职业介绍机构如同桥梁，连接着劳动者与用人单位，为双方提供了宝贵的交流与匹配平台。这些机构通常掌握着丰富的市场信息，对各行各业的就业动态、岗位需求以及发展趋势有着深入的洞察。同时，它们还拥有广泛的人脉资源，这使得它们能够为劳动者提供更加精准、高效的职位匹配服务。

职业介绍机构的核心优势在于其个性化的服务方式。机构工作人员会深入了解劳动者的职业背景、技能水平、工作经验以及职业期望，通过细致的沟通与评估，为劳动者量身推荐合适的职位。这种服务方式不仅大幅提高了劳动者的就业成功率，还极大地节省了他们在寻找工作过程中投入的时间和精力。对于许多求职者而言，这无疑是一种高效、便捷的求职途径。

除了精准的职位匹配服务外，职业介绍机构还常常为劳动者提供一系列增值服务。例如，它们会举办面试技巧培训，帮助劳动者提升面试表现，提高求职成功率。同时，它们还会提供简历制作指导，确保劳动者的简历能够准确、突出地展示其技能和经验。这些增值服务进一步提升了劳动者的就业竞争力，使他们在求职过程中更加自信、从容。

2. 人才猎头公司

人才猎头公司专门针对高端人才市场，为那些具备卓越才能和丰富经验的优秀人才提供更为专业、个性化的职业发展服务。这些公司不仅拥有资深的职业规划师和招聘专家，还掌握着广泛的市场资源和深厚的行业知识，因此能够为高端人才提供全方位、一站式的职业规划与发展支持。

（1）人才猎头公司的核心优势在于其专业性和个性化服务。对于高端人才而言，他们往往已经积累了一定的职业经验和成就，因此在寻找新的职业机会时，他们更注重职位的匹配度、职业发展的前景以及薪资待遇等关键因素。而人才猎头公司正是基于这些需求，为高端人才提供量身定制的职业规划服务。他们通过深入了解人才的职业背景、技能特长、职业目标以及个人偏好等信息，能够为高端人才推荐最符合其期望和需求的职位。

（2）人才猎头公司为高端人才提供全方位的职位推荐服务。由于他们与众多知名企业建立了紧密的合作关系，能够第一时间获取到最新的高端职位招聘信息。同时，他们还会根据人才的职业背景和技能特长，为其推荐最合适的职位，从而提高人才的求职成功率，增强职业满意度。

（3）人才猎头公司通常具有丰富的薪酬谈判经验，能够为高端人才提供专业的薪酬建议和谈判策略。通过他们的帮助，高端人才往往能够获得更合理的薪资待遇，从而实现职业晋升和薪资提升的双重目标。

（4）人才猎头公司为高端人才提供一系列增值服务，如行业动态分析、职业发展趋势预测等。这些服务能够帮助人才更好地了解行业发展趋势和市场需求，从而做出更明智的职业决策。同时，他们还能够为人才提供职业发展的建议和指导，帮助其实现职业生涯的长期规划和发展。

3. 职业培训学校

在当今社会，随着经济的快速发展和产业结构的不断调整，职业技能的更新与提升成为劳动者在就业市场中保持竞争力的关键。而职业培训学校，作为专注于提供各类职业技能培训课程的机构，无疑在社会就业服务中扮演了至关重要的角色。它们不仅为劳动者提供了一个学习和提升技能的平台，更是通过与企业紧密合作，深入了解市场需求，从而设计出既实用又符合市场需求的培训课程。

职业培训学校的核心优势在于其课程的实用性和市场导向性。与传统的学历教育不同，职业培训学校更加注重对实践技能的培养。它们的课程通常更加贴近市场需求，旨在帮助劳动者快速掌握实际工作中所需的技能和知识。这种以市场需求为导向的培训模式，不仅提高了劳动者的专业技能水平，还大大增强了他们的就业竞争力。

为了确保课程的实用性和有效性，职业培训学校通常会与企业建立紧密的合作关系。通过与企业合作，学校可以及时了解当前市场的用人需求，从而调整和优化培训课程的内容。这种合作模式不仅确保了课程的时效性，还为劳动者提供了更多的实习和就业机会。许多企业在招聘时，也会更加看重职业培训学校的毕业证书和实习经验，这为劳动者提供了更多的就业选择和更好的职业发展前景。

除了提供实用的培训课程外，职业培训学校还为劳动者提供了一系列增值服务。这些服务包括但不局限于就业指导、简历制作、面试技巧培训以及实习机会推荐等。通过这些增值服务，劳动者可以更好地了解就业市场的动态和趋势，提高自己的求职技能和成功率。同时，培训学校还会定期举办招聘会和企业宣讲会等活动，为劳动者提供更多的就业信息和与用人单位直接交流的机会。

对于许多初入职场或希望转换职业的劳动者来说，职业培训学校无疑是一个理想的选择。通过参加培训课程，他们可以快速提升自己的专业技能水平，增强自信心和就业竞争力。同时，学校提供的增值服务和就业指导也帮助他们更好地适应市场需求，实现顺利就业和职业发展。

（三）高校就业服务部门

高校，作为人才培养的摇篮和知识的殿堂，不仅肩负着传授专业知识与技能的重任，更承担着为学生提供全面、专业的就业服务的职责。在这一背景下，高校就业服务部门应运而生，它们通过提供职业规划、就业指导以及组织招聘会等一系列服务，助力学生顺利实现从校园到职场的过渡。

第一，职业规划。高校就业服务部门深知其重要性，因此提供了丰富的职业规划课程和职业测评工具。这些课程和工具旨在帮助学生深入了解自己的职业兴趣、优势以及潜在的发展方向。通过系统的学习和测评，学生能够更加清晰地认识到自己的职业定位，从而制定出更加合理、切实可行的职业发展目标。这一过程不仅有助于学生明确自己的职业方向，还能激发他们对于未来职业发展的积极态度和行动力。

第二，就业指导。面对日益激烈的就业竞争，学生们需要掌握一系列易学实用的就业技能。为此，高校就业服务部门为学生们提供了简历制作、面试技巧、职场礼仪等多方面的指导。这些指导旨在全面提升学生的就业竞争力，使他们在求职过程中能够脱颖而出。同时，高校就业服务部门还积极与各类用人单位建立紧密的合作关系，为学生提供丰富的实习和就业机会。这种校企合作模式不仅有助于学生提前适应职场环境，还能为他们积累宝贵的实践经验。

第三，组织招聘会。为了让学生更加直观地了解企业需求，同时为企业提供选拔优秀人才的平台，高校就业服务部门会定期组织各类招聘会。这些招聘会不仅邀请了众多知名企业到校与学生进行面对面交流，还为学生提供了展示自己才华和能力的舞台。通过招聘会，学生能够更加深入地了解企业的招聘需求和用人标准，从而有针对性地提升自己的职业素养和综合能力。

（四）在线就业服务平台

随着互联网技术的发展，越来越多的在线就业服务平台涌现出来。这些平台如招聘网站、职业社交平台等，为劳动者提供了更为便捷和高效的就业服务。

1. 招聘网站

招聘网站，作为在线就业服务平台的主要形式之一，已经在当代社会发挥着越来越重要的作用。它们通过提供职位信息发布、简历投递、在线面试等一系列功能，为劳动者和用人单位搭建了一座高效便捷的沟通桥梁。在这个信息化、网络化的时代，招聘网站的出现无疑极大地改变了人们的就业方式和企业的招聘模式。

（1）招聘网站为劳动者提供了一个极为便利的就业平台。在过去，劳动者想要寻找合适的工作，往往需要花费大量的时间和精力，在各种招聘会、报纸、杂志上寻找招聘信息。而现在，只需要轻轻一点，就能在任何时间、任何地点浏览到大量的职位招聘信息。无论是全职、兼职、实习还是校园招聘，都能在招聘网站上找到各种类型的工作信息。这不仅大大提高了就业的便捷性，也使得劳动者能够更加精准地定位自己的求职目标，提高求职的成功率。

（2）招聘网站为用人单位提供了极大的便利。对于企业来说，招聘合适的人才是一项重要而艰巨的任务。而在招聘网站上，企业可以轻松地发布自己的招聘信息，吸引更多的求职者关注。同时，通过招聘网站的简历筛选和在线面试等功能，企业能够更加高效地筛选出合适的候选人，降低招聘成本，提高招聘效率。

（3）招聘网站通过一系列的技术手段和创新服务，不断提升用户的体验。例如，许多招聘网站都提供了智能匹配功能，能够根据求职者的简历和求职意向，为其推荐最合适的职位信息。这种个性化的服务不仅提高了求职者的求职效率，也使得企业能够更快地找到合适的人才。

（4）招聘网站注重信息安全和隐私保护。在求职者投递简历的过程中，招聘网站会采取一系列的安全措施，确保求职者的个人信息不会被泄露。同时，对于企业的招聘信息和求职者的简历信息，招聘网站也会进行严格的审核和管理，确保信息的真实性和有效性。

2. 职业社交平台

在当今社会，职业社交平台作为新兴的在线交流平台，正逐渐成为劳动者拓宽职业视野、积累人脉资源、促进职业发展的重要工具。这类平台以其独特的功能和定位，为劳动者提供了一个全新的职业发展空间，使他们能够更好地适应快速变化的职场环境，从而最大化地实现个人价值。

（1）职业社交平台的核心价值在于人脉资源的积累。在传统职场环境中，人脉资源的积累往往依赖于个人的社交能力和职场经验。然而，对于初入职场的新人或希望转行的人来说，他们可能缺乏足够的人脉资源来支持自己的职业发展。而职业社交平台则打破了这种限制，使劳动者能够跨越地域、行业和职位的限制，与各行各业的专家、同行建立联系。这种跨界的交流不仅有助于劳动者拓宽自己的职业视野，还能为他们提供更多的职业机会和发展路径。

（2）职业社交平台注重职业发展的交流。这类平台通常提供丰富的职业经验分享、行业讨论等功能，使劳动者能够深入了解不同行业的职业发展路径、企业需求以及行业最新动态等信息。对于正在寻找职业方向或希望提升自己职业竞争力的人来说，这些信息无疑具有极高的价值。通过参与职业社交平台的讨论和交流，劳动者可以更加清晰地了解自己的职业定位和发展方向，从而制定出更加符合自己实际情况的职业规划。

（3）职业社交平台为劳动者提供了一个展示自己才华和能力的舞台。在传统的职场环境中，劳动者往往需要通过长时间的积累和努力才能获得他人的认可和赏识。然而，在职业社交平台上，劳动者可以通过发布自己的职业成果、参与行业讨论等方式，展示自己的专业素养和综合能力。这种展示不仅有助于提升劳动者的个人品牌形象，还能为他们带来更多的职业机会和发展空间。

当然，职业社交平台的发展也面临着一些挑战和问题。例如，如何保证平台上信息的真实性和有效性，如何防止不良信息的传播和扩散等。为了解决这些问题，职业社交平台需要不断完善自己的审核机制和管理制度，确保平台上的信息质量和用户体验。

二、就业服务体系的功能

（一）信息服务功能

信息服务功能，作为就业服务体系中的一个基础且核心的环节，扮演着为劳动者提供及时、准确就业市场信息的角色。这一功能所涵盖的信息范围广泛，包括但不限于当前的职业需求状况、不同职位的薪资水平、各行业的发展趋势以及新兴职业的涌现等。通过这些翔实且全面的信息，劳动者能够更加深入地了解当前就业市场的动态，进而做出更为合理、符合自身发展需求的职业选择。

在实现信息服务功能的过程中，就业服务机构发挥着举足轻重的作用。

这些机构通过专业的团队和科学的方法，系统地收集、整理并分析各类就业市场信息。这一过程不仅涉及数据的收集，更包括对这些数据进行深入解读和挖掘，以形成具有指导意义和实用价值的报告和数据。随后，就业服务机构会利用多种渠道，如官方网站、社交媒体平台、线下招聘会等，将这些宝贵的信息资源有效地传递给广大劳动者。这样，劳动者在职业规划和发展过程中，就能够依据这些权威且全面的信息，结合自身的兴趣、专长以及市场的需求，做出更为明智的职业选择。

信息服务功能的重要性在现代社会中越加凸显。在信息化高速发展的今天，掌握准确的市场信息对于个人的职业发展而言，无疑是一把关键的钥匙。它能够帮助劳动者避免盲目地选择职业，减少因信息不对称而导致的职业匹配失误。这种失误不仅可能浪费个人的时间和精力，还可能对整个社会的就业质量和效率造成不良影响。通过信息服务功能，劳动者可以更加精准地定位自己在就业市场中的位置，找到真正适合自己的职业发展方向。

另外，信息服务功能还有助于促进就业市场的健康发展。当劳动者能够基于准确的市场信息做出职业选择时，他们更有可能找到真正适合自己的工作，从而在工作中发挥出更大的潜力和价值。这不仅有助于增强个人的职业满意度和幸福感，还能够为企业和社会创造更多的价值。同时，信息服务功能还能够引导劳动者关注并投身于新兴职业和领域，从而推动产业结构的优化和升级。

（二）技能培训功能

技能培训功能，作为就业服务体系中的又一关键组成部分，承载着提升劳动者就业竞争力、促进劳动力市场与个体发展需求有效对接的重要使命。在现代社会经济的快速变迁中，职业技能的迭代速度日益加快，新兴职业与岗位层出不穷，使这一功能的重要性越加凸显。它不仅是对市场变化的积极响应，更是劳动者实现自我价值、追求职业发展的必要途径。

技能培训的核心价值在于其针对性和时效性。它紧密围绕市场需求与劳动者个人成长的双重目标，设计并实施了一系列富有前瞻性和实用性的培训课程。这些课程不仅涵盖了传统技能的精进，更着重于新兴技术、管理理念及跨文化交流等软技能的培养，旨在全方位提升劳动者的综合素质与适应能力。通过理论讲授、案例分析、模拟演练及实战操作等多种教学模式的结合，技能培训为劳动者搭建了一个从知识学习到技能掌握，再到能力转化的完整成长链条。

实现技能培训功能的高效运作，离不开政府、企业与就业服务机构三方的紧密合作与协同努力。政府在政策制定与资源配置上扮演着引导者和支持者的角色，通过出台鼓励性政策、设立专项基金、优化培训资源分配等措施，为技能培训提供坚实的政策保障与物质基础。企业作为技能应用与人才需求的直接方，其积极参与至关重要。通过提供实习岗位、设立校企合作项目、参与课程开发等方式，企业能够将最新的行业知识与技能需求直接融入培训内容，促进培训与就业的无缝衔接。就业服务机构则是技能培训的具体执行者，负责培训计划的制订、课程的实施以及培训效果的评估与反馈，确保技能培训能够精准对接市场需求，实现培训成果的最大化转化。

（三）职业咨询功能

职业咨询功能作为就业服务体系中的一项核心服务，扮演着为劳动者提供职业发展咨询与职业规划的重要角色。在复杂多变的职业环境中，每个人在其职业生涯的旅途中都会遇到种种抉择与挑战，如何做出明智的职业决策，进而实现个人的职业发展目标，是每位劳动者都必须深思的问题。职业咨询功能正是为了协助劳动者解答这些疑惑，指引他们走向更加光明的职业未来而设立的。

职业咨询的核心价值在于，它能够为劳动者提供专业的、个性化的咨询服务。通过深入的交流与评估，职业咨询师能够帮助劳动者深入了解自己的职业兴趣、核心优势、潜在能力以及个人价值观，这些都是制定有效职业规划不可或缺的元素。基于这些深刻的理解，职业咨询师会进一步协助劳动者明确职业目标，无论是短期的技能提升还是长期的职业路径规划，都能得到详尽的梳理与规划。

职业咨询不仅停留在理论层面，它还为劳动者提供了一整套可操作的实施计划与行动指南。这些计划涵盖了技能提升、经验积累、人脉拓展等多个方面，旨在帮助劳动者逐步实现其职业发展目标。职业咨询师会根据劳动者的具体情况，为其量身定制一套既实际又可行的策略，确保劳动者每一步都走得稳健而有力。

实现职业咨询功能的高效运作，离不开专业的咨询师团队与完善的咨询体系。职业咨询师作为这一过程中的关键人物，需要具备丰富的职业经验、深厚的专业知识以及敏锐的洞察力，这样才能准确分析劳动者的职业现状与发展需求，给出既具前瞻性又切实可行的建议。同时，一个健全的职业咨询体系应当包含咨询前的全面评估、咨询过程中的细致指导以及咨询后的持续跟踪服务，这一系列环节共同构成了咨询服务的质量保证，确保每位劳动者都能从中受益，实现职业生涯的稳健发展。

（四）创业指导功能

创业指导功能是就业服务体系中的一项特殊服务。它为有创业意愿的劳动者提供创业指导和服务，包括创业项目评估、创业资金筹措、创业政策咨询等。

创业是一项充满挑战和机遇的事业。对于有志于创业的劳动者来说，他们需要了解市场的需求和趋势，掌握创业的基本知识和技能，同时需要面对资金、政策等多方面的挑战。而创业指导功能正是为了帮助这些劳动者解决这些问题而存在的。它通过提供专业的指导和服务，帮助劳动者评估自己的创业项目和市场前景，制订切实可行的创业计划。同时，它还为劳动者提供资金筹措和政策咨询等方面的帮助，降低他们的创业风险和成本。

创业指导功能的实现需要政府、企业与就业服务机构的支持和配合。政府需要制定相关的创业政策和规划，为创业者提供资金和资源支持；企业需要积极参与，与创业者合作或投资他们的项目；而就业服务机构则需要负责具体的创业指导和培训工作，帮助创业者提升他们的创业能力和成功率。

（五）权益保护功能

权益保护功能是就业服务体系中的一项至关重要的保障，它如同一位守护者，时刻维护着劳动者的合法权益。在复杂的劳动关系生态系统中，劳动者和用人单位之间的权益平衡是维系和谐稳定的关键。然而，在实际工作中，劳动者的权益却常常面临各种挑战和侵犯，这时，权益保护功能的存在就显得尤为重要。

权益保护功能的核心任务在于为劳动者提供全面的法律法规咨询和纠纷处理服务。对于许多劳动者而言，劳动法律法规可能是一个相对陌生且复杂的领域，他们往往不清楚自己的权益和义务，更不知道如何在权益受到侵犯时进行有效维权。而权益保护功能正是通过专业的咨询和指导，帮助劳动者了解自己的权益，明确自己的法律地位，从而在劳动关系中更加自信和从容。同时，权益保护功能还承担着处理劳动纠纷的重要职责。在劳动关系中，纠纷和冲突是难以避免的，而如何公正、高效地处理这些纠纷，是维护劳动关系和谐稳定的关键。权益保护功能通过提供纠纷调解、仲裁和诉讼等多元化的纠纷处理服务，帮助劳动者和用人单位化解矛盾，并维护双方的合法权益。

当然，权益保护功能的实现离不开完善的法律法规体系和执法机制的支持。政府作为法律法规的制定者和执行者，在权益保护中扮演着至关重要的角色。政府需要不断制定和完善相关的劳动法律法规，为劳动者的权益保护提供坚实的法律基础。同时，政府还需要加大执法力度，确保法律法规得到有效的执行，对侵犯劳动者权益的行为进行严厉打击。除了政府的支持外，就业服务机构也需要加强自身的建设和能力建设。作为权益保护功能的具体执行者，就业服务机构需要不断提升自己咨询和处理纠纷的能力和水平。这包括加强工作人员的专业培训，提高他们的法律素养和纠纷处理能力；完善服务流程和机制，确保劳动者能够方便快捷地获得帮助和支持；加强与政府、法院等相关部门的沟通和协作，形成合力，共同维护劳动者的权益。

第三节　就业服务体系对大学生创新创业的影响

大学生作为社会的新生代力量，其创新创业活动尤为受到关注。而就业服务体系在这一过程中发挥着至关重要的作用，它不仅为大学生提供了必要的支持和帮助，还为他们创造了良好的创新创业环境。具体如下：

一、提升创新创业意识

在当今社会，创新创业已成为推动经济发展、促进社会进步的重要力量。对于大学生而言，培养创新创业意识不仅关乎个人职业发展，更是实现自我价值、服务社会的关键。就业服务体系作为连接学生与社会的桥梁，通过举办各类创新创业讲座、创业大赛等活动，有效地激发了大学生的创新创业意识，为他们提供了展示自我、实现梦想的舞台。这些活动之所以能够有效地激发大学生的创新创业意识，原因在于它们不仅让大学生了解到创新创业的重要性和意义，还通过具体案例和实践环节，引导他们关注社会需求和市场需求。在产业讲座中，成功的创业者分享他们的经验和故事，用鲜活的案例诠释创新创业的魅力和可能性。这些分享往往充满励志元素，让大学生感受到只要敢于尝试、勇于创新，就有可能创造出属于自己的辉煌。

通过参与创业大赛，大学生能够亲身体验到创新创业的全过程。从市场调研、产品设计到营销推广等各个环节，他们都需要亲自参与、亲手实践。

这种全方位的体验不仅提升了他们的实践能力，还锻炼了他们的团队协作能力。在创业大赛中，大学生需要学会如何与他人有效沟通、如何分工合作、如何共同解决问题，这些都是他们未来创新创业过程中必不可少的技能。

就业服务体系通过这些活动，引导大学生将个人的兴趣爱好与社会的实际需求相结合。这种结合不仅有助于增强大学生的社会责任感，还能使他们的创新创业活动更加具有针对性和时效性。当大学生意识到自己的创新创业项目能够解决社会问题、满足市场需求时，他们的创新创业动力将会更加充足，也更有可能创造出具有社会价值和市场潜力的项目。

二、提供创新创业技能培训

在创新创业的征途中，大学生往往面临着诸多挑战，其中技能短板是尤为突出的问题。为了帮助他们更好地应对这些挑战，就业服务体系精心构建了一套全面的技能培训体系，旨在通过系统化的培训，全面提升大学生的创新创业能力。具体内容如下：

第一，商业计划书。商业计划书作为创新创业项目的“门面”，其重要性不言而喻。它不仅是项目团队对项目深入理解和全面规划的集中体现，更是吸引投资者、获取资金支持的关键。因此，就业服务体系将商业计划书撰写的培训作为重中之重。通过一系列精心设计的课程，讲解商业计划书的撰写方法和技巧，引导大学生如何突出项目的创新点、市场潜力以及盈利模式，使他们的商业计划书更加具有吸引力和说服力。这样的培训，不仅提升了大学生对项目的规划能力，也增强了他们与投资者沟通的能力。

第二，市场营销。在竞争激烈的市场环境中，如何让自己的项目脱颖而出，成为消费者的首选，是每一个创业者都需要思考的问题。就业服务体系通过市场营销的培训课程，向大学生传授市场营销的基本策略和实用技巧。从市场调研、目标客户定位到品牌推广、销售渠道选择，针对每一个环节都进行深入浅出的讲解。同时，结合实际的案例分析，让大学生在学习理论知识的同时，也能汲取到成功的市场营销经验。

第三，财务管理。对于大学生来说，如何合理规划和使用资金，确保项目的稳健运营和持续发展，是一个不小的挑战。就业服务体系通过财务管理的培训课程，帮助大学生掌握财务管理的核心知识和基本技能。从财务报表的编制、成本控制到资金筹集、风险管理，每一个方面都进行详细的讲解和实操演练。通过这样的培训，大学生能够更加自信地面对创新创业过程中出现的财务问题，做出更加明智的决策。

三、搭建创新创业平台

为了将大学生的创新创业想法转化为实际行动，就业服务体系积极搭建创新创业平台，其中创新创业实践基地和创业孵化器是两大核心组成部分。这些平台不仅为大学生提供了必要的硬件设施和资源支持，更为他们创造了与创业导师、投资人等深入交流的机会，助力他们在创新创业的道路上迈出坚实的一步。

第一，创新创业实践基地。创新创业实践基地是大学生将理论知识与实践操作相结合的重要场所。在这里，他们可以进行市场调研，了解目标市场的需求与竞争态势；他们可以进行产品开发，将创意转化为实际的产品或服务；他们还可以进行营销推广，学习如何将自己的品牌或产品推向市场。这一系列的活动，让大学生在实践中不断积累经验，提升创新创业的能力。

第二，创业孵化器。创业孵化器则为大学生提供了更加全面、深入的创新创业支持。在孵化器中，大学生可以得到专业的创业导师的指导，学习如何制订商业计划、如何管理团队、如何筹集资金等。此外，孵化器还为大学生提供了与投资人接触的机会，让他们有机会展示自己的项目，争取到资金的支持。这种与投资人面对面的交流，不仅让大学生更加了解市场的需求和投资者的关注点，也为他们提供了拓展项目影响力和融资渠道的重要途径。

除了硬件设施和资源支持外，创新创业平台和创业孵化器还注重打造一个开放、共享的创新创业生态。在这里，大学生可以与来自不同专业、不同背景的创业者交流经验、分享资源，形成创新创业的合力。这种跨界的交流与合作，不仅拓宽了大学生的视野和思维方式，也为他们提供了更多的创新创业灵感和可能性。

四、提供创新创业资金支持

对于大多数尚处在校园或初涉商海的大学生而言，资金短缺往往成为他们追梦路上的绊脚石。为了破解这一难题，就业服务体系要积极行动起来，通过与政府、社会资本等多方合作，为大学生的创新创业项目搭建起一座资金支持的桥梁，开辟出多条融资渠道。

与政府的合作是就业服务体系给大学生创业提供资金支持的重要途径。政府为了鼓励大学生创新创业，往往会出台一系列优惠政策，包括资金补贴、税收减免、贷款贴息等。就业服务体系作为连接政府与大学生之间的纽带，积极宣传并解读这些政策，帮助大学生了解并申请到相关的资金支持。这样一来，大学生的创业成本和风险得到了有效降低，他们就能够更加专注于项目的研发和市场推广，而不必过多地为资金问题分心。

除了政府资金外，社会资本也是大学生就业服务体系重点开拓的资金来源。通过与风险投资机构、天使投资人等社会资本的紧密合作，就业服务体系为大学生的创新创业项目提供了更多的融资机会。这些社会资本不仅为大学生提供资金支持，还可能带来行业资源、管理经验等方面的帮助，助力项目快速成长。对于大学生而言，这无疑是一个难得的学习和实践机会，他们可以在与社会资本的互动中，学习到更多关于项目运营、资本运作等方面的知识。

就业服务体系在提供资金支持的同时，也注重培养大学生的融资意识和能力。他们通过举办融资讲座、创业沙龙等活动，向大学生普及融资知识，教授他们如何撰写商业计划书、如何与投资人沟通等实用技能。这些培训不仅提升了大学生的融资能力，也增强了他们的自信心和谈判技巧，使他们在面对投资人时能够更加从容不迫。

五、促进创新创业文化氛围的形成

对于大学生而言，创新创业不仅是一条实现自我价值的道路，更是一种时代精神的体现。因此，就业服务体系在促进创新创业方面发挥着举足轻重的作用，其中，营造积极的创新创业文化氛围是尤为关键的一环。

就业服务体系通过多渠道、多形式地宣传创新创业的成功案例，让大学生们亲眼目睹创新创业所带来的实际成果和无限可能性。这些成功案例如同明灯，照亮了大学生们前行的道路，让他们相信，通过创新创业，自己也能够创造出属于自己的辉煌。这些案例不仅为他们提供了宝贵的经验和启示，更在无形中激发了大学生们的创业梦想和动力，让他们敢于追梦、勇于尝试。

除了宣传成功案例外，就业服务体系还积极举办各类创新创业论坛等活动，为大学生们搭建一个交流与学习的平台。在这些活动中，大学生们可以结识来自不同专业、不同背景的同行和专家，共同探讨创新创业的热点问题、分享宝贵的经验和教训。这种跨界的交流与合作，不仅拓宽了大学生们的视野和思维方式，还让他们在碰撞与融合中不断提升自己的创新创业能力。这种积极的创新创业文化氛围还能够在校园内形成一种良好的风气。当大学生们看到身边越来越多的人投身于创新创业活动中，并取得了一定的成果时，他们也会被这种氛围所感染，进而更加积极地参与到创新创业中来。这种氛围的形成，不仅有助于激发大学生的创新创业热情，还能够鼓励更多的人勇敢地走出舒适状态，去尝试、去探索、去创造属于自己的未来。

此外，就业服务体系在营造创新创业文化氛围的过程中，还注重培养大学生们的创新意识和创业精神。他们通过举办各类创新创业培训、讲座等活动，让大学生们了解创新创业的基本知识和方法，培养他们的创新意识和创业思维。同时，他们还鼓励大学生们积极参加各类创新创业实践活动，如创业计划大赛、创业模拟实训等，让他们在实践中不断锻炼自己的创新创业能力。

第五章　大学生就业服务体系的关键要素

第一节　大学生职业生涯规划与就业准备

一、大学生职业生涯规划

“随着社会经济的快速发展和就业市场的竞争加剧，大学生的职业生涯规划变得越发重要，传统的职业规划方式已经无法满足现代社会对人才的需求。”①

（一）大学生职业生涯规划的制定原则

1. 主体性原则

职业生涯规划的主体性原则凸显了大学生在职业生涯规划中的主导作用，通过个体努力和主动性，实现对自己职业发展的主导权，这一原则强调学生在职业规划过程中的主体性地位，即以学生为主导，以学生自身的决策为主导，力求在职业生涯规划中找到最符合自身发展需求的职业，实现个体与工作岗位的最佳匹配，最终实现个体价值的最大化。

主体性原则要求大学生在职业生涯规划中积极参与，真正实现“我的职业未来我做主”的理念。在参与企业的职业发展活动中，大学生应将个人的职业发展与本职工作紧密结合，将职业发展活动与社会、企业的各种需求有机结合起来。只有在个人自觉、主动参与的情况下，大学生才能充分展现自己的价值，这表现为大学生在职业生涯规划中能够全面了解自身的价值取向、能力特长、人格特征，以及企业单位的文化特征和发展机会等方面，进而在此基础上进行资源整合，主动选择适合自己需求和偏好的职业岗位，有序实现对个人职业生涯的管理，以适应社会发展的趋势。

大学生的职业生涯规划必须在自觉、主动参与的前提下才能真正体现其

① 梁明子．基于服务视角下大学生职业生涯规划发展探微［J］．中国就业，2024（2）：64.

价值。通过主体性原则，大学生能够在职业生涯规划中充分发挥自己的主导作用，不仅能了解自身，还能主动适应并塑造职业发展的方向，最终实现个体价值的最大化，这种自觉、主动的参与是职业生涯成功规划的关键所在，也是大学生在职业发展道路上实现自身价值不可或缺的一环。

2. 动态性原则

动态性原则强调任何一个系统都处于不断发展变化之中，这种变化是由各组成要素及它们之间的相互作用引起的。在职业生涯规划中，动态性原则揭示了规划的时限性和连续性，即职业生涯规划应将个体自身作为发展的对象，其发展过程与职业生涯的演进相互关联。

在实施职业目标规划时，大学生应当认识到职业生涯是一个动态过程，需要根据主观条件和客观条件的不断变化进行灵活调整和修正。职业生涯规划是一个不断探索和适应的动态过程，在规划方向已确定的情况下，大学生需要敏锐地感知内外部因素的变化，随时调整职业目标的实施策略。职业生涯发展受到内外多方面因素的影响，因此，动态性原则要求大学生能够实时监控职业生涯的发展动向，并灵活地调节规划，以确保职业生涯目标的实现与职业活动效果的最优化。

在大学生的整个职业生涯中，动态性贯穿始终。大学生只有深刻理解和把握动态性原则，才能更好地应对职业生涯中出现的各种变化，完成职业目标的任务，其中包括对自身职业目标的不断调整与修正，以适应职场的变化和个体发展的需求。动态性原则的运用，使大学生在职业生涯规划中能够灵活应对挑战，持续发展并实现个体职业目标，这种积极主动的态度对于适应职业生涯的动态性，确保个体在职业生涯中取得可持续性的成功至关重要。

3. 系统性原则

系统性原则是指在职业生涯规划中，必须遵循一定的体系和认识规律，以确保规划的全面性和协调性。职业生涯规划的各要素是相互密切关联、不可分割的，需要在整体性的视角下进行考虑和安排。系统性原则认为，一个系统的整体功能常常大于各个要素的功能之和，因此在规划中应注重整体效益的最大化。

大学生职业生涯规划是一个多元化目标有机结合的系统，体现了复杂的目标体系，这意味着在规划过程中，需要清晰而明确地设定职业生涯目标，这有助于提高个人职业能力。在不同阶段，职业生涯规划有着不同的发展任务，因此需要在整体性的框架下有针对性地进行规划，以促进大学生在职业、个人、家庭等方面的共同发展。职业生涯是一个全过程、全方位的综合发展过程，因此对阶段目标的评价应融入个人整个职业生涯的发展过程中，这种综合性的观察和评估有助于推动大学生在职业生涯、个人发展、家庭之间的协同发展。只有通过整体性的规划，职业生涯的条理才能更加清晰，层次分明，突出最基本、最关键的要素。

系统性原则要求职业生涯的目标和措施具有一定的弹性和缓冲性，能够根据环境的变化进行调整。同时，主要目标与分目标、个人目标与组织发展目标要相一致，形成整体与个体的双赢局面。在规划中，除了考虑个人的发展外，还需兼顾社会的发展，以实现共同进步。此外，职业生涯规划应具备远见，不仅要规划好当前的发展，还要对未来进行充分筹划，以确保职业生涯的可持续性发展。

4. 创新性原则

创新性原则强调主体应具备创造新颖且实用的产品或服务的能力。在职业生涯发展过程中，创新性原则要求个体不断进行创新，拓展新的思维方式，运用新的方法，发现新的问题，并制定新的目标。职业生涯规划不是一成不变的固定模式，也不存在一种适用于所有人的现成模板。相反，它应该在分析其他成功人士职业生涯发展历程的基础上，制定出符合个体情况的独特职业生涯规划。在制定职业目标和实施策略时，创新性原则要求个体设定具有一定挑战性的目标，以激发自身的创新动力和创新精神，但这并不意味着要将职业目标定得很高，以免变得不切实际，所选择的目标应该对个体产生内在的激励作用，激发其积极性和创造力。

大学生职业生涯规划的创新性体现在其职业活动中展现出的创新精神和创新思维。大学生应以创新的实践来推动职业生涯的发展，从而表现出具有创新人格的特质。由于发展是一个不断变化的过程，形势随时可能发生变化，认知水平也将持续提高。因此，大学生在职业生涯发展过程中要自觉提升专业水平和业务能力，保持职业活动的创新性。坚持创新性原则意味着在规划中要持有新的认识，不断地从认识中获取新的方案，以适应职业生涯中的变化和挑战，这种创新性的思维和实践是大学生职业生涯规划成功的重要保障，使其能够灵活应对未来的职业发展需求。

5. 前瞻性原则

职业生涯规划的前瞻性原则强调职业生涯规划的目标必须具有对未来深

思熟虑的前瞻性，需要职业者在面对未知的情景时能够有远见，更有效、更主动地解决职业生涯发展中可能遇到的各种困难。职业生涯规划的前瞻性不仅是对当前职业生涯的计划，更是需要超越当前情境和条件的限制，不被某些瞬时现象所迷惑，更不能因为眼前的利益而放弃长远的职业理想。

前瞻性原则要求职业者在确定职业规划目标时要考虑到目标是否具有挑战性，是否能够适应环境变化的要求并随环境的变化进行动态调整，以及目标是否能够对个体产生内在的激励作用等方面，这意味着职业生涯规划不能仅停留在眼前的需求和利益上，而应该着眼于未来的发展趋势，对自身职业目标进行全面深入的思考和规划。

在大学生进行职业生涯规划时，需要将眼光放得更远，将规划视为一种自我激励的手段。大学生应该立足于发掘个人潜能，保持对社会发展变化趋势的敏感度，以积极的姿态和坚定的信心应对未来的挑战；同时，紧密关注社会对人才的需求，将社会需求作为规划的起点和终点，以社会对个体的要求为准绳。在规划中，既要看到眼前的利益，又要兼顾考虑职业生涯的长远发展，以确保个人的职业生涯目标能够与社会的发展趋势紧密契合，为未来的成功打下坚实的基础，这种对未来的深思熟虑和前瞻性的规划，是大学生职业生涯成功的关键要素之一。

（二）大学生职业生涯规划的制定步骤

1. 自我评价

自我评价就是进行自我认知、自我探索和自我剖析，即了解自我，清楚自己的个性、兴趣、职业价值观等情况；分析外部环境，认识周围的大环境和小环境，了解自己所处的行业环境及社会环境的变化趋势等。有效的职业生涯规划是在正确评价自己的基础上进行的，要审视自己、认识自己、了解自己，做好自我评估；弄清自己想干什么、能干什么、应该干什么、在多种职业面前会选择什么，还要找出自己的一些弱点。

（1）自我评估。自我评估的方法有两种，即自我测试和计算机测试。

第一，自我测试。自我测试主要通过回答一些相关的问题来认识自己。这些问题一般是由心理学家或专业人士通过精心策划而设计的。大学生在回答问题时要以客观、冷静的态度对待。通过对这些问题的回答，能够反映出个体的特性。

典型的问题包括：①我是谁？（在面对问题时应尽可能多地找出各种答

案，你将会清楚你要承担的责任、角色和具有的性格，然后，按照答案内容的重要性依次排序列成表格，进行分析。）②我在哪里？（主要分析自己在职业生涯过程中所处的当前位置，要求记下生命中的一些重大事件，以及自己很想做的一些事情，确定目前自己在一生中所处的位置。）③我将是什么样子？（仔细考虑，自己希望未来是一个什么样子。）④在人生暮年时，我将完成哪些事？有哪些成就？我的理想工作是什么？⑤我需要从工作中得到什么东西？⑥我在职业生涯和日常生活中，哪些做得好？哪些做得不好？还需要学习什么，积累什么经验？自己拥有什么资源和优势？⑦从现在开始，自己应该停止什么？着手干什么？⑧职业生涯的长期目标是什么？

第二，计算机测试。计算机测试是一种运用现代化软件的测试手段。大学生可以使用科学的测评技术，得出较为客观的自我评价，能够帮助自己进行自我剖析，了解个人的特质，发现自己的职业兴趣、性格属性和能力水平。目前，测试软件有很多，常用的有霍兰德职业倾向测试、卡特尔人格测试等，这些测试能够帮助大学生获得关于自己的更加详尽的参考信息，有利于大学生对自身做出较为全面的评价。如果能够对多种测评技术加以综合利用，测评结果将会更加准确和有效。

（2）他人评价。除了自我评估外，借助教师、同学、父母和好友的观察和意见，也是一种非常有效的方式，有助于更全面地了解自己的性格和能力。因为自我评价可能存在主观性和盲点，而“旁观者清”，他人的观察和建议可以为大学生提供客观的视角，帮助他们进行准确的自我定位。

他人评价的重要性体现在其能够揭示自我评价中的不足之处。大学生在职业生涯规划中，通过他人的观察和分析，可以发现自己可能忽视或未能正确识别的性格特点和潜在能力，这种外部的反馈有助于弥补自我认知的不足，让大学生更清晰地认识到自身的优势和劣势，为制定更科学的职业生涯规划提供参考。

他人的评价为大学生提供了宝贵的改善意见和激励。通过他人的反馈，大学生能够了解到他们在学业、社交、领导力等方面的表现，从而获得有针对性的改进建议。同时，积极的他人评价也能激发大学生的信心和动力，使他们更有决心去追求自己的职业目标，这种外部的激励有助于大学生在职业生涯规划中更加积极主动地面对挑战，不断提升自己的综合素质。

接受他人评价并将其融入自我认知过程是大学生职业生涯规划中的关键一环，这个过程是动态的，不仅包括“外部评价作用—自我调控—外因内化”

的过程，更是一个积极向上的评价过程。大学生通过接受他人的意见，进行反思和调整，最终能够实现自我认知的提升和个人发展的飞跃，这种与他人互动的评价过程，不仅有助于大学生更全面地认识自己，也为其在职业生涯中不断成长和进步提供了坚实的基础。通过他人的参与，大学生能够更好地应对职业生涯的变化和挑战，实现自身潜力的最大发挥。

大学生可以通过自我评估和他人评价来正确地评价自己。一般情况下，自我评价高的个体，他们的自尊心和自我效能都非常高。他们对自己的能力充满自信，有更高的积极性。自我评价是一个不断进行自我反思、自我教育和自我激发的过程。通过正确的自我评价，大学生能够认清自我，正确认识和把握自己今后发展的方向，增强其主人翁意识。

2. 职业目标

（1）职业目标的确定。在一个人的职业生涯中，职业目标的确定是事业成功的关键所在。正确而合适的职业目标能够为职业生涯规划奠定良好的基础。大学生在职业目标的确定过程中，需要考虑个人兴趣、现实性、前瞻性和目标的具体性，以构建一个有实现可能性的职业规划。

第一，结合自己的兴趣。兴趣是人们前进的主要动力，只有在内心深处对某项工作充满兴趣，才能真正投入并热爱这份事业。大学生在职业目标的设定中，应当以自己的兴趣为主导，因为兴趣能够引发并维持个体的积极行动，将其推向特定的目标。职业目标应当是大学生非常喜欢的，与个体兴趣高度契合的，而非盲目追随他人意愿，不要勉强追求与自己真实兴趣无关的领域。

第二，具备现实性和前瞻性。职业目标要建立在自我评价的基础上，大学生需要清晰了解自己的能力水平，分析自我并准确定位。在确定职业目标时，应当尊重自身的实际情况，符合自身的发展，切合实际。职业目标要立足于现实，具有可实现性，这需要大学生通过自我评价，了解自己的能力和优势，不仅尊重个体的实际情况，更要让目标可望又可即，通过不懈努力能够实现。对职业目标的确定不应回避个人的缺点和短处。大学生需要根据过往的个人经验推断未来可能存在的工作方向与机会，判断职业目标的合理性和成功率。职业目标的设定需要具备前瞻性，对未来的职业趋势和个人发展方向有深刻的洞察，这种前瞻性的思考可以使职业目标更具战略性，有助于应对未来职业领域的变化。

第三，职业目标应明确具体。职业目标需要明确定位于某个特定的职业，如某一行业公司的总经理。所确定的职业目标应当是社会中有人正在从事或做过的工作角色，而非虚构的理想状态。职业目标应该是在现有职业、行业或企业范围内，符合当前时代和社会已有的职业实际。明确具体的职业目标有助于激发内在的驱动力，体现个体的坚强意志，使其能够付诸行动，努力克服各种困难，推动职业目标的实现。

大学生在制定职业目标时，需要充分认识自己的优势和劣势，根据内外部因素综合考虑，并注重职业目标的灵活调整。一个明确、合理、具体的职业目标将为大学生的职业生涯规划提供明确的方向和有力的支持，帮助他们更好地应对未来职业挑战，取得更为可喜的职业成就。

（2）职业目标的分解。目标分解是指将整体目标有序地拆解成各个层次、各个阶段的具体任务，以建立一个有机、系统的目标体系。在职业生涯规划中，通过目标的逐步细化和分解，可以使看似遥远的职业愿景变得更加具体和具有可操作，这有助于激发个体的执行力和动力。

第一，短期目标。短期目标通常在步入学校的 1 ~ 3 年内实现，其主要特点是具有可操作性和明确的完成时间。通过将整体职业目标分解为短期目标，大学生能够更好地集中精力应对眼前的任务，确保在学术、技能等方面能够有所收获，这些短期目标以学期为单位，为实现更长远的中期目标和长期目标打下坚实基础，形成一个可持续推进的职业生涯发展路径。

第二，中期目标。中期目标是在大学生毕业后的 3 ~ 5 年实现的目标，相对于长期目标更为具体。中期目标的设定需要结合个体的志向和行业的发展趋势，如参加培训、提升技术水平、考取证书等，这些目标与长期目标保持一致，同时要对实现可能性进行评估，确保在相对短的时间内可以取得实质性进展。中期目标的设定不仅有助于逐步推动个体的职业发展，也为长期目标的实现提供了具体的支持。

第三，长期目标。长期目标是在大学生参加工作 5 年以上的目标，它为整个职业生涯设计了一个宏观的轮廓，虽然较为宽泛，但它是职业生涯规划的方向性目标。长期目标往往随着个体所处的企业内外部环境的变化而发生适度的调整。在制定长期目标时，个体应考虑个人的职业愿景、行业发展趋势以及自身的发展方向，确保长期目标能够与个体的理想和实际相符合。

分解后的目标应当符合长期目标，具有综合反映的功能，并具备强大的操作性，这对个体的成长具有重要意义。目标分解的关键在于有明确的层次结构，通过各个层次、各个阶段目标的实施与控制，保证长期目标的有效实现。目标分解使得看似遥不可及的长期目标成为一系列相对容易实现的短期目标和中期目标，促使个体更加有序地朝着职业生涯的总体目标努力奋斗。职业目标的分解不仅有助于目标的层层递进，还为个体提供了灵活调整的空间。随着个体所处环境和个人发展状况的变化，职业目标的调整是合理而必要的，这种动态的规划和实施过程，使个体能够更加灵活地适应职业领域的变化，从而更好地应对职业生涯中的各种挑战。

3. 职业选择

职业选择的标准不在于职业本身的好坏，而在于选择的职业是否适合自己。职业选择时应做到职业期望与职业相吻合、个人特质与职业相吻合，自身能力素质与职业需求相吻合。

（1）职业期望与职业相吻合。职业期望是大学生对于特定职业的渴求和向往，涵盖了对工作薪资、职业声望以及工作环境等方面的期望，这种期望是个体职业倾向性的具体表达，反映了个人职业价值观在外部的显现。在面临职业选择时，绝大多数大学生都渴望选择与个人职业倾向相符的工作。

每个人的职业期望都是独特的。一些大学生在职业选择中最看重的是那些稳定、高收入、声望较高的职位，而另一些大学生则追求技术型职位、独立自主型职位，渴望拥有更广阔的职业发展平台。职业期望与所从事职业的吻合程度直接反映了大学生的就业质量和职业匹配度。在选择职业时，大学生通常树立一定的职业期望，希望通过加入企业单位来满足个人物质和精神层面的多元需求。

为了确保个人的职业期望与所选择职业更好地吻合，大学生需要提前了解不同用人单位的用人标准，树立合理的职业期望。此外，他们还需在实现个人价值的同时，平衡好满足社会需求的考量。在必要时，调整个人的职业期望值，以实现个人意愿与社会需求的有机统一。实现职业期望与职业的匹配，不仅需要大学生具备良好的自我认知，还需要他们对用人市场有着深刻理解。这意味着要关注不同企业对人才的需求，了解市场趋势，并根据自身特长和兴趣，选择能够最好发挥个人潜力的职业方向。在这个过程中，灵活性和适应能力同样至关重要，因为职业环境和市场需求都可能随时发生变化。

（2）个人特质与职业相吻合。每个人都有自己独特的人格特征与能力特点，并且在社会中总存在着某种职业与其特质相对应。因此，人的个性特质与职业性质必定能够取得一致性。在实际工作中，最理想的职业选择应该是建立在个人特质与职业要素最匹配的基础上的。个体可以根据霍兰德的职业倾向测试和 MBTI 职业性格类型测试确定自己的特质，据此找到与个人特质相吻合的职业种类。

第一，霍兰德职业倾向测试。职业选择是个人人格在工作世界的表露和延伸，即人们在工作选择和经验中表达自己的个人兴趣和价值。“人格类型论”是人格与职业类型相匹配的理论。职业选择是个人人格的一种延伸，从事同一种职业的人有着相似的人格，所以他们对各种问题所作出的反应也大体相同，因此能够塑造出特有的人际环境。个人对职业的满意度、职业的稳定性与成就感都由个人的人格与职业特性之间的适配性决定。

大学生在选择职业时，要充分考虑到自身的特点，做出适合自己的职业领域选择。要选择职业，就要了解职业的工作内容、知识要求、技能要求、性格要求、工作环境等，还要了解自己的职业兴趣、能力和价值观等特质，这样才能做出科学的分析，找到与个人特质相匹配的职业。大学生可以通过霍兰德职业倾向测试来分析自己的职业兴趣，然后根据测试结果来确定自己的职业发展方向。

“人格类型论”认为，大多数人的人格分为六大类型，即社会型（S）、管理型（E）、艺术型（A）、常规型（C）、研究型（I）和现实型（R），如表5-1所示。[①] 不同的工作适合不同人格类型的人去做，只有认清自己的人格属性，才能确定自己适合做什么工作。

表 5-1 职业人格类型

类型名称	类型解释
社会型	为人热情，偏好与人交流沟通，人际关系好，乐于助人，喜欢参与解决大家共同关心的社会问题，渴望发挥自己的社会作用，比较看重社会义务和社会道德
管理型	乐观主动，激情外露，好发表意见，有管理才能
艺术型	主观感性，思维跳跃，创造力丰富，感情丰富
常规型	符合常规，内敛稳健，忠实可靠，情绪稳定，缺乏创造力，遵守秩序
研究型	擅长符号与智慧，思维缜密，善于分析，喜欢创新
现实型	讲究务实、规范操作，做事踏实，为人安分，不善于社交

① 许勤，周焕月．大学生职业生涯规划与发展［M］．西安：西安交通大学出版社，2016：154-156.

社会的职业可以归为 6 种类型，相应地会有 6 种不同类型的人去从事这些职业。职业者如果选择的职业环境与职业兴趣相一致，他就能在工作的过程中表现出最佳状态，其才能与积极性才会得到高水平的发挥。大多数人实际上都并非只有一种职业性向，如果他具有的两种职业性向是相互联系的，那么他将会很容易选定这种职业；如果他的职业性向是相互对立的，这时多种兴趣将会驱使他在多种不同的职业之间进行选择，就会导致他在进行职业选择时犹豫不定。大学生在做职业生涯规划时，应对自己的兴趣做客观分析，尽量做到职业生涯规划与自身的兴趣爱好相结合，做到理性择业，寻求职业与个体的理想契合点。

第二，MBTI 职业性格类型测试。MBTI（人格类型量表）是由美国心理学家凯恩琳·布里格斯和她的女儿心理学家伊莎贝尔·布里格斯·迈尔斯，基于瑞士著名心理学家荣格的心理类型理论以及她们对性格差异的长期观察和研究而形成的。该量表旨在衡量人们在信息收集、决策制定以及日常生活等方面的性格类型，被认为是目前全球最著名和权威的性格测试理论。

每个人的性格特点对其事业的成功与否都有着深远的影响。选择与自己性格类型相匹配的职业，工作中就会得心应手；相反，若选择与自己性格不符的职业，则可能感到力不从心。人的性格可分为内倾型、外倾型和混合型三种。内倾型的人更适合从事内容固定且不需要与人过多交往的职业；而外倾型的人则更适合从事需要广泛社交机会，能充分发挥社会交往能力的职业。

MBTI 将人的性格分为四个维度，每个维度中包含两个相互对立的极。这些维度相对独立，各维度中的两个极总是呈现出相反的特征。MBTI 职业性格类型测试的具体内容如表 5-2 所示。

表 5-2　MBTI 职业性格类型

维度	相互对立的极	描述
注意力集中之处	外向（E）	注重外在世界，因注意外在事情而获得动力
	内向（I）	注重内心世界，因反省、感觉和意念而获得动力
获取信息的方式	感觉（S）	使用五官收集资料，强调事实，注重实际和具体观点
	直觉（N）	注重事物的可能性与关联性，看重事物的发展趋势

续表

维度	相互对立的极	描述
决策的方式	思考（T）	根据客观事实，倚重分析来做决定，注重公平原则
	情绪（F）	做决定时，从个人观点出发，重视个人价值、喜好和原则
对待外界和处世的方式	判断（J）	喜欢有条理的生活，实践计划时以目标为本
	知觉（P）	不介意突发事情，喜欢弹性生活，注重过程而非目标

这些维度和极的组合形成了 16 种不同的人格类型，每一种类型都在不同方面展现出独有的特征。MBTI 通过深入剖析个体的性格差异，为人们提供了更全面、深入的自我认知，帮助他们更好地理解自己，选择更符合自己个性的职业和生活方式。因此，MBTI 不仅是一种心理测试工具，更是一种指导个体发展、提升自我认知的有效手段。

（3）自身能力素质与职业需求相吻合。个体的能力素质是在工作中直接显现、与工作表现密切相关的相对稳定的个人特征，是在工作岗位上展现出的具体本领。每种职业都要求个体具备一定的能力要求，因为不同的职业拥有各自独特的工作性质和任务。因此，在选择职业时，个体应当充分考虑自身的能力特长，确保所选择的行业和岗位与个人的能力相互匹配，这一点是至关重要的，因为大学生的能力特长对于职业选择具有筛选和保障作用，是事业成功的重要保证。因此，正确的职业选择应当基于大学生的优势和特长，以确保在所从事的职业中能够充分发挥个人的潜力。

能力素质可被理解为个体在职业活动中的潜在被雇用能力，是从业者在职业发展过程中所需的多种能力的综合体现，包括在职业方面的知识和技能，以及在劳动力市场上所具备的价值。因此，大学生在开展职业生涯时，不仅需要具备专业领域的知识和技能，还需要具备一系列基本的职业素质，以使自己在竞争激烈的职场中更具优势。

个人的能力素质主要分为三个方面：①基本能力，包括沟通、信息交流、数学推理、思考和解决问题等，这些基本能力是职业活动中不可或缺的，对于有效地履行工作职责至关重要；②个人管理技能，包括积极的态度和行为、责任心、适应能力、持续学习以及安全工作等，这些管理技能直接影响个体在工作中的表现和职业发展；③团队技能，包括与他人协作、项目管理、执行任务等。在现代职业环境中，团队合作已经成为重要的职业素质，能够更好地适应团队工作的要求。

不同的职业对于这些职业素质有不同的侧重点，因此大学生在职业规划中应当有针对性地培养和提升这些素质。在不同的工作环境中，大学生需要具备相应的能力素质，以更好地应对职业发展中的各种挑战。大学生应当在职业选择中认真思考自身的能力素质，确保所选职业与自身的实际能力相匹配，从而为事业的成功奠定坚实基础。

（三）大学生职业生涯发展决策

1. 大学生职业发展决策的意义

（1）大学生职业发展决策的意义在于为大学生的未来奠定基础。在大学时期，学生们接触到广泛的学科和领域，他们通过自己的学习和实践经验来确定自己的职业兴趣和天赋。通过这一过程，学生们能够发掘自己的性格特点和职业优势，并选择通往未来职业成功的道路。

（2）帮助学生了解自己所选择的专业及其未来发展趋势。通过选择正确的专业，学生可以了解自己所感兴趣的领域和专业的未来职业发展前景。学生可以通过了解这些趋势来规划自己的职业生涯，从而更好地掌握未来出现的机会。

（3）有助于学生形成正确的价值观和职业道德观。职业发展除了是为了获取金钱或者某种社会地位外，更多的是为了实现个人的职业和生活目标。因此，在选择职业生涯时，学生要对自己的价值观和个人追求进行评估和探讨。正确的职业发展决策可以帮助学生形成健康的职业道德观和正确的职业价值观，从而增强他们获取职业满足感和成就感的机会。

（4）帮助学生适应市场和社会的需求。随着全球化和经济技术的迅猛发展，市场对于职业能力和个人素质的要求越来越高。通过职业发展决策，学生可以选择适合市场和社会需求的专业或领域，从而在未来职业领域发展得更加稳定和成功。

2. 大学生职业发展决策的原则

（1）社会需求原则。大学生在进行职业发展决策时，必须将个人兴趣与社会需求有机结合，以社会需求为出发点进行决策，确保所选择的职业路径具备可行性和发展性，这一原则被视为职业决策的基础，是确保个体职业生涯与社会脉搏保持同步的关键。在当代社会，经济、科技、文化等各个领域都在不断发展和变革。因此，大学生在做出职业决策时应当充分考虑社会需求的变化。一些传统行业逐渐受到信息化产品的冲击，这就需要大学生在决策时认真考虑社会对不同行业的需求趋势。随着科技的不断进步，一些新兴行业可能会更符合社会的需求，而一些传统行业可能需要重新定位或转型。

以社会需求为出发点进行职业决策，意味着要对当前社会的行业趋势、发展前景以及就业市场的需求进行深入了解，了解社会对于各类专业和技能的需求，有助于大学生更好地选择适应社会发展的职业方向。这种决策方式不仅有助于个体职业生涯的成功，也能更好地满足社会对各行业人才的需求。在实际职业发展中，将社会需求纳入决策考虑，也有助于避免过度竞争和就业困境。选择与社会需求相契合的职业方向，意味着在就业市场上有更广阔的机会，更容易找到稳定的职业岗位。这样的决策不仅为个体带来了更好的职业前景，也有助于社会资源的合理配置，推动社会的持续发展。

（2）能力胜任原则。在职业发展决策过程中不仅要找到感兴趣的工作，更要找到擅长的工作。从事任何职业都要具备对应的职业技能，以便满足职业岗位的需要，同时会让人有成就感。所以大学生在做职业发展决策时，要对自己已经具备或即将具备的能力有所了解，根据自己的能力来判断是否能够胜任这个职业，即使有的能力欠缺，也可以通过努力去提升。

（3）兴趣发展原则。兴趣被认为是最好的老师，因为在兴趣的驱动下，个体更容易将工作转化为动力，并在事业发展中保持持久的激情。在职业发展决策中，将兴趣发展原则纳入考虑，有助于获得工作的愉悦感和事业的长期成就感。

第一，兴趣发展原则强调了选择符合个体喜好的职业方向。大学生在职业决策中，如果能够选择与自己兴趣相契合的职业方向，将更容易在工作中找到乐趣，愿意付出更多的努力。兴趣作为一种内在的驱动力，有助于激发个体的创造力和积极性，从而更好地适应职业发展的挑战。

第二，兴趣发展原则并非要求所有决策都与个体的兴趣直接相关。有时候，大学生可能并不对所学专业或从事的工作产生浓厚的兴趣，但如果计划将其作为职业，就需要主动去培养和发展职业兴趣，这意味着个体应该在工作中主动寻找并体验乐趣，通过积极的态度去培养与工作相关的兴趣爱好，逐渐形成对职业的深层兴趣。在职业发展决策中，个体不仅要关注自己喜欢的职业方向，更要注重在学习和工作中主动培养职业兴趣。这可以通过主动参与相关实践活动、深入了解行业动态、与职业人士交流等方式来实现。兴趣发展原则强调了个体在职业决策过程中不仅要满足自身的喜好，还要通过积极的努力去打磨和培养职业兴趣，使其与所选择的职业方向更加契合。

（4）利益整合原则。大学生进行职业发展决策的目的是要找到发展方向作为生活的依靠，满足自己物质和精神方面的需求，获得幸福感。所以，职业回报、行业发展状况、生涯路径会使大学生在职业生涯规划的全周期中实现收益的最大化。在进行生涯决策时，要考虑各方面利益的整合，如能否满足个人的物质需求和精神需求、职业发展的前景如何、社会地位怎么样、个人的成就感如何、个人要付出的努力和代价是什么，以此来保障自己的利益最大化。

3. 大学生职业发展决策的类型

在职业发展决策的过程中，决策者的决策类型对职业决策的结果会产生显著影响。不同的决策类型将导致不同的决策结果。职业发展决策是指在考虑各种条件的基础上，通过一系列的活动做出目标决定，并制定最优个人行动方案以实现职业目标。常见的职业发展决策类型主要有以下三种：

（1）确定无疑的决策，即所有的选择和结果都非常清晰、明确，在这种情况下，决策者对每个选择的后果要有充分的了解，决策过程相对简单明了。这种类型的决策适用于那些职业发展路径较为明确，后续步骤较为明晰的情境。

（2）有一定风险的决策，即每种选择的结果并不能完全确定，但可以在一定程度上了解可能会有什么样的结果，这是生活中较为常见的决策类型，决策者能够获取一定的信息，对不同选择的风险和潜在结果有一定了解，但无法确切预测。在职业发展中，这种类型的决策更为常见，因为职业发展过程中会受到外部环境、市场变化等因素的影响，使得未来的结果不确定性较大。

（3）不确定的决策，即对于有哪些选择、各种选择会产生什么结果，几乎完全不清楚，这是一种较为复杂和风险较大的决策类型，决策者在面临多种选择时难以获取充分信息，对各种选择的后果了解甚少。在职业发展中，这种情况可能出现在新兴领域或快速变化的行业中，决策者需要面对未知的挑战和变数。

在生活中，大多数决策往往属于第二种类型，即有一定风险的决策。这意味着决策者需要在不完全确定的情况下做出决策，通过收集信息和做出一定的预测来降低决策的风险。当面临不确定的决策时，决策者可以通过积极收集信息的方式，将其转变为有一定风险的决策，从而更好地应对职业发展中的不确定性。

4. 大学生职业发展决策的方法

（1）SWOT 分析法。SWOT 分析法主要用于企业中长期发展策略的制定。近年来，SWOT 分析法在职业发展决策、管理、营销等领域得到广泛应用。对于大学生而言，SWOT 分析法被用于全面、系统、准确地研究其所处的情景，以便制定相应的规划、战略和对策，这一方法成为职业发展决策的有力工具，通过 SWOT 分析，大学生能够清晰地了解个人的优势和劣势，并评估不同职业道路的机会和威胁。

SWOT 分析法中，S 代表个体的优势（Strengths），W 代表劣势（Weaknesses），O 代表机会（Opportunities），T 代表威胁（Threats）。其中，优势和劣势属于内部因素，而机会和威胁则属于外部因素。因此，SWOT 分析法可分为两个部分：SW，主要用于分析个人的内部条件；OT，主要用于分析外部环境的因素。通过内外结合的方式，可以更有效地将个人的职业目标、个人条件和内外部环境结合起来。这种分析方法在实际运用中表现出明显的科学合理性，为职业决策提供了主要依据。通过对个体内外因素的全面了解，大学生可以更加理性地对待个人发展，明确职业目标，制定科学可行的职业规划。SWOT 分析法的使用有助于个体更全面地认识自己，合理评估外部环境的影响，从而更好地做出符合个体兴趣和能力的职业决策。

SWOT 分析法主要包括以下步骤：

第一，评估自身的优势和劣势。大学生应该根据个人的价值观、性格、兴趣和技能对自身进行全面的评估，以了解个体的优势和劣势所在，在这个过程中，可以利用职业测评软件获取更直观的分析结果。接下来，大学生需要努力发挥个人的优势，充分利用擅长的领域，同时致力于改善和克服劣势，这可能包括通过学习和培训提升相关技能，增强自身的竞争力。

第二，找出自身的职业机会和威胁。机会与威胁都是并存的，不同的行业、公司、职位都面临不同的外部机会和威胁，这些机会与威胁在很大程度上制约了职业生涯的发展。找出这些外界因素，对于大学生找到一份适合自己的工作是非常重要的，因为这些机会和威胁会影响第一份工作和长期职业发展。

第三，确立中长期职业目标。列出 5 年内的职业目标，对所期望的每一个职业目标进行 SWOT 分析，同时思考自己想从事哪一种职业，希望得到的薪酬的范围等，这些目标必须发挥出自身优势，与行业提供的工作机会相匹配。

第四，论证职业目标的可行性。大学生在明确自己的职业目标后，需要制订一份具体的行动计划，再结合 SWOT 分析法中内外因素的优势与劣势，详细分析达到职业目标的可能性，分析为了实现每一个目标要做的每一件事，何时完成这些事。如果需要外界帮助，则要分析需要何种帮助和如何获取这些帮助。比如，分析技术职位需具备的业务能力和创新能力，要获得预期的报酬需要具备的相关职业素养、专业技能等，这就需要大学生结合自身情况进行探讨，并对职业计划和行动进行理性的分析。

（2）决策平衡单。在职业发展决策中，大学生常会犹豫应该取舍什么职业目标。决策平衡单是一种有助于大学生分析每个潜在方案、详细整理和细致分析各种规划的工具，通过数据化的排序，直观地做出判断，确定应该选择哪个职业目标。决策平衡单主要将决策的评估方向分为四个部分，即自我物质方面的得失、他人物质方面的得失、自我精神方面的得失、他人精神方面的得失。使用决策平衡单的具体步骤如下：

第一，选择欲比较的发展目标，如考研深造、求职公司、基层就业、出国等。

第二，明确四个方面的具体内容。针对某一可供选择的职业发展方向，列出所有考虑因素，从对自己、他人等不同的角度，分析可能带来的得失以及这些得失是否可以接受。

第三，拟定各因素的加权分值。根据自身情况权衡各因素的重要性，设定 1 ~ 5 的权重系数，重要程度越高，分值越大。

第四，为因素打分。因素的评分范围为 −5 ~ 5 分，对大学生职业发展越重要的因素，分数越高，反之越低，将分数填写在相应栏中，然后与权重相乘得出加权分数。

第五，计算总分进行决策。将各选项的加权分数相加，得出总分。一般而言，总分最高的方案被认为是最优选择，但在实际操作中，大学生常常会受某个因素的影响对选择进行调整。

（3）CASVE 循环。无论在人生规划的哪个阶段，CASVE 循环都是解决职业决策问题的良方，CASVE 循环是信息加工理论的核心观点之一，与金字塔模型一起组成了认知信息加工理论的核心观点。解决职业生涯问题不是一件事，而是一个过程，即一个包括了五个步骤的 CASVE 过程，C 代表沟通（Communication），A 代表分析（Analysis），S 代表综合（Synthesis），V 代表评估（Value），E 代表执行（Execution）。在开始这五个步骤之前，大学生一定要对自我认知有较清晰的定位，对职业环境有较全面的探索。

第一，沟通。职业发展决策的起始点在于沟通，这包括内部沟通和外部沟通。通过这一步，大学生需要明确自己在不同阶段需要做出选择的具体情境，并开始查找理想与现实之间的差距。

第二，分析。在沟通的基础上，大学生发现了理想与现实之间的差距。在分析阶段，需要考虑自己的选择面临的各种可能性。这一步骤至关重要，但根据实际咨询案例，许多大学生可能会简化这一环节，直接过渡到下一步，导致决策的基础不够牢固。进行有效的分析需要聚焦于最核心的问题，即“以最终目标为主线”，这有助于大学生在规划的同时清晰地思考自己的选择可能面临的各种情况，进而分析每一条职业路线可能出现的问题。建议大学生通过回答三个问题来明确最终目标：①最不愿意从事什么样的工作，过怎样的生活；②最期待的工作和生活状态是什么，家人朋友对这种状态有何看法；③最敬仰的人有什么职业目标。

第三，综合。综合阶段主要是根据分析步骤获得的信息，设计出符合要求的解决方案，确定解决问题的具体方法。大学生通常对未来有许多设想，在深入分析后，可以得出多个与个人匹配的职业方向，综合的过程需要进行减法，对每一种方向进行发散性思考，最终将目标方向压缩到 3 ~ 5 个，以达到最有效的可行方向。

第四，评估。评估是对综合得出的目标进行详细评估和排序。大学生需要评估自己从事目标行业的适应性以及对家庭的影响，并按照优先顺序进行排序。

第五，执行。无论目标如何制定，最终的实现都需要通过具体的行动。执行是 CASVE 循环的最后一步，前四步都是在为执行奠定基础。实现职业生涯的成功发展，关键在于在执行阶段将所有规划付诸实践。在执行的过程中，需要制订切实可行的计划，并积极实践和尝试。在行动中，不断评估设定的目标是否合理，是否符合实际情况；如果不是，就需要进行新的决策过程，再次回到沟通阶段，开始新一轮的 CASVE 循环，直到职业生涯中的问题得以解决。职业生涯规划是一个动态变化的过程，CASVE 循环正是通过循环思考引导大学生不断发现问题、解决问题，达成最终目标。

（4）5W 归纳法。5W 归纳法也是职业决策过程中经常用到的方法，在日常的学习生活中，可以通过依次回答 5 个问题，并通过答案的交集来进行生涯决策。

第一，Who am I？（我是谁？）这个问题旨在促使大学生对自我进行深入的反思，全面了解自身优势，客观清晰地认识个人的性格特征、特长和能力，以便更明确地确立职业目标。

第二，What do I want？（我想做什么？）这个问题旨在引导大学生清晰地了解自己期望从事什么样的职业以及追求何种生活。尽管个人兴趣在不同阶段可能发生变化，但兴趣对职业发展具有重要的引导作用，因此可以根据兴趣确定职业发展方向。

第三，What can I do？（我能够做什么？）这个问题旨在引导大学生了解自己具备的技能和潜力，对个人能力进行考量。个人职业定位需要建立在自身实力和能力的基础上，而职业发展的空间则受制于个人潜力的大小。通过对潜在能力的考查，可以更精准地确定职业目标。

第四，What can support me？（环境支持或允许我做什么？）这个问题旨在引导大学生思考周围环境资源对个人发展的有利因素，包括政治环境、经济环境、法治环境、科技环境、文化环境、社交关系等。这样的综合考量可以为职业决策提供重要参考。

第五，What can I be in the end？（我最终的职业目标是什么？）这个问题旨在引导大学生通过对前四个问题的思考，形成可行的职业生涯目标，并通过目标来指导职业生涯规划的实施，确立个人职业发展的最佳方向。

5. 大学生职业发展决策的步骤

（1）界定问题。在职业发展决策的过程中，界定问题旨在帮助决策者认识自我，明确个人的职业目标，并在此基础上制订实现这些目标的详细计划。对于大学生而言，这一步骤不仅关乎个人的发展规划，更是培养职业决策意识的关键。只有通过深入思考，认清自身优势与不足，才能更加明晰地设定职业目标，并建立实现这些目标的有效路径。

第一，大学生应该注重激发自我职业决策意识，这意味着个体需要认识到职业决策对于个人发展的重要性，避免盲目跟随他人的选择，而是根据自身情况和兴趣做出独立的决策。培养这种意识需要从大学低年级开始逐步引导。通过相关的课程、咨询以及实际经历，学生逐渐认识到职业选择对未来的深远影响，进而形成对个人发展的自主认知。

第二，大学生应该关注个人的身体、心理、兴趣和能力等多个方面的特点，以便更好地确定职业方向。过早确定职业目标有助于学生更有目标性地安排学业，提前规划相关实践活动，从而为未来职业发展打下坚实基础。

第三，参与学校组织的相关课程和活动。通过课堂学习、与生涯导师的互动、参与职业人物访谈等活动，学生可以深入了解所学专业的实际应用和未来职业方向。与专业教师的交流不仅有助于理解专业领域的职业定位，也为与教师建立良好的关系提供了契机。

（2）拟订行动计划。拟订行动计划这一步骤旨在收集与目标相关的信息资料，明确个人需求目标，思考可能实现这些目标的各种行动方案，并规划实现目标的详细流程。在这一过程中，决策者需要面对可能存在的决策风险，即受多种不确定因素影响而导致决策无法达到预期目的的可能性及其潜在后果。

第一，拟订行动计划需要充分收集与目标相关的信息资料，包括个人所选定的职业领域的行业趋势、未来发展前景、相关技能要求等方面的信息。通过深入了解目标领域的现状，决策者能够更清晰地把握自己的定位，合理制定职业发展目标。这一步骤的关键在于信息的全面性和准确性，因为只有基于全面充分的信息，行动计划才能更具可行性和实效性。

第二，明确个人需求目标，思考可能实现这些目标的各种行动方案。决策者需要深入反思自身的优势和不足，明确职业生涯的长远规划，确立个人的发展方向。在这一过程中，了解自己的兴趣爱好、职业价值观以及个性特点是至关重要的。只有在明确了个人需求目标的基础上，决策者才能更加具体地制订出有针对性的行动计划。

在规划实现目标的流程时，决策者需综合考虑行动的先后顺序、时间的合理分配以及可能涉及的资源投入，这需要在实际行动中保持灵活性，并根据实际情况调整计划，确保整个流程的顺畅进行。决策者应该对可能遇到的挑战有清晰的认识，为行动计划的实施做好充分准备。决策风险始终存在于决策活动中。决策风险是由于多种不确定因素的存在而导致决策无法达到预期目的的可能性。在职业发展决策中，同样需要警惕决策风险。因此，在拟订行动计划时，决策者需要在充分了解情况的基础上，审慎评估可能的风险，制定相应的风险缓解策略，以确保决策活动的成功实施。

（3）澄清价值。澄清价值的关键在于界定个人的选择标准，明确自己最渴望实现的目标，并以此作为评量各项方案的依据。

第一，澄清价值要求决策者明确个人的核心价值观和职业理念。个人的核心价值观是指在人生中最为重要、最为尊重的信仰和原则，而职业理念则是对工作和事业的基本信仰和追求。决策者需要深入反思自己的内心，了解自己对于工作和生活的真实期望，找到内在的驱动力和追求的价值。通过澄清核心价值观和职业理念，决策者能够更加明确个人职业发展的方向，确保所选择的方案与自身价值观的契合度。

第二，澄清价值要求决策者明确个人在职业生涯中最为看重的因素。这可能涉及对工作内容、薪酬福利、工作环境、个人成长等方面的权衡取舍。决策者需要根据个人的偏好和价值观，在这些因素中确定优先级和权重，以便更有针对性地选择适合自己的职业方向和发展路径，这一过程需要决策者对自己有深刻的了解，避免被外部因素左右。

第三，澄清价值要求决策者制定明确的职业目标和发展计划。明确的职业目标是对个人职业发展的具体期望和追求，而发展计划则是为实现这一目标所制定的详细行动方案。通过设定明确的职业目标，决策者能够更加有针对性地筛选和评估各项方案，确保所作出的决策符合个人的职业规划和长期目标。

在整个澄清价值的过程中，决策者需要时刻保持对自己内在需求的敏感性，不断反思和调整个人的价值体系，这有助于确保决策过程中的选择更加符合内心的期望。澄清个人的价值观和期望，为职业发展决策提供了清晰的指引，使决策者更有信心和决心朝着个人理想的方向前行。

（4）找出可能的选择。找出可能的选择，即广泛收集资料，估算个人对于每个行动方案的喜好程度。在这一步，大学生应及时完整地收集有关职业决策和职业发展的信息，从而充分认识职业社会，同时还必须意识到职业决策是一个循环的过程，它将会贯穿整个在校学习期间。

（5）评估各种可能的选择。评估各种可能的选择即依据自己的选择标准和评分标准，逐一评价各种可能的选择，选择其中的一个方案执行。在这一步要注意通过信息收集、自我评估及实际的规划制定来不断检验各种可能的选择，从而对于决策结果及时做出调整。

（6）为职业发展决策做减法。在职业发展决策的过程中，为决策做减法是至关重要的一步，它要求决策者系统地删除那些不适合的方案，最终选择其中的最佳方案。这个步骤对于大学生而言，需要具备较强的心理素质和积极的生活态度。

第一，为决策做减法要求决策者在众多方案中进行深入的筛选和比较，这意味着决策者需要全面了解每个方案的优劣势，充分考虑方案的可行性、实施难度、与个人目标的契合度等因素。在这个过程中，决策者需要对每个方案进行详细的调研和评估，确保在众多选项中留下的都是符合个人职业发展规划的备选方案。

第二，为决策做减法需要决策者保持积极向上的心态。在大学生活中，面对各种选择和决策，可能会产生一定的压力和困扰。因此，决策者应该培养积极乐观的生活态度，学会灵活应对生活中的困难和挑战。积极的心态有助于决策者更加冷静客观地对待各个方案，为决策提供更为清晰的思路。

第三，为决策做减法需要决策者善于沟通和寻求帮助。在决策的过程中，决策者可能会遇到一些难以解决的问题或疑虑，这时及时与家长、教师或朋友进行沟通，寻求他们的建议和帮助是非常重要的。专业的建议和多角度的意见能够帮助决策者更全面地考虑每个方案的利弊，从而提高决策的准确性和科学性。

（7）开始执行行动方案。开始执行行动方案，以达成选定的职业目标。如若没有成功则可继续调整，采用其他可行的办法，做到随机应变。在这一步，要注意以下三点：

第一，对于特定的职业发展决策困难学会妥协。对于特定的职业发展决策困难，学会妥协是一种职业成熟的表现。根据职业抱负发展理论，职业抱负的形成经历两个关键过程，即范围限定和妥协。范围限定是指逐步排除不可接受的工作，从而建立一个“可接受领域”，即在文化允许的范围内确定可选的职业方向；妥协则是个体为适应外部现实而放弃最优选项，调整期望的过程。因此，能够妥协不仅是对外部环境的适应，更是职业成熟和发展的标志。

在面对职业发展决策困难时，大学生应准备好在发展机会、人职匹配和社会期望三个方面进行妥协。在这三个方面，首先人职匹配对工作投入的负面影响最大，其次是发展机会的妥协，而社会期望的妥协对工作投入的影响相对较小。因此，在职业决策中，应先考虑职业是否与个人的兴趣、技能和知识等相匹配，其次是对工作未来发展机会的妥协，而他人和社会的期望则只作为参考因素。

建议在妥协的过程中，首先是妥协他人和社会的期望，因为过度迎合他人观点可能导致职业不满和投入度下降，其次是妥协工作未来的发展机会，因为职业生涯的长远发展更需要灵活性和适应性，最后，考虑人职匹配，确保所选择的职业更符合自身的特长和兴趣。对于大学生而言，并非每个人都要按照固定的顺序进行职业妥协。实际上，妥协的方式应该根据个人的实际情况灵活选择，找到最适合自己、最符合当下需求的方式。因此，妥协不仅需要在适应外部环境中找到平衡，更需要在内心中达到理性和自主选择的状态。

第二，勇于为自己的选择负责任。勇于为自己的选择负责任是决策过程中的一种必然要求。在大多数决策中，无法获取全部信息，总存在一些需要进行预测的未知因素，同时伴随着一定的不确定性和风险。因此，做决策就等同于接受风险，承担起决策带来的后果，为自己的选择负起责任。

在职业发展、学业规划等方面，可能会面临一系列重大的决策，这些决策关乎未来的发展和方向，需要慎重对待。如果一个人习惯于追求稳妥，那么在决策时建议为自己设定一个底线，以确保决策在一定的安全范围内进行，以减少风险。在决策中，需要认识到每个选择都可能伴随着风险和不确定性。在决策时，可能无法预测所有的结果，但可以通过对可能性的估计和风险的评估来做出理性的决策。即便尽最大努力去减少风险，依然会面临失败的可能性。这并不是决策的失败，而是一种探索的过程。因此，决策者需要为每一个选择负起责任，包括其所带来的风险和可能的后果。

勇于为自己的选择负责任不仅是对决策的结果负责，也是对整个决策过程负责。在决策前，需要充分调研、分析，尽可能全面地了解局势，以便作出明智的选择；在决策中，需要坚持自己的底线，同时要敢于冒险，去追求更高的目标；在决策后，无论结果是成功还是失败，都需要勇于承担决策的后果，不抱怨环境或他人，并不断总结经验教训，为未来的决策积累经验。

第三，学会应对未知的焦虑。在生涯决策的过程中，常常会遭遇未知的情境，而人在面对未知的情景时，很容易产生焦虑的情绪。对于这种未知的焦虑，大学生需要学会应对，因为这是一个非常正常的心理状态。例如，一个学生决定要考研，但在考研的过程中并不能确定是否能够成功，这时就需要主动面对自身的焦虑情绪。如果这种焦虑已经到了影响正常生活和学业的程度，那么就有必要考虑寻求专业的帮助。

未知所带来的焦虑是可以理解的，因为人们对于未来充满了疑虑和不确定性。尤其在职业发展和学业规划的关键时期，很多人会陷入对未知的担忧之中。然而，要学会应对这种焦虑，关键在于采取积极的态度。对于考研的例子来说，可以通过制订详细的备考计划、采纳学长学姐的建议、参加模拟考试等方式，逐渐减轻焦虑感。

在应对未知的焦虑时，一个有效的策略是对自己进行深入的思考和自我了解。通过认真思考自己的兴趣、优势、目标，可以更清晰地确定未来的发展方向，减少不必要的焦虑。对于职业发展来说，可以参加职业规划的课程或活动，进行职业测评，以便更好地了解自己适合什么样的职业方向。此外，积极寻求专业的帮助也是很重要的一步。当个体的焦虑达到一定程度，已经影响到正常的生活和学业时，及时找到专业的心理咨询师或心理医生，进行深度沟通和治疗，有助于解决内心的困扰。专业的咨询师或医生可以提供科学的心理辅导，帮助个体更好地理解和应对未知带来的焦虑。

6. 大学生职业发展决策的理论

（1）PIC 模型理论。PIC 模型理论，即排除理论，是在生涯决策理论与实践中产生一定参考与实践意义的理论框架。这一理论将职业发展决策划分为排除阶段（Prescreening）、深度探索阶段（In Depth Exploration）和选择阶段（Choice）三个关键阶段，以指导大学生在职业发展过程中进行合理决策。

第一，排除阶段。排除阶段是决策过程的起点，其目的在于从众多备选决策方案中筛选出较少且可操作的方案。这一阶段的操作可以分为三个关键步骤：①初定有可能的方案，这建立在个人对有关方面的偏好基础上，涵盖了个人的职业价值观、兴趣、能力、工作环境、培训时间、工作时间、人际关系类型等多个方面，通过明确个人的优势和倾向，初步确定备选方案，为后续的决策提供基础；②根据重要性排序，个体需要根据自身对备选方案的重视程度，对这些方案进行排序，这一步骤有助于在后续的决策过程中更有针对性地分配注意力和资源；③排除不易操作的方案，通过将备选方案根据个人重视程度进行排序，决策者可以思考方案可接受的水平，并排除与个人偏好不符的方案，直至留下有一定可操作性的“有可能方案”。

第二，深度探索阶段。深度探索阶段的目标是深入研究备选方案，找到不仅可能而且合适的方案，形成深度探索阶段的方案清单。在这一阶段，大学生需要考虑自身是否能够满足备选方案核心层面的要求，同时要考虑自身的教育背景和实践经验是否能够支撑方案的实施。此外，还需考虑每个备选方案的先决条件，如相关的从业资格证书等。

第三，选择阶段。选择阶段是整个决策过程的收官阶段，决策者需要根据前两个阶段的分析，选择对自身最合适的方案。在这一阶段，大学生应关注第二阶段得出方案的特点，进行优缺点比较，并考虑各方案之间的平衡，最终选择一个最符合自身需求的方案。同时，需要使用收集到的信息评估实现该方案的可能性。如果存在不确定性，建议回到前面的步骤，搜寻更多可能被认为是“次等的”但仍然适合的方案。

（2）认知信息加工理论。认知信息加工理论（CIP）是职业生涯选择和职业生涯发展理论体系中的一个非常重要的理论，“认知信息加工理论强调从信息加工的取向看待职业决策问题，即准确‘认知’到生涯选择的内涵是增进求职者职业选择能力的关键”①。认知信息加工理论是基于大脑在解决生涯问题和制定决策过程中如何处理信息和知识的理念而形成的理论框架。该理论强调大学生在关注职业生涯问题解决和职业发展决策时，需要关注思维、记忆过程，并将职业生涯规划过程看作学习信息加工能力的过程。认知信息加工理论的核心观点包括金字塔模型和 CASVE 循环，这一理论在大学生职业发展决策中发挥的实际作用主要体现在三个方面：知识领域的完善、生涯决策的改进以及元认知技能的提高。

金字塔模型的底部是知识领域，涵盖了自我认知和对外界的认知。大学生需要了解自身兴趣、性格、技能、价值观等，并对工作世界有充分认知。这一底层的知识领域相当于计算机的数据文件，需要在日常学习和生活中进行存储。没有全面准确的自我认知和职业技能，就难以做出合理的职业决策。

金字塔模型的中间层是决策技能领域，包括信息加工的五个阶段：沟通、分析、综合、评估和执行，构成了决策的 CASVE 循环。在这一层，大学生通过加工信息，进行决策，形成对职业发展的理解和计划。决策技能领域相当于计算机的程序软件，能够帮助大学生对信息进行加工处理。

金字塔模型的最上层是执行领域，即元认知，包括个人对自身认知过程及结果的知识、体验和调节。这一领域涵盖了个人对自身思维活动和学习活动的知识，对自我的觉察以及对认知活动的过程和结果的监督控制。在执行领域，大学生对前两个领域的状况进行监控和调节，相当于计算机的工作控制功能，操纵计算机按指令执行程序。

在认知信息加工金字塔中，知识领域、决策技能领域和执行领域三者相

---

① 汪恭敬．认知信息加工理论视域下大学生职业决策困难成因及对策［J］．巢湖学院学报，2021，23（5）：157.

互关联，形成一个完整的信息加工系统。这一系统中，知识领域为基础，决策技能领域为加工处理，执行领域为监控调节。这三个领域的协同作用有助于大学生在职业发展中更有针对性地进行信息加工和决策制定。

（3）丁克里奇职业发展决策风格理论。丁克里奇职业发展决策风格理论将个体的决策方式划分为八种类型，每一种都在不同程度上影响大学生在职业选择上的表现。这八种决策风格为烦恼型、冲动型、直觉型、拖延型、宿命型、顺从型、瘫痪型和计划型。

第一，烦恼型。烦恼型的大学生倾向于过度收集信息，并在使用这些信息时过于担心，花费大量时间比较选择却难以作出决定。他们往往陷入信息过载，导致犹豫不定，这种情况可能是由于情绪和非理性观念的干扰，因此需要深入思考是什么情绪和观念让他们犹豫不决，以便更好地解决决策问题。

第二，冲动型。冲动型的大学生容易迅速选择第一个看似容易实现的职业目标，而不再考虑其他选择或进一步收集信息。这种决策方式存在较大的风险，因为可能导致在有更好选择时后悔之前的行为。因此，决策前应更加慎重考虑，避免盲目行动。

第三，直觉型。直觉型的大学生则更倾向于将自己的直觉感受作为决策的依据。在获取信息较为困难的情况下，这种决策方式可能比较有效。然而，由于其可行性和规划的延展性可能不符合实际，容易受到自身偏见的影响，因此需要调整决策风格以更好地适应职业选择的需求。

第四，拖延型。拖延型的大学生则表现出时间观念较差，不断推迟决策，直到最后一刻才作出决定。这种决策方式会导致问题变得更加难以解决，因此需要及时做出决策，避免问题积压。

第五，宿命型。宿命型的大学生则倾向于不愿意自己做决定，将权利交给他人或命运。他们认为无论做何种选择，结果都是一样的。这种心理状态通常较为无助，容易成为外部环境变化的受害者。这类大学生需要面对决策问题寻求帮助或鼓励，从而主动地塑造自己的职业未来。

第六，顺从型。顺从型的大学生过于依赖外界的指导，虽然想做决定，但不能坚持己见，往往屈从于他人或跟随大多数人的决定。这种决策方式可能在群体中获得安全感，但会忽略自身独特性，导致决策结果不适合未来职业发展。因此，需要更加自主地思考，坚持自己的观点，确保决策符合个体的长期发展需求。

第七，瘫痪型。瘫痪型的大学生在面临决策任务时常因压力而过于焦虑，担心决策结果，不愿负责。他们选择停滞不前以逃避做决策。这种心理可能与成长过程中的家庭教育和行为培养方式有关，因此需要认识并克服这种焦虑，勇敢面对决策任务。

第八，计划型。计划型的大学生被认为是八种决策类型中最理想的。他们能够准确、全面地陈述自己对职业目标的选择标准和依据，做出适当且明智的决策。这种类型的大学生会意识到决策对个人职业生涯发展的重要性，积极地收集职业信息，并可能使用标准化决策模型来主动解决问题。他们会根据情况动态调整选择，表现出较强的决策能力和职业规划意识。

（4）克朗伯兹的社会学习理论。

第一，影响个人职业生涯的因素。克朗伯兹认为，职业发展过程错综复杂，受许多因素交互作用的影响，其中主要有四种因素影响个人职业生涯决策。

①遗传素质和特殊能力。个人由于遗传的一些特质，在某些程度内限制了个人对职业或学校教育选择的自由。这些因素包括：性别、外在的仪表和特征等。某些个人的特殊能力也会影响其在环境中的学习经验，伴随这些学习经验而来的兴趣与技能，与个人未来的职业选择将具有相当密切的关系。个人的特殊能力包括：智力、音乐能力、美术能力、动作协调能力等。

②环境条件与特殊事件。即个人所接受的教育与训练、家庭背景、社会政策、社会变迁等非个人所能控制的因素，以及个人职业选择的具体领域等。家庭背景则包括父母所从事的职业及社会经济地位、父母的教育水准，以及家庭结构、父母期望等因素。

③学习经验。每个人有独特的学习经验，这在决定其职业生涯的路径时扮演着重要的角色。凡是成功的生涯规划、生涯发展和职业或教育所需的技能，都能够通过学习经验而获得。

④工作定向技能。即在上述各种因素的交互作用下，个人所获得的解决问题的技能、工作习惯、认知过程、情绪反应等，这些又会影响其他各项因素。

第二，影响因素之间交互作用的结果。个人在四种因素及其交互作用的影响下，通过经验的积累与提炼，产生如下结果：

①自我认识的形成，这是指对自己各种表现的评估与推论，包括成就、兴趣、爱好、职业价值观等。评估的参照对象，也可能依据其他人的表现。他们均是学习的结果，也是职业选择的关键。

②世界观的形成。同样，基于自己的学习经验，个人也会对环境及未来的事物作出评估与推论，特别是在职业的前途与展望方面。

③工作定向技能，包括适应环境的认知、操作能力与情感反应，以及自我评估与对未来事件的预测能力，其中与职业选择有重要关系的则包括价值观念的澄清、目标的决策、寻找不同的解决途径、收集资料、预测、计划等。

④行动。个人综合以前所有的学习经验、自我与环境的推论，以及具备的各种能力，并将这些引入未来事业发展的途径中。

（四）大学生职业生涯规划书的拟定

1. 大学生职业生涯规划书的撰写要求

大学生职业生涯规划书是一份关系到个人未来发展的重要文档，其撰写需要符合一定的要求，以确保清晰、合理、具体。一份好的职业生涯规划书应满足以下基本要求：

（1）资料翔实，步骤齐全。

第一，多渠道收集资料。为了确保资料的全面性和准确性，大学生在撰写职业生涯规划书时应该通过多种途径收集信息，包括进行访谈，摘抄相关报刊图书中的信息，以及通过上网下载相关资料。多渠道的信息收集可以为规划提供更全面的视角，确保不会因信息不足而影响规划的准确性。

第二，注明资料来源。在使用他人的观点、数据或研究结果时，务必注明资料的出处，有助于提高职业生涯规划书的可信度，并表明作者对于信息的使用是建立在可靠基础上的。同时，注明出处也是对知识产权的尊重，展示了引用者的学术和职业操守。

第三，运用图表数据增强说服力。为了提高资料来源的说服力，职业生涯规划书的撰写中可以充分运用图表数据。图表可以使信息更直观、易于理解，并能够更有力地支持观点。通过图表的使用，不仅可以提高规划书的专业度，还能够使读者更容易理解和接受所呈现的信息。

第四，步骤齐全，确保系统性。撰写职业生涯规划书时，要确保步骤齐全，使整个规划过程更具系统性。为此，可以分为四个主要步骤：①分析需求，分析条件及目标设定，在规划书的开篇，明确个人的需求、条件以及职业生涯的长远目标；②分析阻碍和可行性研究，仔细分析可能会妨碍目标实现的因素，同时研究目标的可行性；③设计方案和提出（改变）计划，在确保对现状有深刻认识的基础上，设计实施方案，并提出或调整相应的计划；

④制订详细的实施计划和措施，将设计好的方案具体化，确保规划不仅停留在理论层面，更能够付诸实践。

（2）言简意赅、逻辑严密。

第一，在写作中，语言应朴实简洁，让读者能够轻松理解文字表达的内容。使用精练而准确的用词，让信息传达更为直接，增加文章的可读性。

第二，规划书的行文应当流畅自然，避免使用过多冗长的修辞，使读者在阅读过程中能够。合理运用连接词、过渡句，使各部分之间的关系更加紧密，整篇文章的结构更为紧凑。

第三，确保文章的结构清晰有序，各个部分之间有明确的逻辑关系。可以采用层次分明的标题，或者明确的分段，使读者能够轻松地跟随思路，理解论述的发展脉络。

第四，职业生涯规划书的内容主要涵盖职业规划认识、自我剖析、专业认识、职业方向探索和目标与计划五个方面。在分析和阐述这些内容时，必须始终紧扣职业目标这一主线。职业目标是规划书的核心，其他内容均围绕这个中心进行展开。

第五，在论述各个方面时，务必保持逻辑性和连贯性。每一部分的信息应该有机衔接，形成一条清晰的线索。使读者在阅读过程中能够顺畅理解作者的思考路径，确保整个规划书的逻辑关系紧密而明确。

第六，在详细阐述各个方面时，将重点放在自我评估、环境评估以及目标实施上，这三个方面是规划书的关键，通过对自我和环境的深入分析，以及对目标的明确和实施计划的具体制订，展现规划书的科学性和可行性。

第七，明确强调职业生涯规划书的科学性和可行性是建立在对自我和职业的充分认识的基础上。只有深刻理解自身和所选择的职业，规划才能更加实际可行，从而为未来的发展提供坚实的基础。

（3）目标明确，合理适中。

第一，职业生涯规划书应始终围绕中心论述展开，这个中心就是职业目标。明确的目标使得规划书具有明显的导向性，读者能够清晰地了解撰写者未来的职业方向。目标的明确性不仅有助于自我认知，也方便他人理解与参考。

第二，职业生涯目标应避免过于理想化，务实而切实可行的目标更容易实现。在制定目标时，要考虑到自身的实际条件、优势与劣势，以及外部环境的因素。过于理想化的目标容易让规划失去实际指导意义，反而会造成迷茫与挫折。

第三，目标的设定应当与个人兴趣和优势紧密相连。在职业选择中要追求自己真正喜欢的领域，发挥个人的优势与特长。目标的设定要体现出个人的独特性，使得在实现目标的过程中更能充分发挥自身潜力。

第四，在目标设定中，需要将社会的需求与自身的利益相结合。职业生涯规划不仅是个人发展的问题，还需要关注到自身的成就与贡献对社会的价值。因此，“择世所需”强调要选择与社会需求相契合的职业领域，“择己所利”则强调要在发展中获得实际的个人利益。

第五，目标的设定必须是确切可行的，具备可行性和实现性。切实可行的目标不仅有助于提高个人的执行力，也使规划书在实际操作中更具指导性。避免制定过于宏大或无法实现的目标，要注重目标的分阶段实现，使之更容易衡量与达成。

（4）论证有据，分析到位。

第一，在撰写职业生涯规划书时，应深入了解相关的测评理论与知识。了解自己的性格特点、职业兴趣、技能水平等方面的测评结果，能够为制定科学合理的职业生涯规划提供有力支持。理论知识的积累有助于更好地理解自身，并为规划提供有深度的论证。

第二，认真审视个人的测评报告，并将其与自我认识进行对照。分析测评结果与自我认知的异同，深入挖掘其中的原因。这样的对比分析可以帮助大学生发现自己在某些方面的盲点，为规划提供更全面的素材。

第三，通过对测评结果的分析，形成对自己更为准确深刻的认知，达到“知己”的境界。对自我进行全面深入的了解，能够为职业生涯规划提供坚实的基础，这种深刻的自我认知有助于更好地把握自身优势和劣势，为职业发展路径的选择提供明晰的方向。

第四，在论证中，清晰厘清个人所处的环境是必要的。居住的环境、喜欢的地方、亲友的意见等因素都会影响个人的职业选择。结合个人的最大兴趣，找出适合自己的工作条件，确保环境因素与个人兴趣、价值观相互契合。

第五，深入了解当前环境的各个方面，包括社会影响、家庭影响、学校因素、就业形势等。通过对组织环境、技术发展、经济兴衰、政策法规等社会环境的分析，为职业方向的确定提供充分的论证。说理要有据，层层深入，确保规划的科学性。

（5）格式清晰，图文并茂。

第一，职业生涯规划书应当确保内容完整，包含对职业规划认识、自我剖析、专业认识、职业方向探索、目标与计划五个方面的主要内容。各部分之间应当层次分明，主次有序，以确保读者能够清晰理解规划的整体框架。

第二，在规划书的排版上，应当遵循一定的格式，确保文字、标题、子标题等元素的排列有序，整体结构清晰。要适当运用分段、编号、项目符号等进行排版，使得信息层次分明，读者能够迅速获取重点信息。

第三，规划书的版面设计应当注重美观和大方，选择合适的字体和字号，保证整体风格统一。适当运用粗体、斜体等排版样式，以突出关键信息。行距和段距的合理搭配也是版面美观的关键因素。

第四，在规划书的设计中，可以适度增加一些创意元素，如插入图片、图表、引用名人名言等，以提高文档的吸引力。这些元素能够使规划书更具生动性，让读者更容易产生共鸣。

第五，规划书中的语言应当准确无误，避免错别字和语法错误。通过仔细校对，确保规划书的语言表达清晰流畅，不影响读者对内容的理解。

（6）分解合理，措施具体。

第一，撰写职业生涯规划书时，目标的设定应该基于充分的理论依据。这意味着明确职业目标的同时，需要深入研究和理解相关的职业领域、市场趋势、自身优势等因素。通过理论依据的支持，确保目标的设定既符合实际情况，又具备可行性。

第二，目标的实现通常需要通过一系列有条理的路径。在规划书中，这些路径之间要有内在联系性，形成一个有机的体系。通过教育路径提升自身能力，再通过实习或项目实践积累经验，最终达到职业目标。这样的路径选择应当合理衔接，确保一个阶段的成果能够为下一阶段的发展打下基础。

第三，时间的规划是实现目标的关键因素。职业生涯规划书应当在时间上实现并进和连续性，确保每一步都有明确的时间节点。这有助于形成紧凑而合理的时间框架，推动目标的顺利实现。分解目标和措施时，要注重时间上的合理分配，使整个规划具备可操作性。

第四，规划中的各项措施和路径之间应该有因果关系和互补作用。每个步骤都应当为最终目标的实现作出贡献，并且相互之间能够形成良好的协同效应。这种在功能上的关联性能够确保整个规划是有条不紊的。

第五，职业生涯规划书中的目标和措施不应只关注职业生涯发展，还应考虑到家庭生活和个人事务。这意味着规划需要在全方位上进行组合，平衡职业目标、家庭责任和个人兴趣。这种多方面的涵盖性能够使规划更为全面和具体。

2. 大学生职业生涯规划书的内容组成

职业生涯规划书的实质是职业生涯规划的书面化和具体化，因而其基本内容应能体现职业生涯规划的一般过程，还要包括知己——认识自我，知彼——认识环境，定位与决策——对可能的职业目标和职业路径作出分析和选择，行动——制订具体可行的行动计划等部分。具体来说，职业生涯规划书主要由以下部分组成：

（1）扉页。扉页包括题目，姓名及基本情况介绍等，这一部分为整个职业生涯规划提供了开端，通过清晰的题目和个人基本情况的介绍，为读者提供了初步了解和定位。

（2）职业方向及总体目标，这是职业生涯规划的纲领，因而是制定职业生涯规划的关键。目标的设定应包括短期、中期、长期和人生目标。在确立长期目标时，需充分考虑现实条件，做出慎重选择，以确保目标既具有现实性又有前瞻性。短期目标则应更为具体，其对生活会产生直接影响，是长期目标的具体展现。

（3）自我分析评价。职业生涯设计的有效性基于对自身条件和相关环境的深入了解。通过审视自我、认识自我，全面评估自身的爱好、特长、性格、学识、技能、智商、情商、潜力等，从而明确个人的职业兴趣、能力以及适合的职业方向。

（4）环境分析。职业生涯规划需要充分认识与了解相关环境，评估环境因素对个人职业发展的影响。分析环境条件的特点、发展变化情况，掌握环境因素的优势与限制，包括对本专业、本行业地位、形势、发展趋势等方面的了解。

（5）行动策略。行动策略是制定实现职业生涯目标的具体行动方案，确保目标的实现。制定周详的行动方案，围绕短期目标和中期目标展开，落实具体措施，是实现职业生涯规划的关键步骤。

（6）评估与反馈。职业生涯规划需要帮助个人了解自己，正确评估自身能力和潜力，明确发展的预期目标。通过潜能评估，发现未来的潜力。同时，通过业绩评估和其他评价，明确自身在知识水平、管理能力、专业能力等方面的状况。通过对比自身条件、发展潜能、发展方向与环境提供的机遇和挑战，达到全面觉醒的目的。

3. 大学生职业生涯规划书的撰写过程

职业生涯规划书的撰写是一个人根据自身特质和外部环境进行综合分析的过程，目的是明确职业发展目标并制订相应的工作、培训、教育等行动计划。虽然每个人的情况不同，但总体上，职业生涯规划书的写作方法有一定的共性，具备一定的章法。整个撰写过程实际上就是职业生涯设计的过程。

（1）目标定位。在职业目标定位阶段，应该注重以下几个方面：

第一，依据客观现实，考虑个人与社会、企业的关系，确保职业目标符合实际情况。

第二，比较鉴别，比较职业的条件、要求、性质，选择符合自己特长、兴趣、发展前途的职业。

第三，扬长避短，注重主要方面，不追求十全十美的职业，而是着眼于个人优势。

第四，审时度势，及时调整目标，根据情况变化灵活调整择业目标。

在这一阶段，可以记录对自己职业生涯影响较大的人的建议，以便更好地进行目标定位。

（2）目标分解与组合。完成目标定位后，需要为实现目标寻找发展策略和路径，包括将总目标分解为若干小目标，然后在特定发展阶段对各方面的目标进行排列组合。这一阶段的核心是明确自身现状与目标之间的差距，找到缩小差距的方法，并形成初步方案。

（3）制订行动计划。行动计划即目标实现策略，是通过积极的具体措施和行动争取职业生涯目标的实现。在职业生涯规划书中，需要制订详细而切实可行的行动计划和策略方案，明确如何实现职业生涯发展目标。

（4）建立评估反馈机制。职业生涯规划是一个动态的过程，需要根据实际情况总结经验和教训，修正自我认知和对职业生涯目标的认定。为保障规划能够前后一致，职业生涯规划书应该体现评估与反馈机制，主要包括：①规定评估内容，自我认知评估、职业目标评估、职业路径评估、行动计划评估等；②设定评估时间和周期，根据实际情况设定评估的时间和周期，确保及时调整；③评估危险因素，识别可能出现的危险因素，并制定调整、修正和备选方案。通过这个评估与反馈机制，职业生涯规划可以更加灵活和有效地适应个人的发展与外部环境的变化，确保规划的成功实施。

这种系统而有序的撰写方法有助于大学生更好地规划自己的职业生涯，从而实现个人和职业目标的有机结合。

4. 大学生职业生涯规划书的常见格式

（1）表格式。表格式的职业生涯规划书通常是简化版的，包含最基本的信息，如目标、实现时间、职业机会评估和发展策略等，这种格式可能仅相当于职业生涯规划书的计划实施方案表，或者仅是一个职业生涯目标列表。表格式适合用于日常提醒和警示，强调简洁明了。

（2）条列式。条列式的职业生涯规划书以简洁明了为特点，主要通过列举关键点的方式表述职业生涯的主要内容。尽管文字简练，但由于没有详细的材料分析和评估，其逻辑性和说理性相对较弱，这种格式适用于迅速了解职业生涯计划的基本轮廓。

（3）论文式。论文式的职业生涯规划书是最全面、详细的一种格式。它通过深入的分析和表述，全面展示个人的职业生涯规划，包括目标、优势、劣势、SWOT 分析、行动计划等，这种格式具有清晰的逻辑性和说理性，适合用于对外展示和深度交流。

（4）复合式。复合式的职业生涯规划书将表格式和条列式综合在一起，部分模块内容可能以表格形式呈现，使得信息更为具体和直观，这种格式的职业生涯规划书兼具简洁性和一定的详细程度，适合那些希望在清晰度和信息充实度之间找到平衡的人群。

在选择适合自己的格式时，需要考虑自己的实际情况和需求。如果是用于日常提醒，表格式可能更加简便；如果是用于深入交流和对外展示，论文式可能更为合适。复合式提供了一种平衡表格式和条列式的可能性。最终，选择何种格式要根据个人偏好和职业生涯规划的具体目的来确定。

（五）大学生职业生涯规划的具体实施

1. 阶段性的目标推进

（1）短期目标的推进。大学生职业生涯规划短期目标的实现主要是指在大学期间靠个人的自觉努力提升个人素质，为未来职业做好准备。

第一，大一年级的目标任务。在迈入大学的初期阶段，大学生应该积极参与学校组织的专业介绍报告会，并参加职业生涯规划知识讲座，以增进对人职匹配、职业选择等方面的职业生涯理论知识的了解。这一系列的学习活动不仅有助于提高对不同专业的了解，还能够为未来的职业决策奠定坚实的基础。

听取学校举办的各类专业介绍报告会，通过参与这类报告会，大学生可以深入了解各专业的学科特点、发展前景以及相关职业的基本要求。此举有助于为大学生建立初步的职业发展方向提供参考，使其在专业选择上更具明确性和针对性。大一年级的目标任务就在于通过对不同专业的全面了解，帮助大学生更加明晰自己的兴趣和优势，为未来职业规划奠定坚实的基础。

参加学校组织的职业生涯规划知识讲座，这些讲座涵盖人职匹配、职业选择等方面的职业生涯理论知识，对于大学生全面理解职业发展的原则和方法至关重要。通过聆听专业人士的分享和经验，大学生可以更好地了解职业生涯的发展趋势，为将来的职业规划提供更为清晰的方向，这有助于大学生培养正确的职业观念，更加理性地面对未来的职业选择。

适当参加学校组织的青年志愿者服务，通过志愿者服务，大学生可以更深入地了解社会的需求和问题，培养社会责任感和团队协作精神。同时，争取到企业参观访问的机会也是大一年级的任务之一。通过实地了解企业的运作模式、岗位特性以及社会的就业形势，大学生可以更全面地了解职业生涯的现实情况，对未来的职业发展有更为清晰的认识。

第二，大二年级的目标任务。这一阶段的任务旨在通过广泛的社会实践活动和实际经验的积累，为大学生提供更全面、深入的职业生涯认知，从而更有针对性地制定未来的职业规划。

参与各种社会实践活动，包括校外兼职工作和参加多种职业技能竞赛。通过参与兼职工作，大学生能够接触到实际的职场环境，积累工作经验，更好地理解不同行业的工作要求和职业发展方向。同时，参加职业技能竞赛有助于提高个体在特定领域的专业技能水平，为将来更具竞争力的职业生涯打下坚实基础。

利用寒暑假到企业实习，尤其是到与自己未来职业相关的用人单位进行实地了解。通过实习，大学生可以深入了解企业的经营情况，熟悉职场文化，感受工作的真实环境。尤其是选择与未来职业密切相关的企业进行实地了解，有助于将理论知识与实际工作相结合，更全面地了解自己所选择行业的特点和发展趋势。

与高年级的师兄师姐进行专业对口交流。通过与经历过更多实际工作经验的前辈进行交流，大学生可以获得更为实用的职业建议和经验分享，这种专业对口的交流有助于拓宽个体的职业视野，了解行业内的先进技术和工作方法，为未来职业发展提供更为全面的参考。

征询家长、朋友、行业专家及教师对自己的评价，向有关职业指导教师咨询，获得适合自己的职业生涯个性化指导。通过多方面的评价和咨询，大学生能够更客观地了解自己的优势和不足，为进一步完善自己的职业规划提供有力支持。有关职业指导教师的专业建议更是有助于大学生深入地了解职业市场和未来发展趋势，从而使其更有针对性地制订职业发展计划。

第三，大三年级的目标任务。大三年级时应认真总结前两年的学习情况和职业准备工作，并进一步完善职业目标，使之更加明确。这一阶段的目标任务旨在通过对过往学业和职业准备的总结，为未来的职业生涯规划提供更为具体和有效的指导。

利用学校校企合作的渠道，了解实际的工作情境和工作条件。通过与企业建立合作关系，大学生能够更直观地了解各行各业的实际工作环境，深入感受工作的复杂性和挑战性。这有助于他们更准确地判断自己是否适应某一特定职业领域，为未来的职业选择提供实际的参考依据。

了解就业政策和就业程序，对工作的发展前景有明确的定位。通过对就业政策的深入了解，大学生能够更好地把握就业市场的脉搏，了解各行业的用人需求和发展趋势。同时，对就业程序的了解有助于他们更加顺利地进入职场，提前做好职业生涯的规划和准备。明确的职业定位则有助于个体更有针对性地制定未来的职业目标和发展计划。

撰写并完善个人简历等求职材料，接受模拟面试的求职技巧训练，以及接受就业指导和创业教育。通过仔细梳理自己的学业成绩、实习经验和社会实践活动，大学生能够更清晰地呈现自己的优势和特长。模拟面试的求职技巧训练有助于他们提升在面试中的表现水平，增强面对招聘官和雇主时的自信心。同时，接受就业指导和创业教育，使他们更全面地了解职场的规则和潜在的机会，为未来的职业发展做好更为充分的准备。

第四，大四年级的目标任务。大四年级应掌握各种求职技巧，全面努力朝着职业目标迈进。这一阶段的目标任务着眼于毕业后的职业准备，旨在通过毕业实习和实际工作经验的积累，为个体的职业生涯打下更为坚实的基础。

掌握各种求职技巧，在即将面临毕业的情境下，大学生需要具备一系列的求职技能，包括撰写优质的求职信、简历，熟练运用职场常用软件，掌握面试技巧等，这些技能的掌握有助于提高求职时的竞争力，更好地向用人单位展示个体的专业素养和适应能力。通过系统的求职技能培训，大学生能够更自信、高效地应对职场挑战，提高成功就业的几率。

毕业实习，通过实习，大学生有机会将专业知识应用于实际工作中，深化对职业领域的了解，锻炼实际操作的能力。在实习岗位上，他们能够通过展现出色的工作态度和高水平的专业素养，赢得用人单位的认可与赞赏。这种实际工作经验的积累有助于大学生更好地适应职业环境，为将来的职业生涯做好充分准备。

在实习岗位上全面努力，争取在相同条件下获得更大的发展空间。大学生在实习期间，不仅要完成岗位职责，更要积极主动地参与团队合作，学习企业文化和职场礼仪，提高解决问题的能力。通过展现出色的行为表现，他们有望获得更多的工作机会和职业发展空间。在同等条件下脱颖而出，这不仅能够增强个体的职业竞争力，还为未来的职业发展奠定更为坚实的基础。

（2）中期目标的推进。中期目标的推进是指大学生毕业后进入职场 5 年的阶段，这一时期扮演着承前启后的角色，为未来的进一步发展奠定基础。在实现中期目标的过程中，个体可能会面临职位和技术职称的晋升、业绩突出而获得加薪，或者在寻找适合自己的职业道路上遇到挑战，需要重新作出选择。

刚进入职场的大学生往往充满热情，工作业绩连连攀升，但在中期目标阶段，会面临职业生涯的危机和挑战，这一阶段对于个体而言是关键的时期，既有巨大的压力，也蕴藏着新的发展机遇。在这个充满变化的时代，自我充电是至关重要的。通过参加职业培训、考取实用的职业资格证书，能够将工作经验与理论知识有机结合，为中期目标的实现提供有力支持。

在这一阶段，不仅需要提升专业技能，还需要培养独立思考和创新解决问题的能力。通过独立思考问题，个体可以更好地适应职场环境，寻找解决问题的最佳办法。同时，创新能力的培养也是关键，因为职场中经常需要面对新的挑战和问题，能够寻求创新的解决方案将使个体在职业生涯中更具竞争力。在这个时期，更新知识和技能是至关重要的。职业发展要求个体随时跟上时代的步伐，适应行业的发展变化。通过不断参与学习，了解新的行业动态，个体可以更好地应对职业生涯中的各种挑战。参加职业培训不仅可以提高专业水平，还可以结交业内人脉，为个体提供更多的发展机会。

（3）长期目标的推进。一般来讲，职业生涯规划的长期目标主要是指大学毕业 5 年后的职业目标。长期目标的实现以其他小目标的实现为基础。

第一，从小目标做起。长期目标的实现要以中期目标的实现为前提，中期目标的实现又要以短期目标的实现为基础。要实现职业生涯长期目标，就必须把每天的工作做好，当天的任务当天完成。按照目标分解的原则，将长期目标分解成许多的小目标以后，目标工作量就不会很大。只要层层分解、具体落实、各个击破，并且注意抓紧时间，就能轻松完成任务。

第二，发掘自身的潜能。即使是一个很平凡的人，其身上也蕴含着巨大的潜能，只是不容易被发现和注意而已。要实现职业生涯的长期目标，个人需要付出努力，更需要发挥出自己的潜能。那些被大家认为天才的人为社会作出了突出的贡献，实际上就是他们个人的潜能得到了充分的发挥。要想干出一番事业，实现职业生涯长期目标，就要发掘自身的潜能，并将其运用到工作中去。

第三，克服职业高原现象。职业高原现象是指员工个人在职业生涯发展中，到了某一时期就会出现相对停滞，员工无法再沿着既定的管理或技术发展路径往上提升，员工在企业内的晋升空间、工作内容与工作责任出现相对终止的现象。

2. 积极的态度和行动

大学生在实施职业生涯规划时的态度是其对周围环境所具有的一贯的、稳定的心理准备和既定的行动倾向。积极性是人类固有的一种本性，积极愉快的态度具有一种行动的动力性和调节性，能够促进大学生更好地实施职业生涯规划。

（1）乐观的心态。乐观的心态具有强大的力量，对待生活时若能持有积极态度，周遭的一切也将呈现出美好之色。乐观的心态有助于引导个体更加理性、全面地审视问题，更加积极主动地解决问题，培养积极地处理问题的能力。积极乐观的态度有助于唤醒个体内在的潜能，激发个体最大限度地发挥自身潜力去面对和解决问题。

第一，乐观的心态使大学生能够更理智地分析问题。当一个人保持积极的心态时，他能够客观冷静地看待问题，不被负面情绪所左右。乐观的心态有助于大学生从更广泛、更全面的角度审视问题，不被表面现象所迷惑，这种理智的态度使大学生在面对职业生涯规划中的各种选择时更加明智，更有能力做出正确的判断。

第二，乐观的心态有助于大学生更积极向上地处理问题。在职业生涯规划中，大学生可能会面临各种困难和挑战。如果能够以积极乐观的心态看待这些问题，大学生将更加勇敢地迎接挑战，更有动力去寻找解决方案。相反，悲观的态度可能导致大学生在困境中感到沮丧和无助，影响其应对问题的能力。因此，乐观的心态是克服职业生涯规划中各种困难的一项重要素质。

第三，积极乐观的态度有助于唤醒大学生内在的潜能。在面对挑战和压力时，乐观的大学生更容易激发自身内在的积极能量，寻找并发挥自身的优势。这种积极的能量不仅有助于解决当前问题，更能够促使大学生在职业生涯中不断进取，不断突破自己，实现更大的成就。

（2）良好的动机。良好的动机对于实施职业生涯规划至关重要，这种动机不仅使大学生能够有效调整心态，更能够提高工作的积极性，从而在企业单位中展现出卓越的个人价值。在面对各种压力时，良好的动机能够将各种压力转化为前进的动力，使大学生更深入地学习、更出色地工作，从而在事业中取得更显著的成就。

第一，良好的动机有助于大学生调整心态，使其更加适应职业生涯规划的变化。职业生涯充满了各种挑战和不确定性，需要个体具备适应变化的能力。而拥有良好的动机可以使大学生更加坚定和积极地应对各种变故，不轻易受到外界因素的影响。这种调整心态的能力有助于大学生更从容地应对职业生涯中的各种困难和挑战，使其在复杂的环境中保持清晰的思维和积极的态度。

第二，良好的动机能够提高大学生的工作积极性。在职业生涯中，工作积极性是推动个体不断前进的关键因素。有了积极的动机，大学生更容易对工作充满热情，更愿意投入时间和精力去追求卓越，这种工作积极性不仅能够提高大学生的工作效率，还能够使其在团队中有卓越的表现，从而在职场中得到上司和领导的赏识。

第三，良好的动机有助于将各种压力转化为前进的动力。在职业生涯中，大学生可能面临学习、工作、事业等方面的各种压力，而良好的动机能够使其更加理性地看待压力，将其视为前进的动力而非负担。学习上的压力能够促使大学生更加深入地学习；工作上的压力能够使大学生更加努力地提升自己的能力；事业上的压力能够激发大学生追求更高成就的决心。只有通过树立积极良好的动机，大学生才能在面对压力时保持坚韧的性格，不懈奋斗，最终取得更为显著的成就。

（3）积极的行为。积极的行为是实施职业生涯规划中不可或缺的一环。行动被视为消除犹豫不决和拖延观望的有效良方，因为只有拥有坚定的勇气和切实可行的行为，个体才能够克服职业发展过程中的各种困难，达到成功。对于大学生而言，拥有良好行为的人在面对困难时不仅懂得向教师请教，还能积极与同学共同探讨，充分吸纳各种建议并进行独立思考。在面对挫折时，他们能够自主解决问题，同时愿意向亲近的朋友倾诉，寻求理解与帮助。因此，只有通过积极的行为，才能将职业生涯规划尽早地付诸实施，从当下开始，实现人生规划，使成功成为可能。

第一，积极的行为对于克服职业发展中的困难至关重要。职业生涯中充满了未知和挑战，只有通过实际行动，才能更好地应对各种未知的情境。拥有良好行为的大学生在面对问题时能够迅速采取行动，向教师请教并寻求建议，同时能够与同学进行有效沟通，分享不同的观点和解决方案。这种积极的行为有助于大学生在面对职业生涯中的困难时，迅速找到解决问题的途径，从而提高应对困难的效率。

第二，积极的行为是实施职业生涯规划的有效载体。职业生涯规划需要的是实际行动而非空洞的计划。拥有积极行为的大学生能够将规划迅速转化为实际行动，采取切实可行的步骤。例如，在确定了职业目标后，他们会迅速展开相关的学习和实践，寻求必要的经验和技能，这种迅速付诸实施的态度有助于加速职业发展的进程，使职业规划不再停留在理论层面，而是成为切实可行的现实。

第三，积极的行为体现在个体对于挫折的应对方式上。拥有良好行为的人在面对挫折时并非消极退缩，而是通过积极的行动寻找解决问题的途径。他们能够独立思考并采取有效的措施，同时能够向身边的朋友倾诉，寻求理解与帮助。这种积极的应对方式不仅有助于解决当前问题，还有助于培养个体更为坚韧的品质和乐观的心态，从而更好地迎接职业生涯中的各种挑战。

3. 问题的识别与防范措施

（1）职业生涯规划实施中的问题。

第一，实际能力与自我期望值不符。大学毕业生刚刚踏入职场时，普遍怀抱着强烈的进取心，渴望展示自身才华，迅速取得卓越成绩，以赢得公司领导和同事的肯定。他们对自己和公司都设定了较高的期望，但由于个体能力有限，无法胜任许多工作，只能从事最为基础和简单的工作，这导致他们难以得到领导的关注，工作热情受挫，甚至考虑寻找新的工作机会。

第二，缺乏职业发展的明确方向。有些职业者在自我定位上存在一定困惑，未能准确发现自身优势，无法清晰认知自己的发展潜力和实际价值。个体在思考自身优势时，可能忽视了一些方面，如思考能力、文字表达能力、沟通技巧、大局观念和创新能力等。这些潜在优势经常被忽略，使得个体不知如何突破自身的“瓶颈”。

第三，职业放弃倾向显著。毕业后踏入职场的大学生往往表现出频繁跳槽、工作不稳定、缺乏持久耐力，因此常受到企业对其职业道德素养的批评，这些毕业生很难在一个企业长时间工作，频繁更换工作也就导致其难以感受到职业成就感和工作乐趣，从而使得企业对其表现不满。

第四，行动中的拖延现象。拖延行为对个体的职业生涯规划实施构成负面影响，行动迟缓，时间一久，小拖延会逐渐演变为大拖延，职业目标难以达成。有些人在行动前犹豫不决，过于谨慎，无法做出决断，他们花费过多时间在思考上，结果错失了许多行动的良机，事后懊悔不已；还有一些人在行动时设置了过多的附加条件，过度准备，实际上也是一种拖延行为。

（2）职业生涯规划问题的防范措施。

第一，发扬持之以恒的精神。发扬持之以恒的精神对于大学生职业生涯规划至关重要。实现职业生涯目标不仅需要迅速采取行动，更需要展现出不畏艰难、持之以恒的毅力。职业规划的实现是一个渐进的过程，它需要具备勇往直前的心态，勇敢地面对各种困难，战胜各种挑战。真正有价值的事业都是通过不懈的努力获得的。实际上，在面临看似无法逾越的困境时，只要能够坚持一下，就会发现事情并没有想象中的那么难，这就需要具备持之以恒的决心，即便在最困难的时刻，也能够坚持向前。

当对一件看似不感兴趣的事情保持认真关注时，往往能够在其中找到许多意外的乐趣。持续关注并全心投入，事情的发展势必会逐渐变得更好。那些能够取得事业成功的人，往往都具备经得起挫折的品质。职业生涯规划需要培养持之以恒的品质，因为只有坚持不懈，才能够克服困难，逐步达成设定的目标。每一步的努力都是对未来职业成功的积累。同时，要有勇敢的心态，正视挑战，战胜困难。只有在持之以恒的过程中，能够发现事业的美好，才能最终取得丰硕的成果。

第二，立即采取行动是大学生职业生涯规划的关键一步。只有将想法迅速转化为实际行动，才能将计划具体化，使个体的才华得以真正展现。职业生涯规划旨在规划未来，考虑到不可能一切条件都事先具备，因此，立即采取行动的要义在于创造所需的条件以改变现状。尽管行动的结果可能未必达到预期的目标，但在行动的过程中必定会有所收获。

关键在于从现在做起，一旦明确了当前应该采取的行动，就需要立即付诸实践。了解当前需要什么条件，就要尽快创造这些条件，同时在行动中不断解决可能出现的问题。面对问题要果断解决，遇到困难要毫不畏惧，这是走向成功的第一步。

坚持“今日事今日毕”的原则，职业生涯规划包括长期目标、中期目标和短期目标。短期目标又细分为年目标、月目标、周目标和日目标，这些目标之间相互联系、相互促进。要实现长期目标，必须从现在开始，量力而行，制定每天的工作目标，确保当天的任务得以圆满完成。

正确估计形势至关重要，在实际行动中，真正成功的人往往是那些能够正确估计形势、做出明智决策并迅速采取行动的人。当面临困难时，他们有能力将问题具体化，清晰地认识所面临的挑战，并深入分析问题的原因。通过逻辑推理找到解决问题的方法，并迅速付诸实践。这种正确估计形势、果断行动的态度是成功的关键所在。

第三，认准努力的方向。计划和行动都是指向目标的，认准了目标，人们才能集中力量开始行动，才能懂得如何把自己的力量最大程度地发挥出来，实现理想的目标。大学毕业生在职业生涯初期，最重要的是在企业里学到一些与自己的目标相关的技能，这对今后的职业发展非常有利。一个人找不准方向，就找不到出路，也就会感到迷茫、恐惧。

（六）大学生职业生涯规划的评价

1. 目标达成评价

（1）目标的可实现性评价。目标无论大小，都应保持可实现性。目标可实现性评价主要包括目标可实现的条件分析和目标实现的衡量标准两个方面。

第一，目标可实现的条件分析。目标可实现的条件分析是关键，在现实中，人们总处在各种客观条件下，这些客观条件制约着个体实现理想。需要认真分析职业目标可实现的条件。对目标可实现条件的分析，应先了解职业目标是否按照时间段得到很好的分解；在完成目标任务时是否获得足够的资源，并有效地对资源进行整合；在实施职业目标时有没有找到科学的方法和途径；在学校、家庭及朋友中有没有可供利用的资源；达成目标所要进行的工作是否明确；职业目标的设定和达成是否层层深入，是否符合个人的发展规律及能力水平；职业目标通过努力能否完成；职业目标是否符合现实情况；是否具有相应的技能来实现这一目标。

第二，目标实现的衡量标准。目标实现的衡量标准也至关重要，在制定衡量标准时，需要明确目标实现的具体要求和标准，以便能够在实践中量化地评估目标的完成程度。通过对目标实现的衡量标准的明确，能够更好地制定策略，确保目标在现实条件下能够得以顺利实现。目标是具体且可以量化的，目标有一定的数学内涵。有效目标的核心条件是设定量化标准和时间限制。

①量化标准，量化标准要求目标能够以数字形式明确定义，这些数字必须具体而准确。如果一个目标无法用数字描述，而是采用某种抽象形态，那么这种形态必须经过指标化。在考核目标时，质量和数量两个量化标准应当同时存在，这有助于使目标清晰明确，使工作成果能够容易被客观衡量。缺乏量化标准，企业将难以对个体的工作价值进行准确评估。

②时间限制，目标是梦想的有期限体现，任何目标都必须设定明确的完成时间。虽然大多数人能够制定目标，却时常忽略了其中最为重要的一环，即明确的“截止期限”。只有通过明确的截止期限，目标才能产生紧迫感，激发努力前行的动力。在设定目标的时间限制时，明晰的期限能使个体深感时间的紧迫，助力更为积极的工作态度。因此，目标的时间限制不仅为实现目标提供了强大的推动力，也使工作按时完成成为可能。

（2）目标的随时检查。在职业生涯规划的实施过程中，确保每个阶段的任务顺利完成是实现职业目标的关键。为了做到这一点，必须随时检查每个阶段的进展情况，及时发现并解决可能出现的问题。只有通过定期检查职业规划的实施情况，才能发现潜在问题，总结经验，并找出解决办法。

进入职场后，职业者会受到各种因素的影响，这可能导致职业目标的提前或延迟实现。在职业生涯规划的实施过程中，一些人为因素可能导致行动偏离目标，有时会发现制定的目标实际上并不切实际。在进行检查时，应该着重发现已经做得出色的方面，同时考虑是否存在时间浪费、行动效率低下的问题，以及在实施阶段性目标时是否采取了科学合理的措施。

定期的检查可以帮助职业者确定自己的行为是否朝着目标前进，并评估是否达得了预期的目标。此外，也需要审视每个行为的开展情况，检讨行为的效率，以及是否能够经常收集他人的各种反馈。记录每天的行动内容并检查行动效率，制约自己的行动，思考对策以扫除实现目标过程中的障碍，核对预定目标与实际成绩之间的差距，以及防范难以预测的突发事件，这些都是在定期检查中需要重点关注的方面。

通过这样的随时检查，可以及时发现问题、调整行动方向，并确保职业规划能够正常实施，这种持续的自我审视和改进过程有助于保持职业生涯的稳健发展，使职业目标更加清晰、可行。定期检查不仅是对过去工作的总结，更是对未来发展的规划，有助于更好地应对职业生涯中的各种挑战和机遇。

（3）目标是否需要重新确定。追求高效的个体深谙，在执行计划的同时需及时修正计划，而非僵守原有规划方案。规划虽然是一份静态的文件，然而在现实生活中，环境变化无常，应明白如何应对变化并及时调整，才能够达到更高的行动效率。职业生涯规划制定好后，仍需在实施过程中不断进行修正，直至其演变为一份真正完善的计划。现代社会发展迅速，唯一不变的是变化。在实现目标的过程中，若遭遇未预料的变化，必须迅速作出反应，灵活调整规划以适应新的情境。

若长时间未能找到理想工作，需要根据实际情况重新选择，重新审视职业生涯目标；若在实践中一直难以达成职业生涯目标，未能获得应有的晋升，导致个体长期感受到压抑和不如意，也应考虑对目标进行调整；如果个体的职业选择给家庭带来很多不便，或者受到家人的强烈反对，那么就需要考虑修改和调整个人的职业生涯规划目标。因此，必须对职业目标的实现情况进行检查，了解目标取得成功或失败的原因和过程，以明晰是否需要重新设定目标。在这个过程中，需要审慎考虑诸多因素，包括外部环境的变化、个体职业发展的实际情况以及目标是否仍然符合个体的价值观和期望。这样的审慎检查和反思是一个周期性的过程，能够在职业生涯的不同阶段为个体提供有针对性的调整，确保目标的持续合理性和可行性。

对于职业目标的重新确定，需要考虑大学生所处的环境、外部压力、个人成长等多方面因素，而非一旦遇到了困难就盲目地修改目标。同时，必须明智地平衡短期和长期的利益，确保重新设定的目标不仅符合眼前的需求，也与大学生未来的发展方向相契合。目标是否需要重新确定是一个慎之又慎的问题，需要深刻理解个体职业生涯的动态变化，以更好地实现大学生的职业愿景和生涯目标。

2. 能力提升评价

在评价个人能力情况时，不仅要按照社会对人才公认的要求，还应结合个人的个性和成长背景。不同的成长路径有着不同的能力素质标准，主要用来评价职业生涯各个阶段实施以后，个人的综合能力素质是否得到显著的提高。

（1）创新能力。创新能力是指在科学研究和实践活动中运用已掌握的知识和理论，不断产生具有重要价值的新理论、新观点、新发明和新创造的能力。具有创新能力的个体能够独立思考，拥有创新意识，能够主动参与并推动创新活动和创新工作。

对创新能力的评价在学习和工作两方面都有其独特的侧重点。在学习方面，评价应该关注大学生对专业基础知识的掌握情况，包括在课程中的学习成绩以及在综合测评中的排名。此外，对于创新能力的评价还应考查大学生在学术研究和实践活动中的表现，包括其是否有时刻钻研新知识的习惯，是否能够始终保持独立的思考方式，是否善于分析和研究，是否受到当前理论和观点的制约而缺乏创新意识和创新能力。

在工作方面，对创新能力的评价要求观察大学生是否能够在实际工作中运用已有知识和经验，积极参与并推动创新工作。大学生在工作中是否能够独立思考并解决问题，是否能够提出具有独创性和实用性的新理念和观点，这都是创新能力评价的重要方面。此外，大学生对新技术、新方法的接受程度，是否具备学习和应用新知识的能力，也是创新能力评价的考查点。

在当今社会，人才的竞争实际上就是创新能力的竞争。由于不同学科和专业的差异，创新能力的体现方式也因人而异，因此在评价时需要根据具体专业和具体情况进行具体分析。牢固的专业知识和技能是所有专业人才创新能力的基本条件。评价创新能力要全面考查大学生的学术、实践和工作表现，确保评价的客观准确性。创新能力的培养不仅是对大学生自身职业发展的要求，也是对整个社会和行业发展的促进，因此在评价和培养创新能力时，应注重大学生学科专业的深度和广度，注重创新思维的培养和实际应用能力的提升。

（2）沟通和表达能力。沟通和表达能力是指通过书面语言或口头表达能够完整呈现个人思想观点，有效进行人际沟通和交流的能力。对于大学毕业生而言，拥有出色的沟通与表达能力至关重要。这不仅有助于在日常工作中巧妙处理与上司、同事、下属等各方的关系，减少摩擦，还能调动各方面的力量顺利完成工作任务。在沟通方面，大学生应当与教师、师兄师姐、同年级同学以及师弟师妹等顺畅交流，从中获取多样经验和信息，积极分享个人感受和心得。

对于沟通和表达能力的评价应当关注 3 个方面：①观察大学生是否能够积极主动地与他人进行沟通，并愿意建立持续的联系，这种积极性不仅表现在日常工作中，更体现在解决沟通问题时是否努力克服困难，能够妥善处理冲突和矛盾；②评价者需考查大学生是否能够打破以自我为中心的思维模式，换位思考，从对方的立场出发，是否能够体谅他人，在这一过程中，是否能够灵活调整自己的观点和立场，做到真正的相互理解；③在听取别人意见后，评价大学生是否能够根据实际情况及时调整自己，并积极回应对方。

沟通和表达能力的评价并非仅关注沟通的频率，更需要考察其质量和深度。大学生是否能够理解并尊重他人的观点，是否能够有效地传递自己的思想，以及是否能够在沟通过程中保持冷静、理智的头脑，都是评价的重要因素。在评估沟通能力时，需要全面考查大学生的言语表达、非言语沟通以及在复杂情境下对问题的处理能力，以确保评价的全面性和准确性。

（3）组织管理能力。组织管理能力是指具有一定的组织管理水平，能承担领导任务的一种能力，包括组织领导能力、应变能力和决策能力。

第一，组织领导能力。组织领导能力是指领导干部为了企业的利益和实现企业的目标，通过运用一定的方法和技巧，将不同背景的个体组织在一个团队中，使其共同朝着同一个方向和目标努力奋斗的能力。这种能力体现在以下几个方面：

领导者应谦虚、自律和诚实待人。谦虚的领导者不仅展现出对团队成员的尊重，更能够在决策和执行过程中听取多元声音；自律使领导者在工作中能够保持高效率，同时为下属树立了良好的榜样；诚实待人则构建了信任的基础，使整个团队形成健康的工作氛围。

领导者具备团结合作和构建高效团队的能力。领导者需要具备组织能力，将不同背景、不同层次的个体有效地整合成一个高效协同的团队，这需要领导者善于激发成员的工作潜力，合理分配资源和任务，使团队能够更好地完成工作任务。

领导者要以身作则、尊重下属、体谅下属、鼓励下属。领导者的行为和态度会对团队产生深远的影响。通过展现对下属的尊重和体谅，领导者能够树立积极的团队文化，并增强团队凝聚力；通过鼓励下属，领导者不仅能激发团队成员的积极性，还能形成一种共同奋斗的团队氛围。

领导者须具备号召力，能够感染大家共同努力。领导者需要通过自身的言行举止，激发团队成员的热情和动力，使其自愿参与到共同的目标中，这种能力不仅使领导者在组织内赢得信任，更能够形成强大的凝聚力，推动整个团队朝着既定目标迈进。

领导者工作充满激情，敢于负责，不推卸责任。领导者在工作中展现出的激情和责任心能够激励团队成员，营造出积极向上的工作氛围，敢于承担责任、不推卸责任的态度则体现了领导者的坚定决心和责任担当，能赢得团队的尊重。

领导者公平做事，奖惩分明，善于处理各种关系。领导者需要在处理与上司、下属以及同级之间的关系时要保持公正，不偏袒，使团队成员感到公平公正。奖惩分明则能够树立起明确的行为规范，激发团队成员的积极性，提高整体绩效。

第二，应变能力。应变能力在企业中被定义为面对意外事件的压力时，能够快速做出反应并寻求合理措施，使事件得以妥善解决的能力，即应对变化的能力。一般而言，应变能力强的个体在外界环境或条件发生较大变化时，能够迅速进行调整，保证行动的有序开展。良好的应变能力体现在以下几个方面：

面对困难和挫折时能理性处理。强大的应变能力使个体在面对问题时能够冷静思考，不被负面情绪左右，理性分析问题的本质和原因。在困境中能够清晰地制定解决方案，采取切实可行的措施，确保问题得到妥善解决。

在面对复杂的情境时能够在最短时间内做出正确的选择，包括了解状况、迅速判断形势，做出明智的决策。能够在紧迫的情况下冷静应对，不受外界压力干扰，做出符合整体利益的决策。

正确认识和解决工作过程中所遇到的困难。强大的应变能力使个体能够客观、全面地了解问题，并通过科学方法解决问题。不仅能够解决眼前困境，还能够深刻了解问题根本原因，为长期发展提供更为全面的策略和方法。

在变化中找到前进的方向，包括明确目标，清晰认识自身在变化中的位置，能够在动荡中保持前瞻性思维。优秀的应变者不仅能够应对当前的挑战，还能够在变化中发现机遇，引领团队持续向前发展。

第三，决策能力。决策能力是指对某一事件做出决断、确定方向的综合性能力。它体现为调研、分析、策划、预测、判断及取舍的能力。大学生在面临职业选择时需要有理性的决策能力，决策能力可以应用于学业规划、职业目标选择及职业发展过程中。科学的决策需要理性思维能力的支持，具有决策能力的人通常善于利用当前有利的发展环境，抓住发展机遇，促进事业不断地发展。

决策能力的核心在于对事件做出综合性判断，这种判断需要个体具备调研的能力，能够全面了解事件的各个方面。通过系统收集和整理信息，决策者能够对事件的背景、影响因素、可能的发展趋势等进行深入分析，为后续的决断提供充分的依据。

决策能力要求在判断的基础上进行合理的策划。决策者需要制订可行的行动计划，明确目标和步骤，包括对资源的充分考虑，明确实施过程中可能遇到的问题，并提前制定相应的对策。通过科学合理的策划，个体能够在实际操作中更好地实现决策的目标。

决策能力主要包括预测和判断的能力。决策者需要具备对未来发展的预见性，能够通过对现有趋势的分析，合理判断未来可能发生的变化，这种能力使决策者在制订计划时更具前瞻性，能够更好地适应未来的变化。

决策能力要求在多个选择之间进行取舍。面对不同的选项，决策者需要权衡各种利弊，综合各种因素，做出最为合适的选择，这种取舍的能力需要决策者具备较高的分辨和判断能力，使其在复杂的情境中能够迅速做出决断，确保决策的有效性。

在大学生面临职业选择时，决策能力显得尤为重要。职业规划和目标选择需要个体对自身兴趣、能力、价值观等方面进行深入思考，调研不同领域的发展前景，制订科学合理的职业发展计划。通过良好的决策能力，大学生可以更加明晰自己的职业目标，更好地应对职业生涯中的各种挑战。

决策能力的发挥离不开理性思维的支持。理性思维是决策过程中的基石，能够帮助决策者对问题进行客观、深入的分析，避免受到情感的干扰。科学的决策是在理性思考的基础上进行的，决策者需要具备清晰的思维逻辑和辨析问题的能力，以保证决策的准确性和有效性。

在企业环境中，具有决策能力的个体能够更好地应对外部环境的变化，灵活调整策略，抓住发展机遇。良好的决策能力有助于提高组织的应变能力，使组织更具竞争力。通过科学决策，个体能够更好地推动事业的发展，实现个人和组织的共同目标。因此，决策能力作为一项重要的能力素质，对于个体和组织的成功都具有重要的意义。

（4）其他能力。其他能力主要包括个人的知识结构、外语能力、计算机能力和实践动手能力。

第一，一个具有丰富知识结构的毕业生需要具备广泛的文化素养。在专业知识方面，毕业生应当熟练掌握学科基础知识和专业领域知识，不仅要在广度上有所涉猎，更要在深度上有所拓展。此外，毕业生还应具备与专业相关的公共基础知识，能够运用事实型知识与经验型知识来有效地完成具体工作任务。

第二，外语能力是毕业生在国际化背景下备受重视的一项能力。具有外语能力的毕业生能够协助企业翻译外文合同和行业资料，获取国外最新市场信息，为企业领导提供全球市场动向。特别是在口译方面的能力，用人单位往往更加注重，认为这是应对全球化竞争的重要手段。外语能力的提升不仅使毕业生在职场中更具竞争力，也为企业的国际化发展提供了有力支持。

第三，计算机能力作为一项基本素质，要求毕业生能够灵活运用计算机进行日常业务管理。这涵盖了业务流程设计、数据分析预测、试验研究以及文档处理等多方面工作能力。在当今信息化社会，计算机能力已经成为毕业生必备的核心竞争力之一。毕业生应当熟练掌握各种计算机应用软件，能够高效地进行信息检索、数据处理，为企业提供科技支持。

第四，实践动手能力是指毕业生能够将理论知识与实际工作紧密结合，有效解决实际问题的能力。这是毕业生在职业生涯中不可或缺的基本素质。具备较强的实践动手能力使毕业生能够更好地适应工作环境，迅速投入并胜任各类实际工作任务。用人单位往往更加青睐具有实践经验的毕业生，认为他们更能在工作中迅速产生价值。

3. 社会认可评价

目前，我国大学生就业方面的社会认可评价主要是根据用人单位对大学毕业生适应社会需要的程度进行的。社会认可评价通常可以从德、能、勤、绩、健等方面来展开。

（1）德。“德”在个人的素质结构中处于最高层次，对个人的发展具有引领和导向作用，主要包括以下几个方面：

第一，思想品德修养。思想品德修养作为德的一个重要方面，对于个人的发展和社会认可具有至关重要的作用。毕业生在思想品德方面应该保持较高的思想觉悟和理论水平，这意味着个人需要具备深刻的思考能力，理性地对待问题，保持对事物的敏感度和理解力。一个具有高水平思想品德修养的个体，能够更好地应对复杂多变的社会环境，厘清头绪，做出明智的判断。

大学生在思想品德修养方面需要遵守党纪国法及各项规章制度，确保自己的行为符合规范，这是德的一种具体体现，表明个人具有良好的社会公民素养，能够在法律和道德的框架内实施个体行为，为社会的和谐稳定贡献力量。一个守法守规的人不仅能够维护社会秩序，还能够树立良好的个人形象。

高尚的品格，如真诚、宽容、谦和、善良等，也是良好思想品德修养的体现。一个品行端正的毕业生，不仅在专业上有一定的造诣，更能以令人钦佩的品德展现自我，这种品格会体现在与人相处的方方面面，有助于建立起良好的人际关系。善良宽容的态度使得他们能够更好地协调团队关系，减少冲突，提高工作效率。在职业发展中，这种品德养成也为其赢得了同事和领导的信任，更易于在职场中脱颖而出。

思想品德修养高的个体不仅表现出高尚的品格，还展现出较高的智慧。美德是智力的最高证明，这是因为在复杂的社会交往中，需要辨别是非曲直、善恶得失，这就需要在道德标准和社会价值观的指导下进行理性思考。德行高尚的个体更容易做出正确的决策，避免自身走入道德和法律的歧途。

第二，责任感和事业心。责任感和事业心作为德的另一重要层面，对个人素质和社会认可有着深远的影响。责任感和事业心的体现在于个体的爱岗敬业和乐于奉献精神。毕业生在职场中需要展现出对工作的热爱和专注，通过充分发挥自己的专业能力，为企业的发展贡献力量。这种爱岗敬业的态度不仅能够提高工作效率，还能够赢得同事和领导的尊重与信任，为个人职业生涯的成功奠定坚实基础。

言行要符合职业伦理规范的要求，自觉履行岗位职责，全力以赴地完成工作任务是责任感和事业心的具体表现。在职业生涯中，毕业生应当遵循职业道德准则，不仅在言行上体现出对职业的尊重和认真，更要深刻理解并践行职业伦理规范。通过严格自律、履行职责，个体能够在职场中建立起良好的职业声誉，从而得到业界和同行的认可。

在家庭和社会中，责任感主要体现在对父母的孝敬对家人的呵护以及承担社会责任方面。在家庭中，有责任感的个体不仅会关注家人的生活需求，更能够担当起家庭责任，为家庭和谐稳定贡献一份力量；在社会中，对个人义务的全力以赴表明了个体对社会责任的认识和担当，这种责任感不仅是一种行为准则，更是一种精神境界，能够赢得社会的尊重和认可。有责任感的人会在面对困难和挫折时保持理智思考，采取正确的办法解决问题，这种冷静而果断的态度使得个体在复杂多变的职场中更容易应对各种挑战，取得成功；在职业生涯中，难免会面对各种压力和困难，而有责任感的毕业生能够坚守初心，保持对事业的热情，不畏艰险，努力克服困难，为个人和团队取得更大的成就。

第三，团队精神。团队精神作为德的重要组成部分，在毕业生的职业发展和社会认可中具有显著的价值。团队精神要求毕业生以包容和理解的态度对待周围的每个人。在职场中，个体需要与不同背景、经验的同事紧密协作，这就要求个体具备足够的包容性，能够理解并尊重团队中每个成员的特点和观点。这种包容性不仅有助于减少内部矛盾，更能够促进团队的和谐发展，为整体工作氛围创造积极的条件。

团队精神强调顾全大局，自觉以集体利益为重。在职业生涯中，个体需要认识到个人的成功和团队的发展是相互关联的。有团队精神的毕业生不仅能够为自己的职业目标努力奋斗，更能够将个人的成就融入整个团队的发展中。他们能够主动为团队的共同目标出谋划策，以实际行动支持团队的长远发展，为团队的成功作出积极贡献。

团队精神表现为对团队业绩的荣誉感和骄傲。有这种精神的毕业生不仅关注个人的表现，更注重团队整体取得的成就。他们对团队所取得的成功感到自豪，并将团队的荣耀当作个人的荣誉，这种荣誉感激发了个体更强烈的工作动力，使其在团队中展现出更高水平的工作热情和责任心。

毕业生在团队中展现积极的态度，承担起团队任务，不仅有助于团队的高效运转，更能够为个体职业生涯的成功打下坚实基础。通过与团队成员密切协作，毕业生能够汲取更多的经验和知识，提升自己的专业素养。同时，积极参与团队活动也有助于建立广泛的人际关系网络，为个体的职业发展创造更多机会。

（2）能。“能力”是指大学毕业生在履行岗位职责、胜任工作及取得工作业绩时所需具备的各种能力和素质。社会对大学毕业生的工作表现进行评价时，关注的焦点并不只是停留在个人素质和知识水平上，而是更加注重对其实际工作能力和在社会中发挥作用的评估。一些用人单位提出了“五能”标准，即能想、能学、能干、能写、能说。

第一，能想。能想是指毕业生应该具备良好的思维能力。在面对各种工作问题和挑战时，毕业生需要具备清晰而独立的思考能力，能够迅速分析问题，提出创新性的解决方案。有“能想”的特质意味着毕业生能够从多角度思考问题，具备较高的思维敏捷性，对于复杂情境能够迅速做出明智的决策。

第二，能学。能学是指毕业生具备不断学习的能力。在现代社会，知识更新迅速，职场要求不断提高，因此，毕业生需要具有持续学习的意识和能力。能学的毕业生不仅能够快速学习新知识和新技能，还能够主动获取所需的信息，通过学习不断提升自己的综合素养，以适应不断变化的工作环境。

第三，能干。能干是指毕业生应该具备实际操作和解决问题的能力。具备能干的素质意味着毕业生能够熟练运用专业知识和技能，高效完成工作任务，包括对工作的认真负责态度、独立处理问题的能力以及高效的执行力。在实际工作中，能干的毕业生能够迅速适应工作要求，胜任各种工作挑战，从而有出色的工作表现。

第四，能写和能说。能写和能说是指对毕业生在表达能力上的要求。毕业生需要具备清晰、准确的书面表达和口头表达能力，能够流利、得体地与同事、上司和客户进行沟通。具备能写和能说素质的毕业生不仅能够清晰地表达自己的意见，还能够有效地与他人协作，提高工作效率。

（3）勤。“勤”是指毕业生在企业中是否勤奋工作。大学毕业生在职业生涯中应该对自己严格要求，确保按时上下班，并按照公司规定按时出勤打卡。在工作中，大学生应该以认真努力的态度面对每一项工作任务，静下心来，努力深入研究业务，坚持不懈地通过点滴积累提高自己的业务能力和水平，从而取得显著的工作成效。

第一，勤奋工作是大学毕业生在职业生涯中应当具备的基本素质。勤奋不仅需要按时上下班，更需要在工作中付出额外的努力，追求卓越。大学生在面对新的工作环境和任务时，应该积极主动地钻研业务知识，不断提高专业素养，通过实际行动为企业创造更大的价值。

第二，勤奋是大学毕业生在工作中展现出的一种责任心和使命感。在职场中，勤奋的毕业生能够全身心地投入工作中，对待每一项工作任务都抱有高度的责任感，不折不扣地完成工作，确保任务的质量和效果，这种工作态度使毕业生能够在团队中获得信任，为自己在职业发展中打下坚实的基础。

第三，勤奋还表现为大学生对于个人职业发展的积极追求。毕业生应该具备主动学习的意识，不仅局限于公司要求的工作范围，还要主动了解行业动态，提升自身综合素质。通过不断学习和努力，大学生能够在职业生涯中实现自我价值的最大化，取得更多的职业成就。

（4）绩。“绩”是指员工在工作岗位上取得的各种工作成就和业绩，也被称为工作绩效，主要关注员工在具体工作任务中所取得的成绩，包括完成的项目、达到的技术指标以及获得的奖励等。社会对大学毕业生“绩”的评价，注重考查其在职业生涯初期所展现出的实际工作能力和业绩表现。

第一，工作成就是对毕业生“绩”评价的重要依据。毕业生在职业初期需要通过实际工作展现出对专业知识的掌握以及对工作任务的高效完成能力。在完成项目的过程中，毕业生能否在规定时间内、按质按量完成工作任务，对于评价其“绩”具有直接的影响。工作成就是展示毕业生工作实力的突出标志，通过取得显著的工作业绩，毕业生能够在职场中赢得更多的认可和机会。

第二，技术指标的达成也是“绩”评价的重要组成部分。在许多职业领域，对于特定技术指标的达成往往成为评价员工绩效的关键因素。大学毕业生在实际工作中需要展现出扎实的专业知识和技能，通过达到或超越技术指标，体现出自己在职业领域的竞争力。技术指标的高水平达成既反映了毕业生的实际业务水平，也彰显了其对专业领域的熟悉程度。

第三，获得的奖励也是评价“绩”的重要因素之一。获得奖励通常意味着毕业生在工作中表现出色，得到了同事和领导的认可，奖励可以包括荣誉称号、奖金、晋升机会等，都是对毕业生工作绩效的肯定和鼓励。社会对毕业生的“绩”评价主要关注其是否能够通过实际工作表现出色，进而赢得奖励和提升机会。

（5）健。“健”是指员工在工作中所展现出的身体和心理上的健康素质状态。社会对大学毕业生的“健”评价强调身心健康的重要性，一个人只有拥有良好的身体和心理素质，才能更好地适应职场挑战，展现出卓越的工作能力。

第一，身体素质在“健”评价中占据重要地位。身体素质是指人体在活动中所表现出的力量、速度、耐力、灵敏度、柔韧度等机能，这些方面的表现直接关系到一个人在工作中的承受能力和工作表现。身体素质的好坏不仅影响到个体的健康状况，还直接关系到其在日常工作中能否胜任各种任务。在职业生涯中，拥有良好的身体素质能够帮助毕业生更好地完成工作任务，应对各种挑战。例如，具备较好的耐力和体力的员工能够更好地适应高强度的工作环境，更好地应对工作压力，展现出卓越的工作能力。身体素质的良好与否直接关系到毕业生在工作中的工作效率、工作质量以及对工作的持续投入程度。

第二，心理素质也是“健”评价的重要内容。在职场中，一个人往往面临着各种压力、困难和挫折，因此，具有健康的心理素质成为职场成功的重要保障。健康的心理素质通常表现为沉着冷静、坚韧不拔、乐观向前。在工作中，毕业生需要具备足够的心理韧性，能够冷静应对各种突发情况，保持积极的工作态度。在面对工作挑战时，具有健康心理素质的员工更能坚持不懈地克服困难，为自己的职业发展创造更多的机会。良好的心理素质还有助于个体更好地适应职业生涯的起伏和不确定性，增强个体在团队协作中的稳定性和可靠性。

二、大学生就业准备

（一）大学生就业认知的准备

“就业是大学生实现人生价值的重要渠道，也是学生生涯中非常重要的一项任务。”[①]新的就业形势对从业者的思维方式、知识结构和实践应用能力均提出了更高的要求。为了更好地适应社会的要求，实现顺利就业，大学生必须自觉把大学生活与就业紧密联系起来，努力构建科学的思维方式、合理的知识结构和强有力的实践应用能力。

1. 培养科学的思维方式

思维是人脑对客观现实概括和间接的反映，它反映的是事物的本质和事物间规律性的联系。思维能力是人的核心能力，一个人的思维能力虽然与自身的智力水平有关，但更取决于思维方式。科学的思维方式具有广阔性和深刻性、灵活性和敏捷性、独立性和批判性、理性等特征。培养大学生的科学思维方式应着重从以下方面进行培养：

（1）丰富知识。丰富的知识储备是培养大学生科学思维方式的重要基础。理论知识的广泛涉猎不仅拓宽了思维的边界，也提升了逻辑推理的能力，还促进了科学思维方式的形成和发展。在这方面，逻辑学的知识尤为重要。逻辑学作为一门关于思维规律和方法的科学，对于培养大学生的科学思维方式至关重要，它通过系统地阐述各种推理形式和规则，帮助人们厘清思维的逻辑结构，从而使得思维更加清晰、有条理。通过学习逻辑学，大学生可以了解到不同的推理方式和逻辑规则，培养其正确分析问题、做出合理推断的能力，从而提高了科学思维的准确性和逻辑性。

（2）学习哲学。在培养大学生的科学思维方式中，学习哲学扮演着至关重要的角色。哲学作为一门学科，不仅提供了丰富的方法论，更启迪了人们的智慧，帮助人们更好地理解世界、认识自我。在大学生接受高等教育的过程中，尤其需要加强对哲学的学习，以提高他们的哲学思维素养，培养科学的思维方式。

第一，哲学作为科学的世界观和方法论，为大学生提供了一种全面系统的思维方式。通过学习哲学，可以深入了解自然界和人类社会发展的一般规

---

① 常兰，刘嘉，薛会来．高校大学生就业心理问题及策略研究［J］．情感读本，2022（29）：16.

律，理解事物的本质和发展趋势。学校哲学应以辩证唯物主义和历史唯物主义为基础，提倡实事求是、辩证思维、历史观点和社会关怀，这种思维方式不仅有助于大学生更深入地认识世界，还能够指导他们在学习和生活中运用科学的方法进行思考和分析。

第二，学习哲学有助于提高大学生的理性思维能力。哲学是一门探究事物本质、规律和意义的学科，要求学生运用逻辑思维和批判性思维对问题进行分析和解决。通过学习哲学，大学生可以培养辨析问题、抽象思维和推理能力，提高逻辑思维和批判性思维水平，这种理性思维能力不仅有助于他们更好地理解学科知识，还能够使其在实践中运用科学的方法来问题解决和做出决策。

第三，学习哲学可以启发大学生的创新思维和创造性思维。哲学是一门开放的学科，鼓励学生对问题进行深入思考和探索，提出新的见解和观点。通过学习哲学，可以培养大学生敢于挑战传统观念和思维定式的勇气，发展独立思考和创新能力，这种创新思维和创造性思维不仅有助于他们在学术领域取得突破性成果，还能够帮助他们在实践中提出新的思路和方法，推动社会进步和发展。

第四，学习哲学可以帮助大学生提高综合素质和人文素养。哲学是一门综合性学科，也就是所谓“科学之科学”，涉及自然科学、社会科学和人文科学等多个领域。通过学习哲学，大学生可以了解不同学科的基本概念和发展趋势，拓宽学科视野，提高综合素质。同时，哲学还涉及道德、伦理和人生价值等重要问题，通过学习哲学，大学生可以思考人生的意义和价值，提高人文素养。

（3）调整思维方式。培养大学生科学思维方式的关键之一是调整思维方式。随时整理自己的思路，总结思维方法上的经验教训，是培养科学思维方式过程中至关重要的一环。在进行思维活动时，一个人所经历的具体过程是异常复杂的。在获得正确认识之前，常常会遇到各种各样的思维错误，可能是概念不清晰、判断失误、缺乏灵活性和变通性等原因所致。因此，不断总结思维方式上的经验教训，可以帮助人们不断完善自我，显著提升思维能力，逐步培养科学的思维方式。

随时整理自己的思路可以帮助大学生提高对问题的认识和理解。在思维活动中，经常会遇到信息杂乱、逻辑混乱的情况，这时及时对思路进行整理和梳理，可以帮助厘清头绪，抓住问题的关键，更准确地把握问题的本质。

通过不断地整理思路，大学生可以培养起辨析问题、分析问题的能力，逐渐形成科学的思维方式。

总结思维方法上的经验教训有助于大学生发现和纠正思维方式上的问题。在进行思维活动时，往往会犯下各种各样的错误，如陷入思维定式、盲目从众、缺乏思维的灵活性等。通过及时总结经验教训，分析思维方式上的不足和缺陷，大学生可以更好地发现并纠正自己的思维问题，不断提高自己的思维水平和质量。

在进行思维活动时，经常会出现思维跳跃、逻辑混乱等情况出现，这些都会影响到思维的效率和质量。通过不断地整理思路，总结思维方法上的经验教训，大学生可以更好地规范思维过程，提高思维的效率和质量，为科学思维方式的培养打下良好的基础。

（4）独立思考。培养大学生的科学思维方式之一就是倡导独立思考。独立思考并非孤立于他人之外，而是在充分汲取他人智慧的基础上，通过自己的头脑对问题进行全面、深入的思考和分析，这种思考方式既强调“独立”，又包容了与他人的讨论争辩，促进了思维的严谨、全面和深刻。

独立思考的意义在于培养学生独立思考、自主学习的能力。在大学生活中，面对各种知识和信息，学生需要通过自己的努力去获取和理解，而不是依赖于他人的指导和引导。通过独立思考，学生可以从不同的角度去思考问题，发现问题的本质和内在联系，培养起自主学习的习惯和能力。

独立思考是培养学生创新能力和解决问题能力的重要途径。在思考的过程中，学生不仅要理解已有的知识和观点，还要勇于质疑和挑战，提出新的见解和观点。通过独立思考，学生可以培养起创新思维和创造性思维，发挥自己的想象力和创造力，为解决实际问题提供新的思路和方法。

独立思考是培养学生批判性思维和判断能力的有效途径。在面对各种观点和信息时，学生应该学会辨别真假、善恶，对于不合理的观点和论据应该有自己的判断和看法。通过独立思考，可以培养学生的批判性思维能力，使他们学会理性分析和评价问题，提高自己的判断和决策水平。

（5）提高艺术修养。提高大学生的艺术修养对于培养科学思维方式具有重要意义。艺术与科学的结合不仅可以拓宽大学生的思维广度，还可以激发他们的创造力和想象力，从而促进科学思维方式的提升和发展。

艺术能够帮助大学生培养观察和感知能力。艺术作品往往蕴含着丰富的情感和内涵，需要观察者去细细品味和感受。通过欣赏和理解艺术作品，大学生可以提高对细节的敏感度，培养自己的观察和感知能力。这种观察和感知能力对于科学研究和实践具有重要意义，可以帮助大学生更加深入地理解和把握科学现象，从而拓宽科学思维的深度和广度。

艺术可以激发大学生的创造力和想象力。艺术作品常常是艺术家对现实生活进行思考和想象的产物，蕴含着丰富的创造力和想象力。通过欣赏和理解艺术作品，大学生可以受到艺术家的启发，激发自己的创造力和想象力，从而在科学研究和实践中勇于创新，敢于突破，为科学的发展和进步做出更大的贡献。

艺术可以帮助大学生培养审美情趣和审美能力。艺术作品往往具有独特的美学价值，需要观察者去欣赏和品味。通过欣赏和理解艺术作品，大学生可以提高自己的审美情趣和审美能力，培养自己对美的敏感度和鉴赏能力，这种审美情趣和审美能力对于科学研究和实践也是至关重要的，可以帮助大学生更好地把握科学的本质和内涵，从而提高科学思维方式的准确性和严谨性。

2. 构建合理的知识结构

现代社会对求职者的知识要求是：拥有较高的知识水平，并能根据社会的发展和所选择职业的具体要求，科学构建自己的知识，形成合理的知识结构。

大学生应具备的知识，包括基础知识、专业知识、复合知识。基础知识，在大学生知识结构中发挥着举足轻重的作用，在现代高等教育改革中越来越受到重视，基础知识主要包括数学、物理学、化学、历史学、地理学、哲学、文学、艺术、文化、伦理道德、外语、计算机及专业基础知识；专业知识，是大学生知识结构中的主要内容，是大学生各自所学专业的知识，是大学生赖以生存发展的资本和发挥一技之长的具体表现；复合知识，是增强大学生社会适应性的知识，是为了弥补高等教育“专才”缺陷的知识，是大学生健康持续发展的助推剂。

合理的知识结构是根据社会需要将自己的基础知识、专业知识、复合知识有机整合而成的知识结构。合理的知识结构虽然没有绝对统一的模式，但具有三个普遍而共同的特征：有序性、整体性、可调性。

（1）常见的知识结构模型。

第一，“T”型知识结构。“T”型知识结构是专博型知识结构的另一种表述。有的人专业知识精深，但知识面狭窄，其知识结构很像一个竖杆“｜”；有的人专业知识浅薄，但知识面较广，其知识结构像一个横杆

“—”。将二者之长集于一身，就是“T”型知识结构的人。就目前来看，具有“T”型知识结构特点的人才，最符合就业市场的需求。因为精深的专业知识可以较好地满足对口行业的就业要求，宽博的基础知识则有助于支撑今后的发展。

第二，网络型知识结构。网络型知识结构是以自己的专业知识为“中心点”，以其他相近的、作用较大的知识作为网络的“纽带”，相互联结，形成一个适应性较强的，能够在较大范围内左右驰骋的知识网。网络型知识结构的主要特点是知识面的宽广性。

第三，金字塔型知识结构。金字塔型知识结构的横向结构是宽广型，纵向结构为阶梯型，包括了宽厚的综合性基础理论知识、专业理论知识和适量的非专业理论知识及跨学科知识，强调的是基本理论、基本知识、基本技术技能的学习、训练和运用。“厚基础”为人的成才和创造奠定了基础，“宽基础”为人的综合能力、适应能力、应变能力的培养创造了条件。目前我国大部分本科专业教学计划实际上就是按照金字塔型的知识结构设计的。

（2）对求职者知识结构的要求。

现代社会对求职者文化素质、知识的要求受多种因素的影响，尤其受到当代科学技术发展状况的影响与作用。与此同时，各类现代职业对于就业者文化素质和合理的知识结构的要求也越来越高。就知识结构而言，不仅对知识技能共性的要求越来越高，而且对就业者知识和技能的适应性要求也越来越高。

第一，不同类型的职业对求职者知识结构的共性要求主要包括以下几个方面:

①宽厚扎实的基础知识，基础知识是知识大树的躯干，是知识结构的根基。无论选择何种职业，还是向哪个专业方向发展，都少不了宽厚扎实的基础知识。特别是随着科技和经济的高速发展，社会的产业、行业、职业结构调整的速度必然加快，大学生在择业就业上已不可能是“从一而终”，职业岗位随时变动的状况不可避免。要适应这种变化，必须靠扎实宽厚的基础知识。

②广博的专业知识，专业知识是知识结构的核心部分，也是科技人才知识结构的特色所在。广博精深是指大学生对自己所要从事专业的知识和技术的掌握具有一定的深度和范围，有质和量的要求，对概念体系、理论体系、研究方法、学科历史与现状、国内外最新信息等都要有所了解和把握。同时，

对其专业邻近领域的知识也要有所了解和熟悉，善于将其所学专业的领域与其他相关知识领域紧密联系起来。

大容量的新知识储备，现代各类职业都要求从业者的知识“程度高、内容新、实用性强”。“程度高”是指知识层次高，知识面广；“内容新”是指从业者的知识结构中应以反映当今科学技术发展状况的新知识、新信息为主；“实用性强”是指从业者的知识在生产、工作中有较强的实用价值。

第二，不同类型的职业对求职者知识结构的特殊要求主要包括以下几个方面：

管理类职业的要求，管理类职业主要包括国民经济管理、企业管理、金融管理、财政管理、外贸管理、行政管理等社会工作。选择此类职业作为自己目标的求职者，在其文化素质上除了具备提及的共性要求外，根据管理类职业的实际需要和管理科学的发展规律，还必须很好地掌握党的方针政策，掌握基本的法律知识。在其知识结构中，管理理论和知识要求占较大的比例，除此以外还应了解税务、工商、外贸等方面的管理知识。在知识结构上一般要求具有“网络型”的结构。

工程类职业的要求，工程类职业的范围包括各行业中从事工程技术应用工作的职位，要求就业者在文化素质上应具备扎实的专业知识，具有较新的现代专业理论，熟练地掌握能应用于实际工作的应用技术知识及一定的管理知识。

农科类职业的要求，农科类职业范围主要包括各农业科技园区、园艺类公司、农科所、蔬菜公司等企事业单位，这类职业要求从业者能吃苦、具有良好的专业知识并能运用于实践，有较强的自学和创新能力。

教育类职业的要求，教育类职业的范围包括大学教师、中小学教师以及各类职业教育教师、干部培训教师等。教育这一特殊行业决定了选择此类行业的就业者在文化素质上要具备四个条件：①掌握辩证唯物主义和历史唯物主义的基础理论和扎实的专业知识；②熟悉本专业最新研究成果及其发展趋势；③了解与本专业相近的新兴边缘学科或交叉学科的情况；④掌握教育科学的相关知识。该类职业要求就业者的知识结构为“网络型”。

管理类职业、工程类职业、农科类职业、教育类职业这四种类型职业对求职者知识结构有特殊要求，其他类型职业也有着各自不同的特殊要求。大学生应当根据社会需要，结合个人专长，充分了解各种职业对求职者知识结构的特殊要求，在就业前和就业后注意建立和调整自己的知识结构，并使之日趋合理，为职业生涯顺利发展奠定坚实的基础。

（3）文化知识素质的组成。

第一，公共基础知识。掌握丰富的公共基础知识，不仅是形成合理的知识结构所必需的，而且是按照自身特点和社会需要，在一生中不断学习、掌握新知识的需要。公共基础知识犹如基石，只有宽厚坚实才能合理地建筑起稳固的知识大厦。大学生要掌握好基础知识，这是以后就业的铺路石、敲门砖。大学生在课余还可积极参与各类基础学科竞赛，建立宽厚的知识基础，有利于在今后的工作中适应各种变化，灵活自如地发展。

第二，专业基础知识。对于学生从事专门学科知识学习而言，专业基础知识学习是衔接公共基础知识与专业知识的重要一环，是公共基础知识的深化、发展，是专业知识的先导与基础，起着承上启下的作用。大学生只有掌握稳固的专业基础知识，才能进一步深入学好专业知识。目前，各高校专业基础知识安排的课时，占整个学时的1/3左右，足以证明专业基础知识的重要性。作为学生应该广泛汲取各类知识的精髓，有针对性地扩大自己的知识面，在有利于专业知识积累与发展的条件下，使知识结构趋于合理。

第三，专业知识。专业知识通常是指学生各自所学专业的知识，专业知识是学生知识结构中的主要内容。专业知识是学生知识结构的直接体现，知识结构的完善必须以专业知识的学习与运用为最终目标。随着社会生产力和科学技术的发展，社会对专业能力，特别是专业的实际操作能力要求越来越高，因此对形成专业能力的专业知识的要求也越来越高。

专业知识是学生赖以生存的资本，过硬的专业知识是学生今后顺利走向工作岗位的有效保证，是履行岗位职责、胜任专业工作必须掌握的。一个人的知识域是由专业知识和相关知识构成的。在学习的过程中，应区分出什么知识是工作所必需的，什么知识是进一步提高工作能力和工作效率、效果所需要的，从而有目标、分层次地对知识进行储备，准确而有效地获取相关知识。以教师为例，一个优秀的教师应该具备多方面的知识。其中，掌握好所教学科的专业知识是一个教师进行教学的前提。教师只有拥有丰富的专业知识，才能将其有效地传授给学生；但只有相关的专业知识，而不懂教育学、心理学、学科教学论的相关知识，则不能充分了解学生特点；不懂得教育教学方法，则不能有效地传授知识，这样就不能成为合格的教师。

第四，新技术、新知识的储备。面对当前形势，如果只掌握本专业现阶段的知识，是很难适应社会发展的，在不断加深对专业知识学习的同时，还应科学地学习更多知识，在基础知识的学习宽度和深度上下功夫。要掌握本专业国内外研究的新动向、新成果，了解科技新动态，注意本专业的科学前沿情况。要求学生同时掌握多种专业知识是不现实的，但是除了精通自己的专业知识，并能在实际中运用以外，再掌握或了解与专业相关联的若干专业知识和技术是可以做到的。

第五，现代经济、现代管理和人文社会知识。在知识的建构过程中，在重视基础类知识和专业类知识的基础和前提下，要努力扩大自身基础类、专业类知识之外的其他横向类知识的范围。现代社会需要学生具有一定的社会知识，一定的经济知识、管理知识和人文知识。作为一名新时代的青年学生，应该把学校开设的各种人文课程学好，利用空余时间多读一些社会科学、经济学、管理科学方面的书籍，扩大自己的知识面，开阔自己的视野，不断加深对社会、现代经济和管理科学方面的了解，从而不断提高自己的适应能力。

3. 培养良好的职业能力

（1）专业能力。大学教育以专业能力教育为主，知识、技能是分专业学习的。专业能力一般是指专业知识、专业技能等与职业直接相关的基础能力。专业人士与普通人士之间的根本差别就是其专业能力的差异。大学生精通一门专业、爱上一个专业，锻造自己优秀的专业能力是把自己塑造为职业人士的重要途径。

第一，专业知识。不同的职业、行业要求从业者所要具备的专业知识不同，这种专业知识可能来自课堂也可能来自工作实践。专业知识的积累是一个持续的过程，学生学到的知识就是自己拥有的武器。一个人如果目标明确，下定决心从事所学专业，走专业路线，并一直走下去，不再更改，就必须在专业知识上精益求精。学生可以通过浏览最新文献，查看全球科研的最新进展来提高自己的专业知识。

课本上所学的知识都是工作中最基础的内容，所运用的模型和原理也是最简单的类型。专业知识是培养专业技能的基础，工作中出现各种问题和疑惑时，可以运用所学的知识和原理，根据具体问题找出“瓶颈”所在，找到突破口去解决。为了有效做到“对症下药”，就需要在实践中不断学习和总结，把平时所学的知识转化成工作中的利器，在反复实践中领悟、摸索。

第二，专业技能。专业技能是指依据专业培养目标，通过一定的学习、实践训练，使学习者熟练掌握的专门技术及运用能力。专业技能分为基础技能和专门技能。基础技能是指从事专门职业所必须掌握的最基本技能。以师范生为例，不管是历史、中文，还是数学或物理专业的学生，作为未来的教师，都应具备基础的教学技能，包括表达技能、书写技能、信息处理技能等，即要有标准的普通话和良好的书面、语言、形体表达能力，扎实的三笔字（钢笔、粉笔、毛笔）、简笔画基本功以及应用现代教学媒体工具的能力等；专业技能是指从事某种职业所必须掌握的某项或几项特殊能力，专业技能是在基础技能的基础上进一步发展起来的能力。例如，教师在掌握了基础技能外，在课堂上还应有教授技能、提问技能、沟通技能、练习指导技能、课堂组织技能、信息技术技能等多种技能的综合运用。

专业技能是大学生进入职业领域的资本，不同的职业、行业会对从业者有不同的技能要求。做研究工作要求具有调查、分析、归纳、演绎的技能；做教育工作要求有澄清、说服、评估、鼓励、表达的技能；公务员要求具有从事行政工作的技能，如判断推理、资料分析以及简洁的文书编写能力等。具备过硬的专业知识、专业技能是毕业生进入就业市场的基本条件。

（2）核心职业能力。核心职业能力，是每个人在职业生涯中，甚至在日常生活中必备的、重要的、起关键性作用的能力，它是使劳动者能够在变化的环境中很快地重新获得所需要的职业技能和知识的能力，当职业发生变更或者当劳动组织发生变化时劳动者所具备的这种能力依然存在。核心职业能力具有普遍的适用性和广泛的可迁移性，对人的终身发展和成就有着极其深远的影响。核心职业能力将在很大程度上帮助大学生去发现、实现自我价值，从而更好地服务社会。

第一，团队合作能力。团队是把不同性格的人组合在一起，在一个规则、一个系统下，为了一个共同的目标而奋斗。随着信息社会的发展，人与人之间的交往活动日益频繁，越来越依靠团队的力量。团队合作是职业人工作的一种重要方式。当今社会是一个“合作为王”的时代，职业人做任何一件事、做任何一个项目都不是单枪匹马就可以完成的，而是由领导、同事、客户合作完成。团体合作精神是大学生就业的决定性条件。

大学生应该有意识地在学校的学习和生活中主动培养自身的独立性，学会分享、感恩，勇于承担责任，不要把错误和责任都归咎于他人。在日常学习生活中，有目的、有计划地参与各种竞赛、学生社团、体育运动、科技文化艺术节等各种校园文化集体活动，在活动过程中自觉加强纪律观念和大局、团队意识，积极地与人交流沟通，与他人分享自己的想法，凡事采取合作的态度，只有合作才能增强团体的凝聚力。

第二，人际交往能力。人际交往能力是指在一个团体或群体内与他人和谐相处的能力。每个人都必然会和社会上形形色色的人打交道，处理好人际关系是每一个大学毕业生走上社会后必须学会的课题，在现代社会生活中，人际交往能力变得越来越重要，甚至超过了工作能力。

第三，沟通能力。大学里的专业技能固然重要，但是如何与人、社会沟通以及如何融入社会也是当代大学生不得不高度重视的问题。许多学生缺乏融入社会、进入职场的基本能力和核心竞争力。沟通能力是营造胜任力的“催化剂”，更是实现职业目标的推动力。由于每个人所处的角度和思维方式的不同，在沟通交流过程也就不可能永远保持一致，难免会出现分歧，甚至有误会与争执，只有通过沟通才能使双方达成共识，相互了解、接受、信任。在沟通中，要学会倾听，善听才能善言，切忌中途插话或打断他人。无论什么时候，倾听都能显示出一个人的素养，学会倾听是一种美德、一种修养、一种气度。

第四，创新能力。创新能力不仅是衡量大学生是否成才的重要指标，也是各用人单位选人用人的重要条件之一。20 ~ 30 岁是一个人最富创新能力、最容易出成果的年龄段，如果仅局限于教材和课堂，那么所有同学只能处于同一水平和层次。要实现超越，就必须抓住这一宝贵时间有所突破，就必须创新。

第五，解决问题能力。学会解决问题是一个人立世和成事的根本。人们每天都会面对一些问题，这不可避免，也并不可怕，关键在于如何处理这些问题。善于处理问题是一个人综合素质的集中体现，是实践能力的核心，更是职业能力的重要组成部分。学会解决问题可以改善所处社会环境、工作环境，乃至心理环境。提高解决问题的能力不是朝夕之功，而是一个长期积累的过程。

面对问题时不慌张，从辩证的角度来分析问题产生的原因、可能造成的后果。问题出现后，可以向别人求助，但要明确自己才是解决问题的主体。因此，遇到实际问题时，要学会独立思考、仔细分析、冷静全面地寻找问题的症结。处理问题时不怯场，讲究策略，运用自身掌握的各种知识进行合理、科学的处理。不同问题的处理方法有所不同，要学会区别对待、灵活化解，善于学习和倾听，以平等、宽容、适度为原则，提高分析问题、处理问题和解决问题的能力，以负责任的态度来解决遇到的问题。

解决实际问题时，最重要的是管理好时间，把握做事顺序，努力提高效能。管理好时间，朝自己设定的目标前进，而不致在忙乱中迷失方向。时间使用原则：①合理使用消费时间（游戏、聊天、逛街、上网）；②尽可能多使用储存时间（学习、思考、记忆、计划）；③尽量避免浪费时间（等待、无聊旅途）。

把所做的多样事情按重要与不重要、紧急与不紧急两个属性进行分类，分为重要而紧急的事，重要而不紧急的事，紧急而不重要的事，既不重要又不紧急的事四种情况。处理这些事情通常采用的顺序：①先做重要而紧急的事；②多做重要而不紧急的事；③少做紧急而不重要的事；④不做既不重要又不紧急的事。

提高做事的效能。效能是指有效的、集体的效应，即人们在有目的、有组织的活动中所表现出来的效率和效果，它反映了所开展活动目标选择的正确性及其实现的程度。效率是以正确的方式做事，且做正确的事。两者不能偏废，但当两者不可兼得时，应先着眼于效能，然后再设法提高效率。

提高效能主要有五个步骤：①确定目标，目标可以最大限度地聚集人们的资源，明确的目标可以节约大量时间；②确定需要做的事，要实现自己的目标需要做哪些事情，并且要确保这些事情有利于目标实现；③确定事情的优先顺序，对需要做的事情设定先后顺序，分清轻重缓急；④确定计划，根据要做事情的轻重缓急制订计划，确保计划得以严格执行；⑤选择正确的方法，以正确的方式做事。

随着信息技术的发展和全球化的深入，各个行业和岗位的变动越来越频繁，知识和技术的更新越来越迅速，用人单位招聘时，不仅要求大学生掌握与岗位相关的专业知识和技能，而且对大学生的综合素质越来越重视。因此大学生要努力培养核心职业能力，提高自身的综合素质，成为复合型人才，这样在走上社会后才能适应不同类型的职业。

（3）实践应用能力。知识的积累对能力的提高具有指导作用，但大学生具备了丰富的知识并不意味着就有了较强的实践应用能力，要将知识转化为能力，需要付出艰辛的努力。为了适应社会的要求，大学生必须加强对自身实践应用能力的培养和锻炼，增强自己的就业竞争能力。

第一，大学生应具备的实践应用能力。一般来说，不同的学科和专业对其毕业生有着不同的能力要求，但无论什么专业的毕业生，要想顺利就业并尽快有所成就，都必须具备一些共同的基本能力，这些能力主要包括表达能力、动手能力、适应能力、人际交往能力、组织管理能力、创新能力、决策能力等，这些能力既是择业过程中必须具备的能力，也是适应社会需要和自身发展所应具备的能力。

此外，大学生在择业过程中还应具备三种能力：①自我推销的能力，市场经济条件下，任何一种产品要推向市场并得到人们的认同，除过硬的质量之外，必须辅以强有力的市场宣传，恰如其分地向别人推销自己也是一门学问，是需要且能够培养的一种能力；②自我包装的能力，市场经济也是一种“眼球”经济，任何一种产品要博得人们的好感和兴趣，先要让这种产品吸引人们的眼球，而产品的包装则是吸引人们眼球的重要一步，大学生择业也一样，要获得用人单位及面试官的好感及兴趣，必须做好自我包装，让自己的实力能够更加充分地展示出来；③随机应变的能力，现在的人才市场瞬息万变，机会稍纵即逝，要想掌握市场的主动权，必须适应市场的变化。大学生在就业过程中，必须学会根据社会需求状况、就业环境、自身条件等方面因素的变化，及时调整策略，牢牢把握机会。

第二，获得能力的方法与途径。大学生培养自己的能力同知识的掌握一样，要靠平常的学习、生活中的自觉培养和实践锻炼来提高。人的能力水平是有差异的，这种差异并不是先天形成的，而是由所处的环境、受教育程度及自身实践状况等因素造成的。就共性而言，获取能力的方式与途径主要有以下几个方面：

一个人才能的大小，取决于掌握知识的多寡、深浅和完善程度。才能并不是知识的简单堆积，而是知识的结晶，这里的“结晶”包含着对知识的提炼、改造和制作，包含着质的变化。要想达到这一目的，除掌握知识外，还需要有科学的思想方法和熟练的技能技巧。这里的思想方法和技能技巧也属知识范畴，即在某些方面有丰富的知识，并掌握科学的思想方法对这些知识进行科学加工，做创造性运用。掌握的知识越丰富、越精深、越完善，加工和运用知识的思想方法越正确、越先进，实现创造的技能技巧就越熟练、越精湛，才能也就越优异、越高超，其能力也就越超群。

勤于实践，能力是在实践过程中培养形成并在实践过程中表现出来的，因此实践是培养能力的重要途径。学校不同于社会，实践的形式还是比较单一的。但只要你积极参与，就会有很多收获。如大学生组织义务家教、当保洁员、参加社区服务等，这些活动不仅陶冶了大学生的情操，也促进了他们相关方面能力的提高。

发展兴趣，兴趣对培养能力相当重要。古今中外许多著名的科学家、文学家、艺术家，都是在强烈的兴趣驱动下取得事业成功的。求职者要围绕所学专业发展自己的兴趣爱好，并以这些兴趣为契机，加强对相关知识的学习和积累，注意发展自己的优势能力。

超越自我，作为一个求职者，可以注重发展自己的优势能力，但仅有优势能力是不够的，还必须对基本能力有所拓展，这就要求求职者在注意发展兴趣能力的同时，也要超越自我，注意全面发展自己的各种实际能力。现代社会的多维竞争增加了单一能力持有者的生存难度，同时增强了企业的生存危机感。因此，不管将要从事的职业是不是自己的兴趣所在，都必须注意锻炼自己的基本能力。

（二）大学生就业心理的准备

"大学生就业心理问题愈演愈烈，就业心理贯穿于整个大学生活，与大学生自身的心理素质、性格气质和综合能力息息相关，就必须从踏入大学校门的第一天起树立职业理想，培养就业心理，为就业做好充分的心理准备。"①

求职择业是对大学生综合素质尤其是心理素质的一次大考验，深入研究大学生的接受心理，是实现高校就业工作的基础。在就业过程中，良好的心理素质能够帮助大学生理智认识自我、客观分析环境，有利于充分发挥自己的能力，乐观应对挑战，坦然面对失利，积极把握机会，科学做出决策。良好的就业心理主要表现为以下特征：

1. 认清自我，准确定位

认清自我并准确定位是大学生在面对就业选择时至关重要的特征之一。这一过程涉及对自身职业兴趣、个性特点、能力素质以及价值观等多个方面的客观认知和评估。只有通过深入的自我了解，大学生才能够更准确地把握自己的定位，为未来的就业做出明智的选择。

（1）了解自己的职业兴趣。大学生应该思考自己对不同职业领域的兴趣和喜好，以及对特定工作内容的热爱程度。这种对职业兴趣的认知可以帮助他们更好地选择符合个人喜好的职业方向，从而在工作中获得更大的满足感和成就感。

（2）认清自己的职业个性。每个人都有自己独特的性格特点和行为方式，这些特点在职场中会对个人的表现和适应能力产生重要影响。因此，大

① 谢燕月．大学生就业心理准备浅析［J］．才智，2013（31）：344.

学生需要认真分析自己的职业个性，了解自己在不同工作环境下的表现方式，以便选择适合自己个性的职业路径。

（3）准确评估自己的职业能力。大学生需要客观地分析自己的专业技能、学习成绩、实习经历等方面的能力水平，以便找到与自己能力相匹配的职业方向，并为未来的职业发展做好充分准备。

（4）厘清自己的职业价值观。大学生应该思考自己对工作的态度和期望，以及在职业发展中所追求的目标和价值取向。通过深入思考和反思，他们可以更好地明确自己的职业理想和价值观，从而选择与之相符合的职业道路。

2. 不怕挫折，放眼未来

在大学生就业过程中，面对挫折是不可避免的。如何应对挫折，如何保持乐观向上的态度，是考验大学生心理素质的关键。大学生在遭遇挫折时应该保持冷静，认真分析挫折的原因。通过深入分析，了解挫折的根源，是自身努力不够还是受外部环境因素影响，这有助于找到解决问题的方向。同时，挫折也是一种锻炼，它可以磨炼人的意志，增强面对困难的能力。因此，大学生在面对挫折时，要坚定信心，相信自己通过努力可以克服困难，走向成功。

在激烈的就业竞争中，很多大学生可能会面临职业愿望无法实现的挫折，这可能是个人专业不对口，工作条件不理想，或者是待遇不尽如人意等原因所致。然而，这些挫折并不意味着失败，而是一个新的起点。大学生应该以积极的心态看待挫折。每一次挫折都是学习和成长的机会，它们可以让大学生更加坚强，更加成熟，为未来的发展打下坚实的基础。因此，大学生在面对挫折时，要勇敢地面对现实，保持积极乐观的心态，坚信自己的潜力和能力。通过努力学习、不断进步，大学生可以克服各种困难，迈向更加光明的未来。挫折只是暂时的，放眼未来，大学生应该怀着信心和希望，勇往直前，实现自己的人生价值。

3. 主动出击，勇于竞争

在当前大学生就业环境的背景下，主动出击和勇于竞争的特征显得尤为重要。随着就业制度的改革，大学生获得了更多的自主选择权，但与此同时，也意味着将面临更为激烈的竞争。在这样的情况下，只有具备主动出击和勇于竞争的特质，才能够在激烈的竞争中脱颖而出，实现自己的就业目标。

（1）主动出击意味着积极主动地寻找和争取就业机会。

第一，主动出击意味着大学生在求职过程中要具备市场敏感度。这种敏感度要求大学生在校期间就应当对当前的就业市场有充分的了解和认知。通过研究市场需求，大学生可以明确自身的职业定位和目标，从而在求职过程中更具针对性。了解市场需求不仅是指对行业发展趋势的洞察，还包括对具体岗位要求、薪酬水平、发展前景等信息的全面掌握。通过这些信息的综合分析，大学生可以合理规划自己的职业生涯路径，并在求职时做到有的放矢，避免盲目投递简历或参与和自身目标不符的招聘活动。

第二，主动出击要求大学生在求职过程中积极掌握就业信息。就业信息的获取不仅局限于传统的校园招聘会和职业规划讲座，还应扩展至各种线上招聘平台、行业交流会、专业论坛等渠道。大学生可以通过这些渠道获取最新的岗位发布信息、企业需求动态以及行业内的就业趋势，从而在信息爆炸的时代中保持信息优势。同时，大学生在获取就业信息的过程中，也应注重信息的筛选与整合，避免因信息过载而导致选择困境或错失良机。

第三，主动出击体现在大学生积极参与各类招聘活动中。招聘活动是求职者与企业直接对接的桥梁，是大学生展示自我、获取企业青睐的重要途径。通过参与招聘活动，大学生不仅可以直接向企业展示自己的专业能力和综合素质，还可以在与招聘人员的互动中了解企业的用人标准和需求，从而进一步调整自己的求职策略。大学生在参与招聘活动时，应当做到有备而来。无论是企业背景的调研，还是应聘岗位的要求，抑或是自身优势的展示，都应事先进行充分准备。这样不仅可以提升面试的成功率，还能给企业留下深刻的印象，为后续的就业机会打下坚实的基础。

第四，主动出击的另一重要方面是大学生要勇于主动联系用人单位。与被动等待企业联系不同，主动出击要求大学生在明确求职目标后，积极通过邮件、电话或社交网络等方式主动与目标企业取得联系。这种联系不仅可以表现出求职者的积极态度，还可以通过深入沟通进一步了解企业的实际需求，从而更有针对性地调整自我介绍和求职策略。特别是在一些竞争激烈的岗位中，主动联系用人单位的行为往往能够在众多求职者中脱颖而出，赢得企业的关注和认可。

第五，争取面试机会是主动出击过程中至关重要的一环。面试不仅是求职者与用人单位直接交流的重要渠道，也是决定能否获得工作机会的关键环节。在面试中，求职者不仅需要展示自己的专业知识和技能，还应表现出积极的工作态度和良好的团队合作能力。为了增加面试成功的机会，大学生应在面试前进行充分的准备，包括模拟面试、了解企业文化、准备常见问题的回答等。此外，面试后的跟进也是提升就业成功率的重要手段。通过面试后主动跟进，求职者不仅可以表现出对职位的高度重视，还能进一步加强面试时的良好印象，为获得最终的录用机会增加砝码。

（2）勇于竞争是在激烈竞争中取胜的关键。

第一，勇于竞争要求大学生具备坚定的信心和勇气。在激烈的就业市场中，大学生不可避免地会遇到各种挑战和压力。在这种环境下，信心成为求职者能够持续前行的内在驱动力。信心不仅能帮助大学生建立起自我价值的认知，还能促使其积极面对竞争带来的压力。勇气则是信心的外在表现，它使大学生在面对竞争时，毫不退缩地展示自己的优势和能力。这种勇敢的姿态不仅能够吸引招聘单位的关注，还能够帮助大学生在面试等关键环节中展示出最佳的自我状态。

第二，勇于竞争意味着大学生需要不断提升自身的竞争力。竞争的核心在于个体之间的差异化，而这种差异化通常体现在知识、技能、经验等方面。因此，大学生在求职过程中需要不断提升自己的综合素质，以增强自身的市场竞争力。这种提升不仅包括专业知识的深入学习，还涉及实际技能的不断锤炼。通过不断地学习和实践，大学生可以不断丰富自己的知识体系，提升解决实际问题的能力，从而在竞争中占据有利位置。此外，自我提升的过程也有助于增强个人的自信心，使其在面临竞争时更具优势。

第三，保持自信和冷静是勇于竞争的另一重要方面。在竞争中，大学生常常会面临各种不确定性和挑战，这就需要其在应对这些挑战时保持冷静的头脑。冷静的头脑不仅能够帮助大学生更理性地分析和解决问题，还能够避免因过度紧张而导致的表现失常。自信则是冷静的基础，只有在自信的支持下，大学生才能够在竞争中保持积极的心态，面对各种困难和挑战时不轻言放弃。自信和冷静的结合，能够使大学生在竞争中发挥出更为稳定和卓越的表现，从而更有效地应对各种竞争局面。

第四，勇于竞争还体现在大学生对自我挑战的勇敢面对上。在竞争激烈的职场环境中，大学生不可避免地会遇到各种挑战和困难。面对这些挑战，大学生需要具备勇于挑战自我的勇气。这种勇气不仅表现为接受困难的态度，还包括在面对失败时能够迅速调整心态，吸取经验教训，从而不断提升自我。通过不断挑战自我，大学生不仅能够增强自身的应变能力，还能够不断积累实践经验，这对于其未来的职业发展具有重要的促进作用。

第五，勇于面对失败也是勇于竞争的重要组成部分。失败是竞争过程中的常见现象，但其并非终点，而是成长和进步的起点。大学生在面对失败时，需要具备积极的心态，能够从中吸取经验教训，调整自己的竞争策略。通过对失败的反思和总结，大学生能够不断完善自我，从而在下一轮竞争中表现得更加出色。失败所带来的经验和教训，不仅有助于大学生在未来的竞争中避免重复错误，还能够提升其应对复杂情况的能力。

4. 正视现实，自信豁达

正视现实和自信豁达是大学生就业心理中至关重要的特征之一。面对现实，积极正面地认识并接受其中的挑战和可能存在的困难，是实现就业成功的首要条件，这种积极的态度不仅能够帮助大学生更好地适应就业环境，还能够增强他们的自信心和勇气，使他们更加坚定地走向成功的职业生涯。

（1）正视现实是建立在清醒认识现实环境的基础之上的。大学生在就业决策时，需要客观地评估自身的条件和优势，了解就业市场的形势和需求，以及行业的发展趋势和挑战。只有对现实有清晰的认识，才能够更好地规划自己的职业发展道路，做出符合实际情况的就业选择。

（2）自信豁达是应对现实挑战的关键。正视现实并不意味着沮丧和绝望，而是以乐观积极的态度面对困难和挑战。大学生应该相信自己的能力和潜力，坚信自己可以克服任何困难，实现自己的职业目标。只有拥有足够的自信心，才能够在竞争激烈的就业环境中保持冷静和自信，勇敢地迎接挑战，不断突破自我，从而取得更大的成就。

（3）自信豁达也是对自我价值的肯定和认同。通过正视现实，大学生能够更清晰地认识到自己的优势和特长，从而增强自信心，这种自信心不仅来源于对自身能力的信任，还来源于对未来的希望和对成功的坚定信念。在面对就业选择时，自信的态度能够让大学生更加果断地做出决策，更加坚定地迈向自己的职业目标。

（三）大学生就业信息的准备

就业信息，是指求职者通过某种途径获得、经过加工整理，能被求职者理解，并对其求职择业有价值的新消息、知识、资料和情报。大学生顺利就业不仅取决于整个社会的政治、经济状况及自身的能力素质，也取决于是否拥有有价值就业信息。“面对竞争激烈的就业市场和纷繁的就业信息，大学生要把握获得就业信息的渠道，准确掌握就业信息，正确处理和运用就业信息。”[①]

1. 大学生就业信息的组成要素

就业信息对于大学生来说至关重要，它涵盖了招聘活动中各行业、企事业单位发布的需求信息、岗位薪资、工作内容以及职业发展前景等关键要素。在获取就业信息时，应重点关注以下要素：

（1）工作单位的全称及性质是了解用人单位基本情况的重要途径。此外，上级主管部门的信息也有助于了解单位所在行业的监管环境和行业发展趋势。

（2）对从业者的要求方面包括政治思想、道德品质、工作态度、学历及学业成绩、职业兴趣、职业能力、职业气质、职业技能等，这些要求直接关系到求职者是否符合岗位的招聘条件，是就业信息中至关重要的一环。

（3）工作单位的地点、工作环境、工作时间、个人待遇、福利等具体规定也是大学生在选择就业时需要考虑的重要因素。这些信息直接关系到毕业生的生活品质和职业发展。

（4）工作单位的发展前景和实力是考虑就业选择的重要因素。了解单位在行业中的排名或者其在整个社会经济结构中的地位，能够为毕业生择业提供参考。

就业信息并非孤立存在，而是一个系统工程。国家、用人单位、学校、毕业生等各方构成了一个信息网络，互为信息源。国家和职能部门需要提供国家的产业政策、行业的人才需求等信息；用人单位需要了解国家就业政策、学校的专业设置、毕业生的能力及素质等；学校需要掌握就业的方针政策、用人单位的概况及实际需求等；毕业生需要了解就业的程序、用人单位的需求等。

2. 大学生就业信息的重要作用

就业信息在大学生就业过程中扮演着至关重要的角色，其主要作用体现在以下几个方面：

（1）就业信息是择业决策的重要依据。

第一，就业信息涵盖了国家的就业方针和政策，这些政策的出台旨在规范和引导就业市场的发展，为大学生提供宏观的就业环境和政策支持。国家

---

① 任邦来．谈大学生就业信息准备［J］．卫生职业教育，2007（13）：41.

的就业方针通常涉及经济发展战略、行业结构调整、劳动力市场的动态变化等方面。这些信息不仅能够帮助大学生了解当前的就业形势，还能对未来的就业趋势进行预判。通过对国家就业方针的了解，大学生可以把握国家经济政策对特定行业的支持力度，从而做出符合国家发展方向的职业选择。这种宏观层面的信息分析，有助于大学生避免在就业过程中陷入行业的盲目性和不确定性。

第二，地方及行业的就业政策为大学生的择业决策提供了重要依据。地方就业政策通常会针对本地经济发展状况、行业需求变化以及地方政府的扶持措施等进行调整。这些政策的相关信息能够帮助大学生了解本地市场的就业机会以及相应的优惠政策，进而在选择工作地点时做出明智的决策。行业的就业政策则涉及特定行业的就业导向、行业发展的趋势、职业资格的要求等。通过对行业就业政策的深入分析，大学生能够识别出哪些行业在未来具有较大的发展潜力，哪些行业的就业机会较为丰富，从而有针对性地选择适合自己的职业方向。

第三，就业机构的职责和功能是大学生择业决策的重要信息来源。就业机构如职业介绍所、招聘网站、职业咨询中心等，承担着为求职者提供职业信息、招聘信息以及职业指导等多重职能。了解这些机构的职责可以帮助大学生更有效地利用其服务资源，从而获得更多的就业机会和职业咨询。具体而言，大学生可以通过这些机构获取大量的招聘信息，包括招聘单位的需求、职位的要求、薪酬待遇等。这些信息的掌握有助于大学生在求职过程中做出更加科学和合理的选择。

第四，学校的就业流程和相关服务是大学生必须关注的重要信息。学校的就业服务部门通常会提供职业规划指导、招聘会组织、实习机会推荐等服务。通过了解学校的就业流程，大学生可以更好地利用学校的资源，积极参与各类招聘活动，并获得专业的职业指导。此外，学校的就业服务还包括面试技巧培训、简历优化等，这些都能帮助大学生提升求职的成功率。

（2）掌握就业信息是顺利就业的可靠保证。

第一，就业信息提供了对就业市场的全面了解，帮助毕业生在复杂的求职环境中做出科学决策。就业市场的动态变化包括行业的发展趋势、岗位的需求变化、薪资水平的调整等。通过对这些信息的掌握，毕业生能够了解当前的市场需求和就业趋势，从而更好地调整自己的求职策略。有效的信息获取不仅可以帮助毕业生识别出有潜力的行业和岗位，还可以让他们在众多机会中选择最适合自己的职业方向。这样一来，毕业生在制定职业规划时就能够依据市场的真实状况进行合理的调整，从而提高顺利就业的可能性。

第二，对目标企业的基本情况进行详细了解是求职成功的关键。企业的经营方式、产品结构、市场行情以及发展前景等信息对于毕业生来说具有重要的参考价值。深入了解企业的经营模式和产品结构，可以帮助毕业生在面试过程中更好地理解企业的业务及其市场定位，从而更有针对性地展示自身的能力与经验。此外，了解企业的市场行情和发展前景，有助于毕业生评估企业的稳定性和未来发展潜力，从而做出是否加入该企业的明智决定。这样的了解过程，能够使毕业生在求职过程中更具信息优势，从而增加获得工作的机会。

第三，在求职过程中，特别需要关注应聘岗位的具体要求。这些要求包括职位的职责范围、所需的技能和经验，以及职位的工作环境等。全面了解岗位要求有助于毕业生在准备面试时能够有针对性地进行准备。毕业生可以根据岗位的具体要求来调整和优化自己的简历，准备相关的面试问题，从而提升面试的成功率。例如，如果一个岗位要求特定的技能或经验，毕业生可以在面试中突出自己在这些方面的优势，或者通过事先的培训和学习来弥补相关的不足。通过这种方式，毕业生能够更好地匹配岗位要求，展现自身的竞争优势，从而在面试中脱颖而出。

（四）大学生就业材料的准备

1. 自荐信

（1）自荐信的主要功能。自荐信是求职者写给用人单位的信，目的是让对方了解自己、相信自己、录用自己，它是一种私人对公并有求于公的信函。求职信的格式有一定的要求，要求内容简练、明确，切忌模糊、笼统、面面俱到。自荐信具有以下功能：

第一，沟通交往，意在公关。自荐信是求职者和用人单位之间沟通的桥梁。通过一定的沟通，在相互认识、交流的基础上，实现相互的交往，是求职信的基本功能。实现交往，求职者才可能展示才干、能力、资格，突出其实绩、专长、技能等优势，从而得以录用。因此，自荐信的自我表现力非常明显，并具有相当的公关要素与公关特色。

第二，表现自我，意在录用。要想实现自己的求职目标，就要充分扬长避短，突出自我优势，才能在众多的求职者中崭露头角，以自己的某些特长、优势、技能等吸引用人单位。

（2）自荐信的撰写要点。

第一，篇幅尽量简短。只有篇幅简短、重点突出的求职信才会引起用人单位的注意，才能收到好的效果。

第二，突出个性。面对不同的招聘单位和不同的职位，求职信在内容侧重点上要有所不同，必须要有很明确的针对性。只有突出自己的个性，并很好地找到招聘岗位要求和自身条件的匹配点的求职信才会被招聘者关注。

第三，实事求是。陈述要客观真实，适度修饰。由于文化上的差异，一般对外资企业需要充分地展示自己的能力，充满自信；而对国企、国家机关以及国有企事业单位则应适当内敛，着重介绍自己的知识和能力，语气要适度含蓄。

第四，语句通顺，文字流畅。求职信一般要求打印，要做到排版工整、美观，不能出现错别字，语句流畅通顺，文字通俗易懂，切忌用华丽的辞藻堆砌。

第五，尽量不要谈薪酬。如果没有被要求，不宜在求职信中谈论薪酬待遇。如果招聘者要求求职者提出薪酬要求，那么就适度地说明，或者参照行业薪酬标准的中等水平，并且注明这是可以协商的。

第六，仔细检查。写完后应认真阅读修改，或请周围的人帮助修改，避免有歧义的表述，避免出现重点不突出或表述层次不清等疏漏，这样才更能准确地表达求职者的信息。

2. 个人简历

个人简历，是求职者给招聘单位发的一份简要介绍，它包含自己的基本信息，如姓名、性别、年龄、民族、籍贯、学历、联系方式等，以及自我评价、学习经历、工作经历、荣誉与成就、求职愿望、对这份工作的简要理解等。现在求职者常常通过网络找工作，因此一份良好的个人简历对于获得面试机会至关重要。

通过阅读个人简历，招聘人员可以从多个方面来考量求职者：①求职者的能力，招聘者根据求职者受教育的程度、有无相关工作经历、取得过何种成绩等来判断求职者的基本能力和素质，因此简历中需列举具体的事实来证明求职者能胜任招聘岗位；②求职者的职业诚信，招聘者很看重求职者的职业诚信，会注重求职者工作的稳定性及材料表述的真实性，如果频繁跳槽或经历表述中有隐瞒、欺骗的信息，就会使招聘人员对求职者的职业诚信有所怀疑，从而影响求职者的求职结果；③求职者的思维特征，招聘者可通过简历表述的层次性、逻辑性、准确性及文字写作能力，来判断求职者的思维特征。

（1）简历类型。

第一，文字型简历。文字型简历是用文字描述自己的经历，如个人基本情况、做过什么工作、有何成绩、获过什么奖励等，这是传统的写法，现在一些用人单位往往愿意用有经验的人，关键是看应聘者能否从失败中找到原因，是否具有敢于担当的勇气。

第二，表格型简历。表格型简历是以表格的形式分栏目介绍个人情况的简历，比较简练，一目了然。特别是经计算机处理后的表格型简历，非常规范、美观。在 Word 文档中有很多简历模板，基本上可以满足大部分求职者的需求。简历的样式不要太花哨，能够突出个人信息即可。针对设计类的职位，则需花一些时间制作有个性的简历，以充分展示自己的设计水平。

（2）简历格式。

第一，时序型。时序型格式是简历格式的首要选择，因为这种格式能够演示出持续和向上的职业成长全过程，它是通过强调工作经历实现这一点的。时序型格式以渐进的顺序罗列求职者曾就职的职位，从最近的职位开始，然后再回溯。区分时序型格式与其他类型格式的一个关键点是在罗列出每一项职位时，要说明责任、该职位所需要的技能以及最关键的、突出的成就。关注的焦点在于时间、工作持续期、成长与进步以及成就。

第二，功能型。功能型格式在简历的一开始就强调技能、能力、自信、资质以及成就，但是并不把这些内容与某个特定雇主联系在一起。职务、在职时间和工作经历不作为重点，以便突出强化个人的资质，这种类型的格式关注的焦点完全在于所做的事情，而不在于这些事情是在什么时候和什么地方做的。

第三，履历型。履历型格式的使用者绝大多数是专业技术人员或是那些应聘的职位仅仅需要罗列出能够表现求职者价值的资信。如医生就是使用履历型格式的典型职业。在履历型格式中无须其他，只需罗列出资信情况，如就读的医学院、住院实习情况、实习期、专业组织成员资格、就职的医院、公开演讲场合及发表的著作。

第四，图谱型。图谱型格式是一种与传统格式截然不同的简历格式。传统的简历写作只需要运用左脑，思路限定于理性、分析、逻辑及传统的方式。而使用图谱型格式还需要开动右脑（大脑的这一半负责创意、想象力和激情），让简历更加生动。

第五，综合型。综合型格式提供了最佳选择——先简要地介绍求职者的市场价值（功能型格式），随即列出工作经历（时序型格式）。这种强有力的表达方式迎合了招聘的准则，并且通过专门凸显能够满足潜在行业和雇主需要的工作经历来加以支持。而随后的工作经历部分则提供了曾就职的每项职位的准确信息，它直接支持了功能部分的内容。综合型格式很受招聘机构的欢迎，它既强化了时序型格式的功能，又避免了使用功能型格式而招致的怀疑。当功能部分信息充实，有阅读者感兴趣的材料而且工作经历部分的内容又能够强有力地作为佐证加以支持时，尤为如此。

（3）简历内容。

第一，个人资料。个人资料必须有姓名、性别、联系方式（固定电话、手机、电子邮箱、固定住址）。

第二，学业有关内容。学业有关内容包括毕业学校、学院、学位、所学专业、班级、城市和国家，然后是获得的学位及毕业时间，学过的专业课程以及一些对工作有利的辅修课程、毕业设计等。

第三，本人经历。本人经历指大学以来的简单经历，主要是学习和参与社会工作的经历，有些用人单位比较看重大学生在课余参加过哪些活动，如实习、社会实践、志愿工作者、学生会、团委工作、社团等其他活动。

第四，荣誉和成就。荣誉和成就包括“优秀学生”“优秀学生干部”“优秀团员”及奖学金等方面所获的荣誉，还可以把自己认为较有成就的经历，比如参加国家学术性竞赛、国际比赛获得的荣誉等。

第五，求职愿望。求职愿望应表明求职者想做什么，能为用人单位做些什么，此部分的内容应简明扼要。

第六，附件。附件可包括个人获奖证明，如优秀党、团员，优秀学生干部证书的复印件，外语等级证书的复印件，计算机等级证书的复印件，发表论文或其他作品的复印件等。

第七，个人技能。个人技能包括专业技能、IT 技能和外语技能，也可以罗列出技能证书。

第八，第三方推荐。第三方推荐是指通过专业的职业测评系统出具详细客观的测评报告，作为第三方推荐信，附在简历后面作为求职推荐的形式。

一方面能说明求职者的职业性格、职业兴趣，另一方面有利于用人单位判断求职者与岗位的匹配情况。

3. 就业推荐表

推荐信是一个人为推荐另一个人去接受某个职位或参与某项工作而写的信件，是一种应用写作文体。现在使用的就业推荐表，是由学校毕业生就业指导服务中心统一印制的，其栏目有姓名、性别、民族、出生年月、政治面貌、学校名称、专业、学历、培养类别、外语水平、健康状况、学校地址、特长、奖惩情况、在校表现、院系推荐意见、学校毕业生就业指导中心意见等。就业推荐表填写的注意事项如下：

（1）不能涂改。就业推荐表具有代表校方的作用，有关部门是加盖了公章的，因此，填表的时候一定要细心、认真。在校成绩单、院系推荐意见等部分，一旦有涂改的痕迹，就会引起用人单位的误解。因此，发现错误时，应当换一张重新填写。

（2）在备注栏中叙述自己的突出优势。自己具有的一些突出优势可以在备注栏里展示，比如发表的重要作品，或者突出的外语能力、工作经历等。

（3）保证推荐表的唯一可信性。推荐表的原件不可仿制，更不可谎称遗失而重新补办。这样会影响学校的声誉从而造成不良影响。毕业生在“双向选择”的过程中可以使用推荐表的复印件进行“自我推销”。只有与用人单位签订协议时，才需向用人单位或人事主管部门交出推荐表的原件。

就业推荐表作为一种官方文件，具有明确的格式和内容要求。其内容通常包括毕业生的基本个人信息、教育背景、专业能力以及来自推荐人的评价等。这些信息不仅为用人单位提供了有关毕业生的详细背景资料，也在一定程度上反映了毕业生的综合素质和职业潜力。因此，毕业生在递交就业推荐表时，应确保信息的真实性和完整性，避免因信息错误或遗漏影响后续的签约和职业发展。用人单位在收到就业推荐表后，应当妥善保存。就业推荐表作为毕业生求职过程中提交的重要文件之一，其保存状态直接关系到用人单位对毕业生的评估及未来的职业安排。妥善保存就业推荐表不仅有助于用人单位在后续的签约过程中随时查阅相关信息，还能在遇到文件查询或审核时提供必要的依据。用人单位应建立规范的文件管理系统，确保推荐表等重要文件的安全存档，避免因文件遗失或损坏影响业务操作和决策。

在某些情况下，毕业生可能因个人问题或职场变动需要解除与用人单位的录用关系。在这种情况下，毕业生应及时索回就业推荐表，以便与其他单位签订新的就业协议。就业推荐表作为一种具有法律效力的文件，其所有权和使用权属于毕业生，因此，在解约后确保获取推荐表是职业转型过程中的必要步骤。若就业推荐表在解约后未能及时归还，可能会给毕业生的后续求职带来不便，从而影响其与新单位的签约及职业发展。

若毕业生在使用过程中遗失了就业推荐表，应及时到学校就业主管部门补办相关手续。学校就业主管部门通常会提供必要的支持和服务，以帮助毕业生重新办理或补充相关文件。补办手续的过程应尽早启动，以避免因文件缺失造成的求职延误。毕业生应主动与相关部门沟通，提供必要的证明材料和申请信息，以便快速解决问题，并保证在求职过程中不会因文件问题受到阻碍。

第二节 校企合作模式的优化实践

“校企合作模式是高等教育与企业之间的创新合作形式，在促进大学生的就业和职业发展方面发挥着至关重要的作用。”①

一、校企合作概述

（一）校企合作的类型

1. 与不同类型的企业合作

（1）与企业合作。企业视校企合作为深化企业自身发展的契机，强调通过校企合作，学生被系统性地引导至理解企业历史沿革、文化精髓及行业趋势的轨道上。这一过程不仅要求学生掌握扎实的专业知识，还需具备前瞻性的视野，能够洞察本专业领域内的发展方向与改造路径。同时，培养学生坚韧不拔的品质，使之能在复杂多变的市场环境中保持定力，适应并融入传统企业特有的工作环境与文化氛围。

对于教育机构而言，教师被寄望能够深入挖掘并传授企业的独特价值，特别是其深厚的文化底蕴与国家战略层面的支持政策，以此激发学生的创新思维与对企业转型升级的探索欲望。教师还需扮演桥梁的角色，不仅向学生

① 纪祎轩．优化校企合作模式 提升大学生就业竞争力［J］. 中国就业，2024（8）：71.

传授寻找企业改造切入点与产业升级动力的方法论，还应积极与企业沟通，提出基于教学实践的改造建议与新技术的应用方案。这种多层次、全方位的合作模式，旨在为企业量身定制升级路径，促进产学研深度融合，共同推动企业向现代化、智能化转型，实现可持续发展。

（2）与中小企业合作。与中小企业合作，高校需要关注这些重点：①企业制度是否完善，企业管理是否规范，工作环境是否理想；②要有长远发展的眼光，对涉及投入、产权、设备、场地等内容都要用书面合同进行约束，以防“走形式”；③要有预见性，对双方设立的实训基地学校更要做好安全教育工作，保障学生的权益。具体开展以下工作：

第一，高校应具备高瞻远瞩的视野，深刻认识到尽管中小企业受限于历史积淀、资金规模、技术水平及地域分布等因素，其发展面临诸多挑战，但正是这些企业在快速变化的市场环境中展现出了非凡的适应力与活力。从人才培养的长远视角出发，中小企业近年来取得的显著发展成就，为高等教育机构提供了宝贵的实践平台与合作契机。因此，高校应秉持开放合作的态度，积极与中小企业建立紧密联系，共同探索人才培养的新路径，以促进学生理论与实践能力的深度融合。

第二，对于学生而言，在中小企业实习或就业，无疑是个人职业发展道路上的一次重要历练。这类企业往往因其灵活的经营模式和快速的市场响应能力，为学生提供了丰富的实践机会和广阔的发展空间。学生应珍惜这些机会，通过细致观察与详尽记录，深入了解企业运营的各个环节，同时勇于提出基于实践的创新思考与合理化建议。这种敢于思考、勇于提问的精神，不仅有助于学生在职场中展现年轻人的活力与创造力，更能为企业的持续发展贡献智慧与力量。

第三，作为教育工作者，应注重培养学生的微观洞察力和细致入微的工作态度，引导他们学会从小处着眼，关注并适应企业日常工作的点点滴滴。通过精心设计的实践教学环节和针对性的职业指导，帮助学生逐步建立起对企业文化的认同感，以及解决实际问题的能力，从而为他们未来顺利融入社会并贡献于社会奠定坚实的基础。

（3）与大型国有企业合作。国有企业作为党执政的坚实经济基础，无疑扮演着至关重要的角色，同时也是国家财政收入的重要支柱。国有经济在国民经济体系中展现出的控制力、深远影响力及强大带动力，构成了其不可替代的核心地位。在此背景下，强化企业实力，特别是国有企业，必然聚焦于人才的发掘、培育与高效利用，这不仅是实施人才强企战略的核心要义，也是推动企业乃至国家经济高质量发展的关键路径。

大型国有企业在践行人才战略方面，往往走在前列，成为校企合作模式的积极倡导者与先行实践者。它们凭借深厚的政策资源、饱满的创新热情以及多年累积的丰硕成果，在国有经济发展的征途上发挥着举足轻重的引领作用。这些企业普遍拥有健全且成熟的人才管理体系，从人才引进到培养，再到使用，均形成了一套行之有效的策略与方法。尤为值得注意的是，部分领先企业还自建或合作设立了教育机构、配备了先进的教学设施与实训基地，并制定了前瞻性的人才培养规划与执行方案，为人才的持续供给与素质提升奠定了坚实基础。

鉴于大型国有企业在人才资源上的广泛需求与深厚积淀，校企合作往往能够基于双方优势实现无缝对接。高校方面倾向于根据企业实际需求，实施精准的人才培养计划，确保学生能力与岗位需求的高度契合。同时，在科研合作与产品开发层面，双方探索如何通过项目驱动、技术攻关等方式，进一步促进人才培养与产业升级的深度融合，形成互利共赢的合作格局。因此，此类校企合作项目在政策支持、实施过程及成果转化等方面，往往会展现出较高的顺畅度与实效性，这为双方乃至整个经济社会的可持续发展提供了宝贵的经验与启示。

（4）与实力雄厚的企业合作。与业界内实力雄厚的企业建立合作关系，是推动高等教育与产业界深度融合的有效途径，其顺畅性根植于多重积极因素之中。

第一，实力雄厚的企业凭借其在市场中的稳固地位与强大资源，对校企合作持有乐观态度，认为合作本身即是对双方品牌与实力的双重肯定。它们更倾向于将合作视为增量价值的创造过程，而非单纯共赢的权衡，因其已有坚实基础，合作所带来的资源注入与效率提高自然成为锦上添花的双赢局面。

第二，实力雄厚的企业通常会聚了行业内的精英人才，形成了宝贵的人力资源库。这一优势直接映射到校企合作中，不仅有助于缓解高校在师资力量及实践经验方面的不足，还能够通过“双师型”教师的培养模式，即结合理论与实践教学的师资力量，促进教学内容与行业需求的无缝对接，提升学生的就业竞争力和创新能力。

第三，实力雄厚的企业往往具备高效、规范的管理体系，无论是私营企业还是家族式企业，其内部治理结构大多成熟完善，减少了不必要的流程冗余与社交应酬，使得校企合作项目能够更为高效地推进实施。这种清晰的运作机制不仅降低了合作成本，也提高了项目执行效率与成果转化的速度。

然而，这类企业在合作中往往对人才的质量有着高标准、严要求，倾向于采用订单式培养模式，以确保所获得的人力资源能够直接服务于其发展战略。尽管这在一定程度上限制了合作的深度与广度，但也从侧面激励了高校在专业设置、课程体系及教学方法上的不断创新与优化，以适应行业快速变化的需求。同时，企业在追求利益最大化的过程中，也为高校提供了将教育成果转化为社会价值与经济效益的宝贵平台，促进了教育与经济的良性循环。

（5）与高新技术企业合作。对于这类企业，校企合作一般采用“订单式”合作方式或者“认证式”合作方式。企业对岗位的技术要求比较高，对人才需求也是单向的。一般通过以下方式合作：

第一，企业主动提供新技术的教学课件、教材、技术资料，同时派遣企业高新技术人员到学校进行教学指导。

第二，学校可以与企业共同建设相关专业，由企业提供人才培养标准、技术认证以及标准化的课程。

第三，学校和企业共同建立实训室，企业进行技术指导和技术考核，得到符合企业或者行业需要的人才。

第四，企业可以利用网络技术对学生进行模拟训练和技术指导，学校在条件允许的情况下，可以跨专业开设企业需要的人才课程，有利于“通才 + 专才”结合的人才培养模式的形成和发展。

（6）与其他企业的合作。与其他企业的合作是指与文化素质不高、企业文化匮乏、对学生技能要求不高的企业合作。对这类企业，学校要深入开展调研工作，并帮助这类企业提升自身素质。

2. 与不同类型的专业院校合作

（1）与艺术类专业的校企合作。

第一，对象分析。艺术类专业主要包括美术、声乐、舞蹈、播音主持等，这类专业院校的毕业生主要服务于设计制作、乐理指导、形体培训、艺术创作等方面，以满足客户需要为宗旨，要求其具备良好的沟通能力、创新的设计理念、扎实的艺术功底、优秀的表现能力。

第二，合作形式。与这类专业院校的合作，其形式主要有：①合作举办设计、制作机构，可以从事首饰、服装、广告、动漫、装潢、产品设计等服务性工作，企业可以充分发挥其市场运作能力，学生也可以得到充分的锻炼机会；②与媒体机构合作从事包装策划、期刊、出版、报纸、电视台、互联网等媒体设计和策划运营工作，使媒体将更年轻、更有活力和表现力的素材呈现在公众面前，从而使学生在学习阶段明确自己的定位和今后要从事的行业；③可以与一些从事产品生产、销售的企业合作，从事产品的设计开发、包装宣传、企业文化建设，与一些中介机构合作开展艺术培训和宣传设计工作。

第三，合作特点。与这类院校的合作，其特点主要有：①学校可以通过企业的投入，基本上满足学生热衷于设计的需要；②学生的设计能力得到提高；③合作时效性、随意性强。

第四，问题探讨。主要包括：①双方人才培养的方案要清晰，开展活动前要明确活动的目的、要求、任务、结果等；②活动产生的收益要合理分配给学生，注意培养他们正确的价值观；③分配任务时要考虑学生的休息时间，避免长时间疲劳工作，达不到预期的效果；④活动可以考虑与工科、文科结合进行。

（2）与工科类专业的校企合作。

第一，对象分析。工科类专业主要是研究工学方面的专业学科，主要包括地矿、材料、机械、仪器仪表、能源动力、电气信息、土建、水利、测绘、环境与安全、化工与制药、交通运输、海洋工程、轻工纺织食品、航空航天、武器、工程力学、生物工程、农业工程、林业工程、公安技术等学科。这类专业毕业的学生主要面对的是机器，职业性质主要是工人，所以对仪器设备要有敏锐的洞察力，也要学会与同事相处的方法。

第二，合作形式。工科类专业的学校，有较多的合作形式，主要有：①校内工厂式，就是在校内建立企业的实训工厂，校内可以开展生产性的工作；②学校具有比较雄厚的教师队伍，可以合作开展科研活动，为企业进行应用性的科研服务，并培训企业员工进行科研工作，为企业员工晋升做好基础培训工作；③学校与企业员工开展多方交流活动，开展形式多样的培训、交流、诊断等活动。

第三，合作特点。与这类企业合作，合作特点比较明确，具体有：①企业可以根据自己的情况与学校合作，既可以规模大，也可以规模小，既可以投入大，也可以投入小；②与这类学校合作时间上相对较长，持久性、可发展性比较确定，投入和产出成正比；③与这类学校合作可以获得比较好的员工，为企业发展带来比较稳定的人才输入。

第四，问题探讨。由于这类院校的合作企业比较多，从而会出现一些问题：①企业务必要清楚自己需要的人才标准，同时学校也应明确自己输送到企业的是什么样的技能型人才，不要出现协定与结果不一致的现象；②合作期间利用学生创造的收益要合理支付给学生，并要求学生进行总结，进行有针对性的企业文化渗透教育，进行符合本单位人才规划的选拔活动，引导学生向正确的方向发展，不能唯利是图；③学校要注意对学生的全方位培养，与其他文科专业和艺术专业的学生进行互动交流，不能出现“一专无能”的人才；④要特别注意安全管理工作，要加强防范安全事故意识，因为这类学校开展教学一般都需要大型设备，学员要学会机械操作，没有专业化的人员指导很容易造成不必要的伤害。

（3）与文科类专业的校企合作。

第一，对象分析。文科类专业如哲学类、经济类、法学类、教育类、文学类、历史类、管理学类专业，这类专业学生的工作对象是人，学生会面临复杂多变的人际关系环境，要求学生具备较强的人际交往能力、综合性的判断能力和独立完成工作的能力。

第二，合作形式。与这类院校合作的主要是培训机构及其相关行业。其合作方式有：①合作成立如律师事务所、会计师事务所那样的机构，参与律师、会计的日常事务，学生能够在学习的过程中体验生活；②合作成立相关培训机构，比如旅游、外语、软件、服务类的培训机构，充分利用学校的优势资源和便利条件，开展各种培训和咨询工作；③与学校合作开展一些课题的调研工作、公司上市项目的市场调研工作，完成企业项目的顺利上市和正常运转；④进行劳务输出合作，比如与商会、旅游景点、外贸公司、社区街道、健身机构等开展形式多样的劳务输出，解决学生就业问题。

第三，合作特点。与这类院校的合作，其特点有：①形式多样；②以服务为主，规模化运作比较容易出成绩。

第四，问题探讨。主要包括：①双方合作人才培养方案一致，简单的、重复性的学生参与度适可而止，不能占用学生太多时间；②活动创造的收益要合理分配给学生，注意培养他们正确的价值观；③将任务学习、素质培养、目标管理恰当地融入工作任务中；④工作选择性大，流动性高，就业门槛低，需要培养学生正确的就业观念。

（二）校企合作的原则

1. 企业遵循原则

（1）人才引进原则。科技支撑发展，人才引领未来，企业应该把引进人才、培养人才、大胆使用人才作为经济健康快速发展的重要措施来抓，以高端人才聚集引领产业科学发展为导向，竭力做好人力资源工作。在校企合作的基础上，做好人才的培养和引进工作，是校企合作踏上成功道路实现最终目标最重要的一步，也是其成果的一个重要体现。

（2）承诺兑现原则。企业应该做好企业承诺制度建设工作，履行承诺责任，按时、按质、按量兑现承诺内容，把校企合作中的各项承诺作为企业承诺制度建设工作的一部分，接受上级的检查监督，因为在校企合作中，企业角色的进入是先投入后产出的工作流程，所以兑现承诺是双方友好合作的前提。

（3）统一管理原则。企业和学校毕竟是两个单位，合作也是两个独立单位之间的合作，在很多方面是有区别的，比如各自的文化、组织结构、执行力、社会影响等方面，所以双方合作必须统一领导、统一管理、统一规划、统一实施、统一检查考评。

（4）遵纪守法原则。企业是一个“多面体”，除了要追求利润外，还应遵守社会道德规范，并在遵纪守法方面作出表率。作为一个有社会责任感的企业，应当遵守所有的法律、法规，诸如环境保护法、消费者权益保护法和劳动法。带头诚信经营，积极主动地履行合同、合约，并合法经营。因此，校企合作坚决反对与不正当经营企业和违法企业合作。

2. 高校遵循原则

（1）人才培养原则。人才是当今最重要的资源，社会各项事业的发展都急需各种人才，可以说人才是推动社会经济发展、促进社会繁荣的第一要素，因此，要以人为本，大力培养和造就人才。因为校企合作的主要目的是加大人才培养力度，实行人才计划和落实人才战略，所以学校首先要以“教书育人”为先行，认真落实好自己的本职工作，为企业培养合格人才。

（2）坚持稳定原则。校企合作就是要面向行业，充分依靠行业，不断探索校企合作的深层次的长效稳定机制。发挥行业指导作用、建立稳定的校企合作机制既是成功的办学经验，更是高校教育未来办学发展必须坚持的办学经验。

（3）合作双赢原则。合作双赢原则作为校企合作的核心基石，强调在合作框架内实现风险的共同承担与利益的均衡分配，旨在促进双方资源的有效整合与优势互补，达成互惠互利的共赢局面。这一原则不仅是校企合作顺利推进的基本前提，也是确保合作持续性与深入性的关键所在。在校企合作的语境下，合作双赢原则要求双方超越简单的资源交换模式，即学校不应单方面依赖于企业提供实践基地与资金支持，而忽视企业在合作中的长远利益与发展需求；同样，企业也需认识到合作中蕴含的教育贡献与社会责任价值，而非仅视其为成本投入。

遵循双赢原则，校企合作应构建一种基于相互尊重、平等对话的合作机制，确保双方在合作过程中能够充分沟通、协商，共同规划合作目标与实施方案。通过深入挖掘合作潜力，探索多元化的合作模式，如联合研发、技术转化、人才培养与输送等，实现知识、技术、资金等要素的有效流动与优化配置，从而激发双方的创新活力与竞争力。

在市场经济背景下，校企合作更应遵循市场规律，注重合作的效益与可持续性。学校需积极回应企业的人才需求与技术创新诉求，提供定制化的人才培养方案与技术支持；企业则需积极投入，不仅局限于资金与设施的提供，更应参与到教学过程、课程设计乃至科研成果的转化中，形成深度融合的合作伙伴关系。

（三）校企合作的程序

1. 洽谈

在校企合作谈判过程中，学校和企业要在以下方面达成一致，或者对以下内容具有相同看法和共同目标：

（1）合作模式确定。根据双方各自情况阐述，确定合作办学的模式。这个问题是关键，因为模式决定着人才培养方向和培养目标。

（2）目的与动机。校企合作在于促进高校和企业互利合作、互利双赢；实现资源共享，促进教学相长，提高学生综合素质和岗位技能；解决学校教育经费投入不足的问题；达到学校、企业、学生三方满意的效果。

（3）办学层次和机构设置。根据企业需要，根据学校自身情况，达成同时满足双方的层次合作，更好地解决学生的出路问题，不可盲目追求高端或者超出自身的人才培养能力来达成有损自我形象的事情或者目的。同时根据双方人员构成，可以设置一定的合作组织机构，来更好地完成合作计划和合作实施的组织领导责任。

（4）专业及培训、期限。双方根据供需关系，确定合适的专业进行合作，建立“校中厂”或者“企中校”。同时洽谈有关师资的配备和师资的建设，确定生源选拔和监督机制。在生源方面可以双方同时进行，就是学校选拔一批，企业选拔一批，进行双边不同程度的培训和教学，以达到更好的效果。

（5）效益以及产权管理。效益问题也是双方合作的核心问题，企业是以利益为核心的，在谈到这个问题时，学校也要考虑效益问题，要考虑企业的投入和产出问题，确定双方的财务关系以及财务核算标准，对收益以及产权都要明确划分和说明，不能含糊其词，给双方合作制造障碍。

（6）安全与防范。不管双方以何种方式合作，都会有双方人员交错异地学习的情况出现，在交通、实训、顶岗等方面都要进行安全教育以及安全防范，要有应急预案以及预案管理，在防火、防盗、防污染等安全点上都要有共同的有效应对措施。

2. 协议

只要双方对合作方向、目的、权利和义务进行阐述并达成一致，就可以达成一定的协议。不过在协议生效和出具前双方需要做以下工作：

（1）起草协议。这个环节一般是双方确定某一方进行协议的起草或者草拟。起草好的协议要经过校企合作办公室的审查。

（2）资产评估。评估问题是协议里面不可缺少的部分，因为合作双方毕竟有或多或少的资产或者资本的投入，这就涉及评估的问题。比如企业捐赠的设备、仪器或者软件等要经过评估公司的评估，确定其价值，学校出具的场地或者实训基地都要进行产权的确定以及资产的评估，对提供的水、电、网、电话等资源配置进行考核，是否满足双方需求。对投入过大，或者涉及资金额度比较大的项目，必要时请审计部门进行审计。

（3）协议签订与公正。协议要在合作办公室主持下举行签字仪式，双方负责人签字盖章生效，必要时请专业律师进行现场公正或者对协议内容进行法律鉴定和公正，保护双方的合法权益，也使双方合作在阳光下进行。协议如有必要可到上级部门进行备案。

3. 实施

签订协议后的第一步就是进行生源计划的落实和实训基地的建设了。这是双方合作的第一步，也是很重要的一步，对协议有效实施具有很重要的意义。

（1）生源问题。生源问题主要包括：①纳入当年的招生计划；②从现有学生中进行挑选；③提供合适的人选进行培养。

（2）实训基地建设。实训基地建设关系到企业驻校的时效问题，除了选择好施工队以外，还要对施工现场进行严格的管控，避免噪声影响学校的正常教学。对安装、整修、装修、重建的实训基地进行安全评估，确保不会造成不良的后果。

（3）安排正常的教学任务。落实教学计划，进行正常的教学活动，协调驻厂工作人员的生活起居和证件、车位的办理，并将学校的管理手册和制度造册转交给相关人员。

4. 评价

在校企合作实施以后，要进行绩效评价，提交总结报告。合作期满后，按照协议规定，应当终止合作；若还有继续合作的意向，可继续签订合作协议。

二、校企合作模式的优化

（一）制定科学合理的人才培养目标

为了更好地发挥校企合作模式的重要作用，需要制定科学合理的人才培养目标，从而更好地指导高校的人才培养，以及与企业之间沟通和协调的方式。制定科学合理的人才培养目标，可以参考以下方面的策略：

第一，积极与企业和政府进行合作，了解企业在人才培养过程中的需求和想法，进一步深化校企合作模式。同时，高校应该与政府进行积极的沟通，了解政府在解决人才就业问题中出台的相关政策，从而根据这些政策制定更加合理的人才培养目标。

第二，高校应该及时了解企业相关的信息，例如，企业对人才的需求以及政府出台的相关政策，从而能够对高校的人才培养目标进行及时的修改和完善，避免人才培养目标出现滞后性的现象。

（二）建设人才培养和就业一体化机制

对于高校而言，虽然在进行人才培养和就业方面存在着很多不同之处，但是两者之间存在着不可分割的关系，因此为了更好地在校企合作模式下进行人才培养，需要将人才培养和就业进行一体化建设，为此可以参考以下几个方面：

第一，在进行人才培养的过程中，就需要对学生进行相关的就业指导，例如，在开展理论教学的过程中，可以适当引入一些实践教学内容，从而更好地帮助学生将理论教学与实践教学进行结合。

第二，增加专业设置的灵活性特点，在学生进入大三年级开始，对自己的未来应有一定的规划，因为这时学校就需要根据学生的选择进行相应的划分。例如，有些学生需要考研，那么就安排专门的考研教室让学生进行安心学习；有些学生想要工作，高校就可以安排学生进入相关的合作企业进行实习，从而能够满足不同学生的毕业需求。

第三，多种人才培养模式的结合，目前校企合作有多种模式，各种模式的特点不同，有着各自的优势，但是部分人才培养模式之间可以进行结合，从而更好地为企业培养优秀的人才，解决高校应届毕业生的就业问题。

（三）创新高校人才培养机制

高校肩负着为企业培养高素质人才的重任，由于企业对人才需求的不断提高，所以高校在进行人才培养的过程中，也需要对培养机制进行不断的完善和创新，可以参考以下方面：

第一，以企业的需求为导向，更好地对高校的课程设置、理论知识与实践知识的课程比重等方面进行适当的协调，从而能够更好地培养出符合企业需求的人才，进一步解决人才面临的就业难题。

第二，不断优化高校人才的就业机制。高校应该在学生的学习生涯中，坚持就业指导课程的设置，从而能够让学生在大学时代的初期就树立就业目标，更好地进行学习和实践，避免就业时面临更大的压力。

第三节　就业信息平台构建与资源共享

随着信息时代来临，大数据、互联网技术已被广泛应用到各个领域当中，各个高校应在原有学生创业就业服务平台的基础上，利用现代技术不断丰富平台内容、扩展平台资源，以信息多元化、专业对口化为基本原则，构建多元化的高校大学生就业信息平台。

一、大学生就业信息平台构建

（一）大学生就业信息平台的平台架构

大学生就业信息平台的建立是以大数据技术为基础，从大学生就业创业理论逐步转向实践的主要手段，以精确推荐学生就业信息为基准，打破当前学生就业“瓶颈”，并为想创业的学生提供全面的数据信息支持，营造一个“预见式教育、智慧型发展”的学生就业创业教育模式。整体服务平台包含招聘、视频面试、电子简历、职位推荐等功能模块。在平台技术层面上主要以分层架构为理念，并结合当前大学生就业创业现状，运用大数据等数字化技术，以持续、动态的信息为基础，构建多元化信息服务平台。

平台主要以 Java 作为平台编程语言，以 Oracle 作为数据库，秉承数据共享、实时更新的设计原则，构建整体信息化就业创业平台架构，合理设计各种信息匹配方式建立数据逻辑关系。各个用户可通过雇主招聘、就业创业服务、就业质量跟踪、职业学生教育几大功能模块，根据自身需求获取需要的数据信息，通过各个高校提前录入的学生信息与企业信息，包括个人基本信息、学生照片、企业岗位画像等关键信息。通过内部处理为双方用户（学生与用人单位）推荐适合的信息资源，学生与企业双方便可根据推荐信息联系各自想要招募 / 应聘的学生 / 企业。如在所推荐信息中并未找到自己想要的信息资源，还可通过关键字搜索或更新推荐功能，实现资源信息重置推荐。同时，针对部分想要创业的大学生，平台也会提供各种类型的职业信息与创业指南，学生可通过关键字搜索找到自己想要的信息资源，并根据资源介绍合理实施创业计划。平台功能应具备大规模数据同时处理能力，并拥有信息强壮性与并发性特征。数据处理框架采用 Spark，平台则主要采用 Hadoop 进行，整体包括应用层、数据挖掘、数据存储及数据获取等功能模块共同实施。

（二）大学生就业信息平台的服务模式

新时期教育改革离不开现代技术的支持，利用区块链、AI 智能及大数据信息技术，构建大学生就业信息平台，已成为提升学生就业率与自主创业精神的重要手段，将互联网技术与大数据技术完美结合，可充分实现无纸化招聘、在线能力考试、在线辅导及市场调查等多种信息服务，从而便于学生寻求适合的就业目标，方便企业人才招募。同时，结合大数据技术可以获取大量数据信息，并利用平台功能对信息数据进行处理和分析，不仅能为拥有自主创业想法的大学生提供精准的信息资源，还能完美解决就业市场与高校人才培养方面的冲突和矛盾。就业率和创业率长期以来都是高校人才培养质量最为直观的衡量标准，有的学生并不是因为本身知识能力不足而影响就业率和创业率，其根本原因在于现代高校服务平台本身在与企业交流的信息方面存在一定滞后性。因此，必须利用现代技术构建智能服务平台，将高校内部各个专业信息整合，以学生就业创业为基准，构建集调研、监测、教育与招聘于一体的平台服务模式。

大学生就业信息平台在运用大数据技术以后，在学生考入高校后除了学习专业技能与知识外，还需学习基本职业规划知识并通过平台运算给予真实能力评测，从而为学生更好就业和创业提供参考和帮助。大学生就业信息平台除集合学生本身的基本信息、职业规划能力、技能与理论科目成绩以外，还包括其日常上网、消费及多维度数字画像。学生可通过服务平台构建电子简历，包括岗位、行业、地区及期望薪资等各方面信息，并结合其日常关键词搜索及网页浏览记录（如城市、职位等）信息，通过平台内部处理智能构建学生数字化职业画像，高校网站管理者可通过 AI 智能、大数据等数据分析技术，将学生就业取向、成绩、能力及创业方向综合分类，并联系学校结业指导教师，为学生提供动态化、多元化、个性化的就业指导教学。此外，还可为相关招聘企业提供准确的学生求职信息，真正实现互惠互利、合作共赢，从而有效提升学生就业率与自主创业能力。

二、大学生就业信息平台的资源共享

在当前高等教育日益普及与就业市场多元化发展的背景下，大学生就业信息平台的资源共享机制展现出其不可或缺的价值与潜力。这一机制通过整合来自政府、高校、企业及第三方服务机构等多方资源，构建了一个信息丰富、功能多样的综合性服务平台，从而有效促进了就业信息的流通与利用。

第一，从资源聚合的角度来看，大学生就业信息平台实现了信息的规模化与结构化处理，将原本分散于不同渠道的招聘信息、职业规划指导、技能培训资源等集中展示，极大地提高了信息的可获取性和时效性。这种资源的有效整合，不仅降低了大学生获取就业信息的成本，还为他们提供了更加全面、精准的就业服务支持。

第二，资源共享机制促进了供需双方的精准匹配。平台通过智能算法分析学生的专业背景、技能特长及求职意向，与企业的岗位需求进行高效对接，实现了从“海量信息筛选”到“个性化推荐”的转变。这种精准匹配不仅提高了大学生的求职成功率，也帮助企业更快速地找到合适的人才，实现了人力资源的优化配置。

第三，资源共享机制促进了就业服务的创新与升级。通过引入大数据分析、云计算等现代信息技术，平台能够持续跟踪分析就业市场动态，预测行业发展趋势，为大学生提供更加前瞻性的职业规划建议和就业指导。同时，平台还鼓励校企合作、实习实训等项目的开展，为学生提供了更多实践机会和职业体验，增强了其就业竞争力。

第六章 大学生就业服务体系的优化策略

第一节 优化就业政策，拓宽大学生职业发展路径

在当前就业形势日益严峻的背景下，优化就业政策，拓宽大学生职业发展路径已成为社会关注的焦点。“大学生是国家宝贵的人才资源，在新常态下如何解决就业难问题，需要进一步完善就业政策。”①

一、完善就业政策体系，增强政策针对性与实效性

（一）政策调研与动态调整

在政策制定与实施的过程中，政策调研与动态调整是确保政策实效性和针对性的关键环节。这一过程不仅要求政策制定者具备敏锐的市场洞察力，还需深入了解目标群体的实际需求，从而制定出既符合市场规律又能有效解决社会问题的政策方案。

1. 深入市场调研

（1）长效市场监测机制的建立。为确保就业政策能够紧跟市场变化，政策制定者需建立一套长效的市场监测机制。这一机制应涵盖广泛的数据来源，包括但不限于行业报告、企业招聘数据、薪酬调查、劳动力市场统计等，确保数据的全面性和时效性。同时，利用现代信息技术手段，如大数据分析、人工智能预测等，对海量数据进行深度挖掘和智能分析，以揭示市场背后潜在的深层次规律和趋势。

（2）多维度调研内容的细化。市场调研的内容应全面而深入，具体涵盖：①行业发展趋势，包括新兴产业的崛起、传统产业的转型升级等，以把握未来就业市场的增长点；②岗位需求变化，关注不同行业、不同岗位对人才的具体需求，包括数量、质量及结构等方面；③薪酬水平与结构，分析不同行业、不同职位的薪酬水平及其变化趋势，为制定合理的薪酬政策提供依

① 陈岩．大学生就业竞争力提升策略探究［J］．就业与保障，2020（16）：50.

据；④技能要求，了解市场对各类技能的需求程度及变化趋势，为技能培训政策的制定提供方向。

2. 精准分析大学生需求

（1）多维度需求分析框架的构建。在深入分析大学生需求时，需构建一个多维度的需求分析框架。这一框架应涵盖不同专业、学历层次、性别、地域等因素对就业选择的影响，以揭示大学生群体内部的差异性。同时，还需关注大学生在求职过程中面临的具体困难与挑战，如信息不对称、技能不匹配、职业规划迷茫等，以便为政策制定提供针对性的建议。

（2）多元化调研方法的运用。为确保需求分析的准确性和全面性，需采用多元化的调研方法。问卷调查作为一种定量研究方法，能够快速收集大量数据，分析大学生群体的普遍需求；而座谈会、个案访谈等定性研究方法则能够深入挖掘大学生的具体需求和心理状态，为政策制定提供更加细腻和丰富的信息。此外，还可以利用社交媒体、在线论坛等渠道收集大学生的意见和反馈，以弥补传统调研方法的不足。

3. 动态调整政策

（1）政策调整的时机与原则。基于市场调研和对大学生需求分析的结果，政策制定者需及时对就业政策进行动态调整。调整的时机应把握在市场变化的关键节点上，如行业转型期、经济波动期等，以确保政策能够迅速响应市场变化。同时，调整的原则应坚持问题导向和目标导向相结合，既要解决当前存在的具体问题，又要着眼于长远目标的实现。

（2）政策优化的具体路径。政策优化的具体路径包括：①对现有政策的查漏补缺和完善升级，如优化招聘流程、提高服务质量、加强技能培训等；②根据新情况、新问题制定新的政策措施，如针对新兴产业的扶持政策、针对特定群体的就业援助计划等；③加强政策之间的协同配合和互补性，形成政策合力，共同推动就业市场的健康发展。

（3）政策效果的评估与反馈。为确保政策调整的有效性和针对性，还需建立政策效果的评估与反馈机制。通过对政策实施效果的定期评估和持续跟踪，及时发现政策执行中的问题和不足，为后续的政策调整提供参考和依据。同时，鼓励社会各界对政策效果进行监督和评价，形成多方参与、共同治理的良好局面。

（二）就业服务体系建设

在当今快速变化的就业市场中，构建一个全面、高效且适应性强的就业服务体系，对于促进大学生顺利就业、提升就业质量具有至关重要的意义。以下是对就业服务体系建设的三个核心要点的深入展开和探讨。

1. 职业指导与规划

（1）构建完善的职业指导体系。职业指导是帮助大学生明确职业定位、激发职业潜能的关键环节。一个完善的职业指导体系应涵盖职业认知、职业探索、职业决策等多个维度。通过引入先进的职业测评工具，如 MBTI 性格测试、霍兰德职业兴趣量表等，结合专业的心理咨询师或职业顾问的解读，帮助大学生深入了解自我，认识自己的性格特征、兴趣偏好及潜在能力，从而为职业选择提供科学依据。

（2）个性化职业咨询服务。在职业指导过程中，应强调个性化服务的重要性。通过一对一咨询、小组讨论、工作坊等形式，针对不同学生的具体情况，提供量身定制的职业咨询方案。咨询内容可包括行业趋势分析、职位解读、求职技巧培训等，旨在帮助学生建立清晰的职业规划路径，并培养其自主规划职业生涯的能力。

（3）职业规划指导服务。职业规划是一个动态调整的过程，需要学生根据自身发展情况和社会环境变化不断进行调整和完善。因此，就业服务机构应提供持续的职业规划指导服务，包括定期的职业评估、职业规划修改建议等，以帮助学生适应职业发展的不同阶段，确保职业规划的可行性和有效性。

2. 就业信息服务

（1）高效便捷的就业信息平台。高效、便捷的就业信息平台是连接大学生与用人单位的重要桥梁。该平台应集招聘信息发布、简历投递、面试预约、就业政策查询等功能于一体，实现求职过程的数字化、网络化。同时，应优化平台界面设计，提高用户体验，确保学生能够轻松、快速地获取所需信息。

（2）招聘信息的审核与筛选。为了保障招聘信息的真实性和有效性，就业服务机构应加强对招聘信息的审核和筛选工作。通过建立严格的审核机制，对发布招聘信息的用人单位进行资质审查，确保招聘信息的合法性和合规性。同时，利用大数据、人工智能等技术手段对招聘信息进行智能筛选和推荐，以提高信息匹配的精准度和效率。

（3）拓宽求职渠道与降低求职成本。通过线上线下相结合的方式拓宽求职渠道是降低大学生求职成本的有效途径。线上方面，除了自有就业信息平台外，还可以与第三方招聘网站、社交媒体等合作，增加信息来源；线下方面，可以组织校园招聘会、行业交流会等活动，为学生和用人单位提供面对面交流的机会。此外，还可以通过建立校企合作机制、引入校友资源等方式进一步丰富求职渠道和资源。

3. 技能培训与实习实训

（1）多样化的技能培训项目。针对市场需求和大学生技能短板开展多样化的技能培训项目是提高大学生就业竞争力的重要举措。培训内容应涵盖专业技能、通用技能及软技能等多个方面，如编程、外语、团队协作、领导力等。通过校企合作、引入行业专家授课等方式确保培训内容的实用性和前沿性。同时，应鼓励学生根据自身兴趣和职业规划选择适合的培训项目进行学习提升。

（2）实习实训机会的提供。实习实训是大学生将理论知识应用于实践的重要环节。通过校企合作、产教融合等方式为大学生提供实习实训机会，可以帮助学生提前了解职场环境、积累工作经验并提升职业素养。在实习实训过程中，应注重对大学生的实践能力和问题解决能力的培养，同时加强与企业的沟通合作，确保实习实训效果的最大化。

（3）鼓励大学生参加职业技能竞赛与创新创业活动。参加职业技能竞赛和创新创业活动是提高大学生综合素质和竞争力的重要途径。这些活动不仅可以锻炼大学生的专业技能和团队协作能力，还可以激发他们的创新思维和创业精神。因此，就业服务机构应积极鼓励和支持大学生参加各类职业技能竞赛和创新创业活动，并提供必要的指导和支持服务。同时，可以设立相关奖项和奖励机制以激发学生的参与热情和积极性。

（三）就业政策宣传与普及

在促进大学生就业、优化资源配置及提升社会整体就业水平的过程中，就业政策的宣传与普及显得尤为重要。它不仅关乎政策本身的落地效果，更会直接影响大学生的就业观念、决策过程及最终的职业发展。以下是对该议题的详细展开。

1. 多渠道宣传策略的全面实施

（1）传统媒体与新媒体的融合互补。要充分利用传统媒体（如电视、广播、报纸）的权威性和公信力，通过新闻报道、专题访谈、政策解读等形式，对就业政策进行全面深入的宣传。这些传统媒体能够覆盖更广泛的受众群体，尤其是中老年人群及部分偏好传统方式获取信息的大学生。

同时，新媒体的崛起为政策宣传提供了更为广阔的平台。应积极利用微博、微信、短视频等社交平台，通过图文、视频、直播等多种形式，以更加生动、直观的方式展现就业政策。新媒体的即时性、互动性和个性化推荐功能，能够更有效地吸引大学生的关注，提升政策宣传的针对性和有效性。

（2）创新宣传手段，增强吸引力。在宣传过程中，还需不断创新宣传手段，如利用 H5 页面、动画短片、VR 体验等新技术，使政策内容更加易于理解、记忆和传播。同时，可以举办线上线下的政策宣讲会、知识竞赛、案例分享等活动，激发大学生的参与热情，提高政策宣传的趣味性和实效性。

2. 精准推送政策信息的技术应用

（1）大数据与人工智能的精准匹配。随着大数据和人工智能技术的不断发展，可以利用这些技术手段实现政策信息的精准推送。通过收集大学生的专业背景、学历层次、就业意向、求职进度等数据，并运用算法模型进行智能分析，为每位大学生量身定制个性化的政策推送方案。这样不仅能确保政策信息的及时送达，还能提高政策的针对性和有效性，减少信息冗余和浪费。

（2）用户画像的构建与优化。为了实现精准推送，还需要构建和完善大学生的用户画像。这包括但不局限于他们的基本信息、教育背景、兴趣爱好、职业倾向等。通过持续优化用户画像，我们可以更好地理解大学生的需求和偏好，为他们提供更加贴心、实用的政策信息和服务。

3. 加强政策解读与咨询的专业支持

（1）专家团队的组建与培训。为了确保政策解读的准确性和权威性，需要组建一支由政策研究专家、行业分析师、心理咨询师等组成的专家团队。他们应具备深厚的政策理论功底和丰富的实践经验，能够深入浅出地解读政策内容和精神实质。同时，还应定期对专家团队进行培训和考核，确保他们的知识体系和解读能力与时俱进。

（2）咨询服务的便捷化与高效化。在咨询服务方面，应建立多渠道、全天候的政策咨询热线或在线服务平台。这些平台应具备智能问答、人工客服、视频咨询等多种功能，以满足大学生多样化的咨询需求。同时，还应注重咨询服务的便捷性和高效性，确保大学生在遇到问题时能够及时得到解答和帮助。

（3）互动与反馈机制的建立。为了及时了解大学生的需求和反馈，应建立有效的互动与反馈机制。通过问卷调查、意见征集、在线评价等方式收集大学生的意见和建议，并根据反馈结果不断优化政策宣传和服务流程。同时，还应鼓励大学生积极参与政策讨论和分享活动，形成良好的政策传播氛围和效应。

二、加强政府与高校、企业合作，推动产教融合

（一）建立校企合作机制

在当今快速发展的知识经济时代，校企合作已成为推动高等教育与产业界深度融合、促进技术创新与人才培养的重要途径。“在校企合作培养模式的影响下，要不断对就业创业课程进行全面改革，培养出更多适合社会发展需要的人才。校企合作对大学生就业创业课程改革的意义在于校企合作能为大学生提供更多更优质的社会实践平台。大学生在校期间除了要学会课堂所教授的理论知识外，还要注重自身社会实践能力的提升。只有各方面的综合能力水平提升，才更符合社会对人才的实际需求。”①

1. 构建合作平台

（1）实体与虚拟平台的融合是现代校企合作模式发展的重要趋势，这种融合能够为双方提供更为高效、便捷的合作方式。

实体合作办公室的设立，为校企合作提供了一个物理基地。这个办公室可以作为双方沟通的枢纽，由专业人员组成团队，负责协调校企双方的资源和需求，组织必要的会议，以及管理合作项目的日常运作。这样的设置有助于加强双方的联系，促进合作的持续性和稳定性。

与此同时，建立虚拟信息共享系统，利用现代信息技术，为校企合作搭建了一座无形的桥梁。该系统可以实现资料的远程共享、在线交流和实时更新，使双方的协作不再受地域的限制。通过这个平台，校方和企业可以快速交换信息，及时反馈项目进展，从而提高合作的响应速度和执行效率。

（2）定期活动，促进深度交流，定期举办的活动在校企合作中发挥着至关重要的作用，它们不仅促进了双方的深度交流，还为合作提供了实质性的平台。

研讨会与交流会是校企合作中的重要形式之一。通过定期举办这些活动，

---

① 韩莹平．校企合作人才培养模式下大学生就业创业课程改革与实践［J］．四川劳动保障，2024（7）：121.

可以邀请来自不同领域的专家学者和企业代表，共同探讨人才培养、技术创新等相关议题。这些议题通常涉及前沿技术发展、市场趋势变化以及教育体系的改革等，对于促进学术界与产业界的相互理解和启发新的合作思路具有重要作用。

项目对接会则更加注重高校科研成果与企业实际需求之间的直接联系。在这些活动中，高校可以展示其最新的科研成果，而企业则可以根据自身的技术需求和市场定位，寻找合适的合作机会。项目对接会为双方提供了一个高效的交流平台，有助于实现科研成果的快速转化和企业技术需求的有效对接。

2. 明确合作目标

（1）高校视角。从高校视角出发，教育内容与市场需求的有效对接是高等教育适应社会发展的关键。高校有责任密切关注行业发展趋势和市场需求变化，以此为依据调整和优化课程设置和教学内容。在这一过程中，高校需与企业建立紧密的合作关系，通过引入行业真实案例、最新的实践项目等资源，丰富教学内容，提高教学的实践性和针对性，从而增强学生的实践应用能力和就业市场的竞争力。

同时，高校应致力于构建一个系统的实践教学体系。这包括与企业合作建立实习实训基地，为学生提供实际操作的平台，让学生在真实的工作环境中学习和锻炼。此外，高校还需积极推动产学研合作平台的建设，通过这些平台，学生的理论知识得以与实践相结合，促进学生创新能力和解决实际问题的能力的培养。

（2）企业视角。从企业视角来看，校企合作是获取高质量人才资源的重要途径。企业通过与高等教育机构建立合作关系，能够直接接触到经过专业培养、具备实践能力和创新精神的毕业生。这些人才的引入，不仅能够迅速适应企业的工作环境，还能够以其专业知识和新颖视角，为企业带来新的思维方式和解决问题的方法，从而为企业的持续发展和竞争力提升提供人才保障。

此外，校企合作在推动企业技术创新与产业升级方面发挥着关键作用。企业可以依托高校的科研实力，通过联合研发项目、技术转移和知识产权共享等方式，将高校的科研成果转化为实际的生产力。这种产学研用的合作模式，有助于企业快速掌握前沿技术，加速新产品的开发，提升市场响应速度，进而在激烈的市场竞争中始终保持领先地位。

企业通过校企合作，还能够参与到高校的教学和研究活动中，对教育内容和研究方向产生积极影响，确保人才培养更加符合企业实际需求。同时，企业也能够通过合作平台，提升自身的研发能力和技术水平，增强核心竞争力。

3. 优化合作流程

（1）项目申报与审批是校企合作中的关键环节，其目的在于确保所提出合作项目的质量与实施的可行性。为此，必须制定详尽的项目申报指南和审批流程。这些指南和流程应明确项目申报的条件、所需提交的材料以及审批的标准等关键要求。通过这样严格的审批程序，可以筛选出科学性强、实施可行的合作项目，为后续的项目实施打下坚实的基础。

（2）项目实施与监控是保证项目顺利进行的重要保障。为此，需要建立一套完善的项目管理制度，其中包括项目组成员的职责与分工，以及项目实施的详细计划。此外，项目监管机制的建立同样重要，通过定期的跟踪评估，可以及时发现项目实施过程中的问题，并采取相应措施进行调整，确保项目能够按照既定计划顺利进行。

（3）项目评估与反馈环节对于提升项目实施效果、促进持续改进具有重要意义。项目完成后，应进行全面的评估，包括项目目标的达成度、实施过程的效率，以及项目成果的影响等方面。应将评估结果及时反馈给所有相关方，包括项目组成员、合作企业以及资助机构等。通过这种反馈机制，可以总结经验教训，不断优化项目管理流程，提高未来项目的成功率。

（二）开展实习实训项目

1. 拓宽实习渠道

政府应出台相关政策，鼓励企业为大学生提供更多的实习实训机会。同时，高校也应积极与企业建立联系，拓宽学生的实习渠道。通过校企合作，可以使学生提前接触职场环境，了解企业文化和岗位要求，为未来的就业做好充分准备。

2. 强化实习管理

在实习过程中，需要加强对学生的管理与指导。高校应安排专门的指导教师负责学生的实习工作，与企业导师共同制订实习计划、监督实习进展、评估实习成果。同时，企业也应为学生提供必要的支持与帮助，确保学生能够在实习中真正学到知识、得到锻炼。

3. 保障实习权益

为了保障学生的实习权益，政府应加大对实习市场的监管力度。制定相关法规和政策，明确实习生的权益与义务、实习待遇与保障等问题。同时，高校和企业也应加强自律意识，遵守相关法律法规和政策要求，共同维护实习市场的健康有序发展。

（三）共同开发课程与培训

1. 紧跟行业动态

高校与企业应共同关注行业动态和技术发展趋势，及时将最新的知识、技能和方法引入课程中。通过共同开发课程与培训项目，可以使学生接触到最前沿的知识和技能，进一步提升他们的专业素养和创新能力。

2. 优化课程体系

在开发课程的过程中，需要注重课程体系的优化与整合。根据行业需求和学生特点，合理设置课程内容和教学方式。注重理论与实践相结合的教学模式的应用与推广；加强跨学科课程的开发与实施；推动课程资源的共享与利用等。

3. 强化师资建设

为了保障课程与培训项目的质量与水平，需要加强师资队伍的建设与培养。通过引进具有丰富实践经验和专业知识的企业导师、加强高校教师的培训与进修等方式，提升师资队伍的整体素质和教学水平。同时通过鼓励教师积极参与企业实践和技术创新活动，加强与企业的交流和合作等方式丰富教师的实践经验并提升其教学能力和水平。

三、实施更加灵活的就业促进措施

在当今快速变化的就业市场中，实施灵活的就业促进措施对于提升大学生的就业竞争力、拓宽就业渠道具有重要意义。这些措施不仅有助于缓解就业压力，还能激发大学生的创新活力，促进经济与社会的全面发展。

（一）创业扶持政策

1. 创业基金支持

政府应设立专项创业基金，为有意向创业的大学生提供资金支持。这些基金可以通过无息贷款、风险投资、股权融资等多种形式发放，帮助大学生解决创业初期的资金难题。同时，建立科学的评估机制，确保资金的有效利用和项目的可持续发展。

2. 税收减免优惠

为了降低创业成本，政府可实施一系列税收减免政策。例如，对初创企业在一定期限内免征或减征企业所得税、增值税等；对用于研发的支出给予加计扣除等税收优惠。这些措施将有效减轻创业者的财务负担，激励更多的大学生投身创业实践。

3. 创业指导与培训

政府应联合高校、社会机构等，为大学生提供全方位的创业指导与培训。这包括创业知识普及、商业模式构建、市场分析、财务管理等方面的内容。通过专家讲座、案例分析、模拟演练等多种形式，帮助大学生掌握创业技能，提高创业成功率。

（二）灵活就业政策

1. 支持远程工作

随着信息技术的发展，远程工作成为越来越多人的选择。政府应出台相关政策，鼓励企业采用远程工作模式，为大学生提供更多灵活的工作岗位。这不仅可以降低企业的运营成本，还能帮助大学生实现工作与生活更好的平衡。

2. 兼职与项目合作

政府应支持大学生参与兼职工作和项目合作。通过搭建兼职信息平台、规范兼职市场秩序等措施，为大学生提供更多兼职机会。同时，鼓励企业与高校合作开展项目研究、技术开发等活动，让大学生在实践中锻炼能力、积累经验。

3. 灵活用工制度

政府应推动建立更加灵活的用工制度，如劳务派遣、短期合同等。这些制度有助于企业根据市场需求灵活调整用工规模，同时为大学生提供更多的就业机会。可以通过加大劳动法律法规的宣传和执行力度，保障灵活就业人员的合法权益。

（三）就业观念引导

1. 更新就业观念

政府和社会各界应共同努力，更新大学生的就业观念。引导他们认识到就业不仅是找到一份稳定的工作，更是实现自我价值、追求人生梦想的过程。鼓励大学生勇于尝试新的就业形态和机会，如创业、自由职业等。

2. 加强职业规划教育

高校应加强对大学生的职业规划教育。通过开设职业规划课程、组织职业规划讲座等方式，帮助大学生了解就业市场趋势、明确职业目标、制定职业规划。同时，通过提供个性化的职业咨询服务，为大学生提供针对性的指导和建议。

3. 营造积极的就业氛围

政府和社会各界应共同营造积极的就业氛围。通过宣传就业政策、表彰就业典型等方式，激发大学生的就业热情和信心。同时，加强就业信息的发布和共享，为大学生提供更多的就业信息和机会。通过这些措施的实施，可以有效提升大学生的就业率和职业发展质量，为社会培养更多的高素质人才，推动经济和社会的持续发展。

第二节 深化教育改革，提升大学生就业竞争力

我国互联网技术实现快速发展，并且被广泛应用于各个行业，社会上对人才的需求也提出了更多要求，综合体现在需要具有较强综合素质能力的创新人才。高校应联合学生家庭和社会的力量，提升学生的就业竞争力，同时，也需要学生自身有着明确的未来规划。提升大学生就业竞争力是解决就业难题的关键所在。当前，高校教育与市场需求脱节的问题依然存在，这导致了大学生在就业时往往面临缺乏实用技能和实际工作经验的困境。为此，深化教育改革，提高大学生的就业竞争力，是优化就业服务体系的必要措施。

一、调整专业设置，对接市场需求

在高等教育体系中，专业设置与市场需求之间的紧密对接是提升毕业生就业竞争力的关键所在。这一过程不仅要求高校具备敏锐的市场洞察力，还

需具备灵活的教育调整机制，以确保教育资源的有效配置和人才培养的高质量输出。

（一）市场需求分析

市场需求分析是调整专业设置的首要步骤，其目的在于为高校提供科学、准确的市场信息，以指导教育决策的制定。具体而言，高校应构建一套完善的市场需求监测机制，该机制应涵盖大数据分析、行业调研、企业访谈等多种手段，以确保市场信息的全面性和时效性。

第一，大数据分析。利用大数据技术对就业市场数据进行深度挖掘，分析各行业的就业趋势、岗位需求、薪资水平等关键指标，为专业设置提供数据支持。

第二，行业调研。定期组织专家团队深入各行业进行实地调研，了解行业发展趋势、技术革新、人才需求变化等情况，为专业设置提供第一手资料。

第三，企业访谈。与企业建立长期合作关系，定期邀请企业代表进行访谈，了解企业对人才的需求和期望，以及对高校人才培养的建议和意见。

（二）专业结构优化

基于市场需求分析的结果，高校应适时调整专业设置，优化专业结构，以适应市场需求的变化。具体而言，高校应遵循以下原则：

第一，供需匹配。对于市场需求旺盛但人才供给不足的专业，应加大招生和培养力度，以满足市场需求；对于市场需求萎缩或已趋于饱和的专业，则应谨慎招生，甚至考虑合并或撤销，以避免教育资源的浪费。

第二，前瞻布局。在关注当前市场需求的同时，高校还应具备前瞻性思维，提前布局未来可能兴起的行业和领域，设置相应的专业或学科，以抢占人才培养的先机。

第三，交叉融合。鼓励交叉学科的发展，打破学科壁垒，促进不同学科之间的融合与渗透。通过交叉学科的培养模式，可以培养出具有多学科背景和创新能力的复合型人才，以适应复杂多变的就业市场。

（三）课程内容更新

在专业设置调整的基础上，高校还需注重课程内容的更新与升级。课程内容是人才培养的核心要素之一，其内容质量直接影响到学生的知识结构和能力水平。因此，高校应紧跟行业发展步伐，及时更新课程内容，确保其与行业发展前沿保持同步。

第一，行业专家参与。邀请行业专家参与课程设计，将行业最新技术、最新理念、最新标准融入课程内容之中，使课程内容更具针对性和实用性。

第二，实践导向。增加实践性强、技能导向的课程比例，减少理论性过强、与实际应用脱节的教学内容。通过实践教学环节的设计和实施，提高学生的实践能力和职业素养。

第三，动态调整。建立课程内容动态调整机制，根据市场需求变化和技术发展趋势，定期对课程内容进行评估和调整，确保课程内容的时效性和前沿性。

二、强化实践教学，提升大学生就业竞争力

在教育体系中，实践教学作为连接理论知识与实际应用的重要桥梁，对于提升大学生的就业竞争力具有不可替代的作用。通过强化实践教学，不仅可以增强学生的实践能力和职业素养，还能帮助他们更好地适应职场需求，提高就业成功率。

（一）实践教学体系建设

1. 实践教学体系的多层次性

实践教学体系的多层次性体现在其能够满足不同年级、不同专业的学生需求。从基础技能训练到综合应用能力培养，再到创新实践能力的拓展，实践教学体系应设置多个层次的教学目标和实践环节。通过分层次的教学设计，确保学生在不同学习阶段都能获得与之相适应的实践机会，从而实现能力的逐步提升。

2. 实践教学体系的全方位性

全方位性要求实践教学体系不应局限于某一学科或领域，而应跨学科、跨领域地整合资源，形成多元化的实践教学模式。这包括与企业的合作、与社会的对接以及校内外的资源整合等。通过全方位的教学安排，使学生能够在更广阔的视野下理解和运用所学知识，增强综合素质和社会适应能力。

3. 实践教学体系的立体化

立体化意味着实践教学体系应包含多个维度和层面的教学内容和方式。这既包括传统的实验、实训等实践形式，也包括项目式学习、案例分析、模拟演练等现代教学方法。同时，还应注重线上与线下教学的融合，利用现代

信息技术手段拓展实践教学的空间和时间。通过立体化的教学设计，为学生提供更加丰富、灵活的学习体验，激发他们的学习兴趣和创造力。

4. 校内实践教学设施的优化

除了校外实习基地以外，高校还应在校内建设一批高水平的实验教学中心、实训基地和创新创业平台。这些设施应配备先进的实验设备和教学软件，模拟真实的职业场景和工作流程。通过优化校内实践教学设施的建设和利用，学生可以在模拟环境中进行技能训练和知识应用，提高实践能力和职业素养。同时，这些设施还可以作为科研和创新的平台，为教师和学生提供广阔的探索空间。

（二）实践教学环节设计

1. 项目式学习

（1）核心特征。项目式学习以项目为核心，强调学生的主动性和参与度。在项目驱动下，学生需要综合运用所学知识，通过团队合作、调研分析、方案设计、实施与评估等环节，完成一个具有实际应用价值的项目。

（2）实施要点。首先，教师应根据教学目标和行业需求，设计具有挑战性和实用性的项目任务；其次，组建多元化的学生团队，鼓励学生跨学科合作；再次，在项目实施过程中，教师应提供必要的指导和支持，引导学生主动探索、勇于尝试；最后，通过项目展示和成果评价，检验学生的学习效果和实践能力。

（3）价值意义。项目式学习不仅能够锻炼学生的社会实践能力和团队协作能力，还能培养他们的创新思维和解决问题的能力。通过项目的实施，学生能够将所学知识应用于实际问题的解决过程中，加深对理论知识的理解，提高综合素质。

2. 案例分析

（1）核心特征。案例分析以具体案例为载体，通过剖析案例中的实际问题，引导学生深入理解理论知识在实际应用中的价值和意义。案例分析强调学生的参与度和批判性思维能力的培养。

（2）实施要点。教师应选取具有代表性和时效性的行业案例或企业案例，确保案例内容与学生所学专业紧密相关；在案例分析过程中，教师应引导学生从多个角度对案例进行深入剖析和讨论，鼓励学生提出自己的观点和见解；同时，教师应提供必要的背景信息和引导问题，帮助学生更好地理解和分析案例。

（3）价值意义。案例分析能够帮助学生更好地理解理论知识在实际应用中的价值和意义，提高分析问题和解决问题的能力。通过案例分析，学生能够学会如何运用所学知识去分析和解决实际问题，培养其批判性思维能力和决策能力。

3. 模拟演练

（1）核心特征。模拟演练通过模拟真实场景和工作流程，为学生提供一个接近真实职业环境的学习平台。在模拟演练中，学生可以扮演不同的角色，亲身体验职业岗位的工作内容和操作规范。

（2）实施要点。教师应根据教学目标和行业需求，设计具有高度仿真性的模拟场景和工作任务；在模拟演练前，教师应对学生进行必要的培训和指导，确保学生了解模拟演练的目的、要求和注意事项；在模拟演练过程中，教师应密切观察学生的表现，及时给予反馈和建议；模拟演练结束后，教师应组织学生进行总结和反思，巩固学习成果。

（3）价值意义。模拟演练能够帮助学生熟悉职业环境和工作流程，掌握必要的职业技能和操作方法。通过模拟演练，学生能够提前适应职场需求，提高实践能力和职业素养。同时，模拟演练还能够激发学生的学习兴趣和积极性，提高学习效果和满意度。

（三）实践教学质量监控

1. 制定实践教学标准

实践教学标准的制定，是实践教学质量监控的基石。高校需依据不同专业和学科的发展特点与培养目标，精细化地制定实践教学的各项标准。具体而言，这些标准应涵盖以下方面：

（1）明确教学目标。针对不同专业方向，明确实践教学的具体目标，如技能掌握、问题解决能力、团队协作能力等，确保教学活动有的放矢。

（2）细化教学内容。根据教学目标，设计并细化实践教学的内容体系，确保教学内容的针对性与系统性，满足学生全面发展的需求。

（3）规范教学方法与手段。鼓励教师采用多样化的教学方法与手段，如项目式学习、案例分析、模拟实训等，以激发学生的学习兴趣与主动性。

（4）建立科学的评价标准。制定客观、公正的评价标准，对学生的学习成果进行全面、准确的评估，为教学内容改进提供有力依据。

2. 开展教学评估

教学评估是监控实践教学质量的关键环节。高校应建立常态化的评估机制，对实践教学的全过程进行动态监控与定期评估。评估内容应全面覆盖实践教学的各个方面，包括但不局限于以下内容：

（1）组织管理评估。考察实践教学的组织架构、管理制度、运行机制等是否健全有效，确保教学活动有序进行。

（2）教学资源配置评估。评估实践教学所需的硬件设施、软件资源、师资力量等是否充足且合理配置，以支撑高质量的教学活动。

（3）教学方法与手段评估。分析教师采用的教学方法与手段是否得当，是否能够有效促进学生的学习与成长。

（4）学生学习成果评估。通过考试、项目展示、评价实习报告等多种形式，全面评估学生的学习成果，了解实践教学的实际效果。

基于评估结果，高校应及时进行反馈与整改，不断优化实践教学方案，提升教学质量。

3. 实施学生反馈机制

学生作为实践教学的直接参与者与受益者，其反馈的意见对于提高实践教学质量具有不可替代的作用。

（1）建立畅通的反馈渠道。通过问卷调查、座谈会、在线平台等多种形式，为学生提供便捷的反馈渠道，鼓励学生积极表达意见与建议。

（2）认真收集与分析反馈意见。对学生反馈的意见进行认真梳理与分析，提炼出共性问题与个性需求，为教学改进提供方向。

（3）积极回应学生意见。针对学生反馈的问题与需求，高校应及时制定整改措施并予以实施，同时向学生反馈整改进展与成效，增强学生的参与感与满意度。

（4）促进学生参与教学改进。鼓励学生参与到实践教学方案的制定与修改过程中来，增强学生的主人翁意识与责任感，共同推动实践教学质量的不断提升。

第三节 完善社会支持体系，构建全方位就业服务体系

在当前就业市场竞争激烈、就业形势多变的背景下，构建一个完善的社会支持体系和全方位的就业服务体系显得尤为重要。

一、加强企业责任，鼓励企业提供更多实习就业机会

在现代社会，企业作为社会经济发展的核心驱动力，其对于促进就业、培养高素质人才的责任日益凸显。企业不仅是经济增长的引擎，更是推动教育与实践融合、加速专业技能转化与升级的关键力量。以下是对如何强化企业责任，进一步鼓励企业为学生提供实习与就业机会的全面而深入的探讨。

（一）建立深度校企合作机制

第一，共融共创课程设计。企业应与高等教育机构建立长期稳定的合作关系，共同参与到课程设计过程中。通过深入分析行业发展趋势、技术革新及市场需求，双方可合作开发实践性强、内容前沿的课程模块，确保教育内容与实际工作需求高度契合，为学生未来就业奠定坚实基础。

第二，精准对接实习项目。校企合作不仅局限于课程层面，更应深入实习项目的具体设计与实施中。企业可根据自身业务特点和未来人才需求，与高校共同设计实习项目，明确实习目标、任务及评估标准，为学生提供真实、有意义的工作体验，同时为企业筛选和培养潜在人才提供平台。

第三，行业专家深度参与教学。邀请企业中的行业专家、技术骨干走进校园，通过讲座、工作坊、研讨会等形式，分享行业前沿知识、实践经验及职业发展心得。这种交流不仅能拓宽学生的视野，还能激发他们的学习兴趣和职业热情，为未来的职业生涯做好心理准备。

（二）提供丰富多元的实习岗位

第一，跨领域实习机会。企业应打破部门壁垒，开放多领域的实习岗位，满足不同专业背景学生的实习需求。这不仅能够促进知识的交叉融合，还能让学生在实践中探索自己的兴趣与优势，为未来的职业选择提供更多可能性。

第二，层级化实习体系。构建从基础到高级的实习岗位体系，为不同年

级、不同能力水平的学生提供适合的实习机会。通过逐层递进的实习经历，学生可以逐步积累工作经验，提升职业技能，为未来的职业发展奠定坚实基础。

第三，创新挑战项目。鼓励企业设立创新挑战项目，邀请实习生参与其中。这些项目往往涉及新技术、新产品或新服务的研发与应用，能够充分激发实习生的创造力和解决问题的能力。同时，这也是企业挖掘和培养创新型人才的重要途径。

（三）制订完善的实习培训计划

第一，全面系统的入职培训。为每位实习生提供全面系统的入职培训，包括企业文化介绍、规章制度讲解、工作流程演示及安全规程培训等。这有助于实习生快速融入企业环境，了解工作要求，为后续实习工作打下良好基础。

第二，实施导师制度。为每位实习生安排一名经验丰富的员工作为其导师，负责对其日常工作进行指导与监督。导师不仅应传授专业技能和经验，还应关注实习生的职业发展规划，并提供个性化的指导和建议。这种一对一的辅导模式有助于实习生的快速成长和职业发展。

第三，强化技能提升培训。根据实习生的岗位需求和职业发展目标，制订个性化的技能提升培训计划。通过内部培训、外部培训或在线学习等方式，为实习生提供必要的专业技能培训和认证机会，提升其职业竞争力。

第四，职业发展规划指导。帮助实习生明确自己的职业发展方向和目标，提供职业发展规划指导。通过组织职业规划讲座、一对一咨询等方式，帮助实习生了解行业发展趋势、职业路径及所需技能等信息，为其未来的职业生涯做好充分准备。

二、发挥社会组织作用，提供就业援助

在现代社会，社会组织作为连接政府与民众、企业与求职者的桥梁，其在促进就业方面的作用日益凸显。社会组织凭借其灵活性、专业性和贴近民众的优势，通过多元化的服务模式，为求职者提供全方位的支持与帮助，有效促进了就业市场的繁荣与稳定。

（一）建立专业职业培训机构，强化就业能力

社会组织应充分利用其资源整合能力，建立专业、高效的职业培训机构。这些机构应聚焦于市场需求，紧密结合行业发展趋势，为求职者量身定制专

业技能培训和职业素养教育课程。培训内容不仅包括具体岗位所需的专业技能，还应涵盖团队协作、沟通能力、创新思维等综合素养的提升，确保求职者能够全面适应现代职场的需求。通过系统的培训，求职者不仅能够掌握一技之长，还能在职业素养上得到显著提升，从而增强其市场竞争力。

（二）构建就业信息服务平台，拓宽就业渠道

为了缓解信息不对称的问题，社会组织应积极构建就业信息服务平台。这一平台应集信息收集、整理、发布于一体，广泛收集来自企业、政府部门及社会各界的就业信息，包括岗位需求、招聘条件、薪资待遇等关键信息。同时，平台还应利用大数据、云计算等现代信息技术手段，对信息进行智能匹配与推荐，为求职者和企业搭建起精准的沟通桥梁。通过这一平台，求职者可以更加便捷地获取适合自己的就业信息，企业也能快速找到符合需求的人才，从而实现求职与招聘的高效对接。

（三）实施精准就业援助项目，关注特殊群体

社会组织还应积极关注失业人员、残疾人等特殊群体的就业问题，通过实施精准就业援助项目，为他们提供个性化的就业服务。针对失业人员，社会组织可以开展再就业培训、心理辅导等服务，帮助他们重拾信心，重新融入职场。对于残疾人，社会组织应根据其身体条件和特长，提供适合他们的岗位推荐、技能培训等服务，帮助他们融入社会，实现自我价值。此外，社会组织还可以与政府部门、企业等合作，共同为特殊群体创造更多就业机会，促进社会的和谐与包容。

三、关注并解决特殊群体就业难题，促进社会公平

（一）特殊就业政策的精细化制定

在特殊就业政策的精细化制定过程中，政府需秉持差异化与精准化的原则，以全面且深入地回应不同特殊群体的独特需求与挑战。对于残疾人，政策框架应囊括从就业机会的预先规划、工作环境的无障碍化改造，到个性化职业培训与康复服务的全面覆盖，并辅以税收激励与补贴措施，以激发社会各界对残疾人就业的支持与参与。通过立法手段确保一定比例的工作岗位向残疾人开放，并倡导灵活的工作安排，以最大化地适应并促进残疾人的职业融入。

针对老年劳动力就业问题，政策设计应充分挖掘老年劳动力的潜在价值，

如经验积累与稳定性优势，推出包括灵活退休制度、返聘激励机制以及定制化的职业技能再培训项目在内的综合措施。同时，强化老年员工与青年员工之间的代际互动与知识传递，不仅有助于老年劳动力持续为社会做贡献，也能促进劳动力市场的代际和谐与整体活力提升。

对于长期失业群体，政府应采取更为积极主动的劳动力市场干预策略，如提供个性化职业咨询、量身打造的职业培训方案，以及临时性工作补贴与失业保险延长等经济支持措施。尤为重要的是，应重视心理援助体系的构建，为失业者提供必要心理疏导与职业指导服务，帮助他们重建自信，积极应对就业市场的挑战，最终实现稳定就业与自我价值的实现。

（二）个性化就业服务的深度拓展

个性化就业服务的深度拓展，作为提升特殊群体就业成效的核心策略，强调对求职者个体差异的精准把握与个性化支持。在这一过程中，首要任务是构建一支专业化的职业指导队伍，他们需熟练运用先进的职业测评体系与心理咨询服务，以科学的方法引导特殊群体探索自我潜能，清晰界定职业方向，并依据个人特质与市场趋势，规划出切实可行的职业发展蓝图。

在职业培训层面，服务设计需紧密贴合特殊群体的实际需求与市场的动态变化，确保培训内容既满足当前岗位技能要求，又前瞻性地融入未来职场所需的新知识、新技能。培训模式应强调实践与理论的深度融合，通过丰富多样的实训项目，增强学习者的实操能力与问题解决能力，同时，注重教学互动与趣味性，激发学习者的内在动力与学习兴趣，促进学习效果的最大化。

此外，构建高效、精准的就业信息服务体系与推荐机制，是连接求职者与就业岗位的关键桥梁。通过整合多方资源，搭建起覆盖广泛、信息精准的就业信息平台，为特殊群体提供量身定制的岗位匹配与推荐服务。同时，深化与企业的合作关系，拓宽就业渠道，为求职者争取更多高质量的就业机会。在此过程中，应建立完善的跟踪反馈机制，持续监测求职者的就业进展与满意度，据此不断优化服务流程，提升服务质量，确保个性化就业服务的持续有效与动态升级。

（三）就业保障机制的全面构建

在全面构建就业保障机制的过程中，针对特殊群体的就业权益保护构成了不可或缺的核心环节。这一机制的完善，旨在通过法律、监管与救济三维度协同作用，构筑起坚固而全面的防护网。

在法律层面，强化法律法规体系的建设与更新是关键。通过精细化立法与适时修订，清晰界定特殊群体的就业权益边界与保护基准，为权益保障提供坚实的法律基础。同时，增强法律执行的刚性，提升执法效能与监督频次，确保法律条文不仅“立得住”，更能“行得通”。此外，广泛开展社会宣传与公众教育，提升社会各界对特殊群体就业问题的认知深度与共鸣，营造更加包容与支持的就业环境。

监管机制的健全，则是保障特殊群体就业权益得以落实的重要环节。构建高效运行的就业市场监管系统，结合科学的评估机制，实现对用工行为的全面监控与精准指导。加强对企业合规性的检查与督导，确保其遵循法律与政策导向，从而为特殊群体提供公平、合理的就业机会。同时，推动社会监督与公众参与的深度融入，形成多方共治的良好局面，为特殊群体就业权益的维护构建广泛的社会基础。

在权益救济方面，构建高效便捷的救济体系是回应特殊群体需求的关键举措。优化投诉举报流程，建立快速反应机制，确保特殊群体在遭遇就业歧视或权益受损时，能够迅速获得有效的援助与救济。加强法律援助体系的建设，提升法律服务人员的专业素养与服务质量，为特殊群体提供个性化、专业化的法律支持，助力其维护自身合法权益，实现更加稳定与体面的就业。

参考文献

[1] 艾军，邹金成，罗二平，等 . 论高校思想政治教育与大学生创新创业教育的有机融合 [J]. 思想理论教育导刊，2014（12）：92−94.

[2] 曹晓惠 . 大学生就业服务体系的建设及优化路径 [J]. 中国成人教育，2015（18）：75−77.

[3] 常兰，刘嘉，薛会来 . 高校大学生就业心理问题及策略研究 [J]. 情感读本，2022（29）：16.

[4] 陈岩 . 大学生就业竞争力提升策略探究 [J]. 就业与保障，2020（16）：50.

[5] 陈玉，李辉 . 创意产业视角下大学生创新创业实践能力培养 [J]. 山西财经大学学报，2023，45（S1）：85−87.

[6] 党建民，李博 . 大学生创业教育 [M]. 徐州：中国矿业大学出版社，2017.

[7] 丁药，王增辉 . 基于就业观教育的校企合作新体系分析 [J]. 现代职业教育，2024（21）：137−140.

[8] 房丽华 . 数字经济时代大学生识别创业机会路径研究 [J]. 青岛职业技术学院学报，2023，36（4）：35.

[9] 高政 . 校企合作视角下大学生就业服务体系研究 [J]. 中国多媒体与网络教学学报（上旬刊），2021（10）：167−169.

[10] 宫法明 . 就业视域下的大学生创新创业教育 [J]. 教育与职业，2016（22）：61−62.

[11] 韩莹平 . 校企合作人才培养模式下大学生就业创业课程改革与实践 [J]. 四川劳动保障，2024（7）：121.

[12] 何旋，李杨 . 大学生就业心理问题及应对策略 [J]. 北方文学（中旬刊），2012（5）：197.

[13] 胡应坤，胡卓玲 . 大学生创业团队建设的分析及组建路径探讨 [J]. 太原城市职业技术学院学报，2024（3）：164.

[14] 黄光能 . 大学生创新创业教育存在的问题及对策探讨 [J]. 云南大学学报（自然科学版），2018，40（S1）：70−75.

[15] 纪祎轩 . 优化校企合作模式 提升大学生就业竞争力 [J]. 中国就业，2024（8）：71.

[16] 姜鹤，金玉然，姜煜鋆 . 关于大学生就业服务质量提升的策略研究 [J]. 教育探索，2015（4）：80−82.

[17] 李晶晶 . 大学生就业与角色的转变 [J]. 青春岁月，2018（11）：214.

[18] 李润亚，张潮，张珂，等 . 大学生创新创业能力系统构成及其表现研究 [J]. 教育理论与实践，2024，44（18）：10−15.

[19] 李伟娜 . 构建精准大学生就业服务体系探析 [J]. 中国市场，2018（4）：159+168.

[20] 梁明子 . 基于服务视角下大学生职业生涯规划发展探微 [J]. 中国就业，2024（2）：64.

[21] 刘海滨，杨晓慧 . 高校大学生智慧就业服务体系构建研究 [J]. 思想政治教育研究，2018，34（2）：148−154.

[22] 刘延，高万里，柏文静，等 . 大学生创新创业基础 [M]. 武汉：华中科技大学出版社，2020.

[23] 刘玉威 . 大学生创业精神培育的理论逻辑与实践路径 [J]. 科技创业月刊，2023，36（4）：137.

[24] 刘治 . 大学生创新创业 [M]. 沈阳：东北大学出版社，2020.

[25] 卢宝臣 . 创新创业教育视阈下的人才培养体系的构建 [J]. 黑龙江高教研究，2011（7）：140−141.

[26] 罗建国 . 大学生创新就业概论 [M]. 北京：煤炭工业出版社，2018.

[27] 马绍辉 . 互联网时代大学生创新创业平台构建——评《大学生创新创业基础》[J]. 科技管理研究，2023，43（20）：240.

[28] 彭立平 ."互联网 +"背景下湘西地区高校大学生就业对策研究 [J]. 吉首大学学报（社会科学版），2017，38（S1）：164−166.

[29] 钱黎，吴娜，杜安强 . 思维、方法与能力：大学生创新创业 [M]. 上海：上海交通大学出版社，2020.

[30] 任邦来 . 谈大学生就业信息准备 [J]. 卫生职业教育，2007（13）：41.

[31] 田红星 . 大学生创新创业教育模式研究 [J]. 中国商论，2019（12）：251−252.

[32] 汪恭敬，顾雪英，王化笛，等 . 大学生创业研究动态与趋势展望 [J]. 黑龙江高教研究，2024（1）：154.

[33] 汪恭敬 . 认知信息加工理论视域下大学生职业决策困难成因及对策 [J]. 巢湖学院学报，2021，23（5）：157.

[34] 王麒凯，钱骅，黄梅英 . 大学生就业准备特点及对策的研究 [J]. 中国大学生就业（理论版），2014（22）：13–18.

[35] 王少丽 . 大学生智慧就业创业信息服务平台的建设与应用 [J]. 中关村，2023（3）：110–111.

[36] 吴亚梅，龚丽萍 . 大学生创新创业教程 [M]. 重庆：重庆大学出版社，2018.

[37] 肖昊，宋维佳 . 大学生就业服务体系社会化问题与对策 [J]. 湖北社会科学，2012（6）：51–53.

[38] 谢燕月 . 大学生就业心理准备浅析 [J]. 才智，2013（31）：344.

[39] 徐昕，黄宇 . 基于创新创业教育的大学生创业意愿影响因素研究 [J]. 江苏高教，2024（7）：107–114.

[40] 许星 . 校企合作模式下大学生就业服务体系建设 [J]. 合作经济与科技，2017（16）：100.

[41] 颜弘 . 大学生创新创业教程 [M]. 哈尔滨：哈尔滨工程大学出版社，2019.

[42] 杨红卫 . 大学生创新创业实践研究 [M]. 北京：群众出版社，2021.

[43] 殷伟，李海艳 . 产教融合的大学生创新创业人才培养：构建场域交互的教育行动者网络 [J]. 华东理工大学学报（社会科学版），2023，38（2）：120–124+148.

[44] 湛书行 . 大学生创新创业教育与就业创业政策衔接研究 [J]. 公关世界，2024（8）：40.

[45] 张巧 . 大学生创新创业教育的实施策略 [J]. 江苏高教，2016（3）：120–123.

[46] 张希玲 . 以人为本视域下高校就业服务工作的思考 [J]. 继续教育研究，2017（6）：101–103.

[47] 赵明 . 高职院校大学生就业能力的问题分析和培养策略 [J]. 教育与职业，2017（16）：60–63.